서준호 선생님의
교실놀이백과
239

감동과 행복을 만드는 교실 놀이

서준호 선생님의
교실놀이백과
239

• 서준호 글·사진 •

지식프레임

들어가는 글

감사하게도, 초임 때부터 현재까지 반 아이들과 함께한 놀이가 모여 한 권의 책이 되었습니다. 학교를 재미없게 생각하는 아이들에게 즐거움을 선물해 주고자 배워 왔던 놀이는 교실에 웃음과 행복을 가져다주었고, 저에게는 성장의 토양이 되었습니다. 그동안 여러 연수와 단체 프로그램에 참가하면서 여러 선생님들과 만나 정말 많은 놀이를 배웠습니다. 이 책에는 그 많은 만남을 통해 배운 놀이들이 가득 소개되어 있습니다. 이중에는 제가 만든 놀이도 있지만, 선배님들이 전해 주신 놀이가 훨씬 많습니다. 물이 위에서 아래로 흐르듯, 많은 선배님들이 제게 흘려보내 주신 귀중한 자원인 셈이지요. 그 소중한 자산 가운데 저와 아이들을 즐겁게 변화시켜 준 것들 위주로 정리를 했습니다. 그리고 선배님들이 제게 보내주신 것처럼, 저 또한 여러분께 책 한 권으로 흘려보냅니다. 모쪼록 저와 제 아이들의 교실에서 생긴 소박한 행복이 여러분의 교실에서도 자리 잡기를 바랍니다.

놀이를 처음으로 배우던 교직 초기에는 아이들에게 방법을 알려 주는 전달자의 역할을 했습니다. 특별한 놀이가 있으면 방법을 알려 주고 그 안에서 함

께 놀거나 아이들에게 놀이 환경을 꾸려 주는 식으로 운영했지요. 그런데 매년 놀이를 반복하고 적용하다 보니 놀이가 변형되고 발전되는 것을 느낄 수 있었습니다. 놀이는 교실에서 아이들을 즐겁게 만드는 도구일 뿐만 아니라 수업을 변형시키는 재료가 되었으며, 아이들의 마음을 변화시킬 수 있는 색다른 아이디어로 발전하기도 했지요. 또 현재는 심리 치료 환경에서도 의미 있게 사용하는 도구가 되었습니다. 놀이는 그야말로 학교 현장 전반에 걸쳐 최고의 '워밍업' 그 자체라는 생각을 하게 되었지요.

놀이가 가진 즐거움은 여러 활동을 하는 데 생기는 부담감과 불안감을 줄였고, 그 자체로 심리적인 편안함을 만들어 냈습니다. 그러다 보니 놀이 환경 속에서 좀 더 안전한 방식으로 어려운 주제에도 우회적으로 접근할 수 있었고, 아이들은 아이들대로 마음의 빗장을 풀고 호기심을 가지고 여러 프로그램에 흥미를 보일 수 있었지요. 아이들은 놀이의 도움을 받아 몸을 움직이고 새로운 경험을 접하면서 다양하게 변화하는 모습을 보여 주었습니다.

이 책에는 아이스크림 원격연수원에서 제가 진행하는 '갈갈이샘의 신나는 교실놀이'와 '연극놀이', '5인5색 즐거운 교실'에서 소개한 놀이들이 정리되어 있습니다. 또한 블로그 '서준호 선생님의 마음 흔들기'에 기록된 놀이도 소개되어 있습니다. 그간 연수에서 소개한 놀이를 일목요연하게 정리한 책이 없어 답답하다고 피드백을 주신 여러 선생님께 송구한 마음이 많았습니다. 모쪼록 이번 책이 많은 분들께 도움이 되기를 바랍니다.

막상 놀이들을 책으로 정리하다 보니 그간 제가 신세 졌던 많은 분들이 떠오르더군요. 부족하나마 이 자리를 빌려서 인사를 드리고 싶습니다.

제가 처음으로 놀이 연수를 받았을 때 제게 두근거리는 마음을 선물해 주셨던 허승환 선생님과 연극 놀이의 매력을 알려 주신 전국교사연극모임 선생님들께 먼저 큰 감사의 인사를 올립니다. 저에게 놀이에 대한 즐거움과 행복을 선물해 주셨고, 지금 하는 많은 것들에 대한 '씨앗'을 제 가슴에 심어 주셨습니다. 매주 함께 연극 놀이와 여러 놀이를 실습해 보고 나누었던 광주초등교육연극연구회 놀이터 선생님들께 감사드립니다. 선생님들이 계셔서 더 깊은 고민을 할 수 있었습니다. 놀이 원격 연수를 제작할 수 있도록 기획과 조언을 해주

신 안덕진 선생님과 오인진 과장님, 그 장을 펼쳐 주신 아이스크림 원격연수원
관계자 여러분께 감사드립니다. 여러분 덕분에 전국의 선생님들과 소통할 수
있었습니다. 반 아이들과 함께 놀이를 해보면서 피드백을 주셨던 동료 선생님
들과 무엇보다 놀이를 하면서 밝은 웃음과 생생한 체험을 나누게 해주었던 모
든 제자에게 고맙습니다. 제가 놀이를 더 깊이 응용하고 발전시킬 수 있었던
것은 모두 동료 선생님과 제자들 덕분입니다. 그리고 13년 동안 놀이 기록을
정리할 기회를 주시고 다듬어 주신 지식프레임 윤을식 대표님과 출판사 관계
자 분들께 감사드립니다.

　아무쪼록 이 책을 구입해 주신 독자 여러분께 감사의 인사를 드리며, 이 책
이 현장의 많은 선생님들께 실용적인 책으로, 든든한 지원군으로 자리 잡기를
기원합니다. 가슴 깊은 감사의 인사를 올립니다.

2014년 2월
서준호

CONTENTS
. . . .

2부. 서로 믿음으로 놀아요

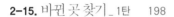
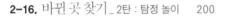

4부. 즐겁게 표현하며 놀아요

5부. 쉬는 시간, 친구들과 놀아요

'놀이'란
무엇일까요?

이 책에서는 놀이의 '방법'을 단순히 나열하기 전에, '놀이'를 적용할 때
어떤 방식으로 접근하고 변형하면 좋은지에 대한 것부터
미리 이야기하고자 합니다. '교육자의 입장'에서는 아이들의 성장을 위해
놀이를 어떻게 적용하고 변형할지, 또 아이들로 하여금 어떻게 그 의미를
찾게 해야 하는지 고민해야 한다고 생각합니다.
이러한 생각이 이 책의 출발점이기도 하고요. 제가 놀이를 통해
교실에서 행복했고 새로운 변화를 만났던 것처럼,
이 책이 놀이를 찾는 많은 분께 작게나마 의미 있는
길잡이가 되기를 바랍니다.

01 _ 변형하고 의미를 부여하세요!

일반적으로 선생님들이 교실에서 하는 '놀이'를 관찰해 보면, 이벤트성으로 진행하는 경우가 많습니다. "이러이러한 놀이가 있으니 우리 재미있게 놀아볼까?"하며 오락 시간을 준다는 마음으로 단순히 놀이를 체험하게 하지요. 그러다 보니 선생님은 한 번 했던 놀이를 다시 하면 재미가 없을 것이라고 생각하게 되고, 학생들도 선생님이 진행하는 놀이에 수동적으로 참여하기 쉽습니다. 또한 선생님은 계속해서 새로운 놀이를 찾게 되지만 학생들이 만날 수 있는 놀이에는 결국 한계가 있지요.

그런데 그 한계를 바꿀 수 있는 여러 방법이 있습니다. 제 경우에는 교실에서 놀이를 적용해 본 결과, 한 가지 놀이도 의미를 어디에 두느냐에 따라 여러 방향으로 발전하고 변형되는 것을 경험했습니다. 먼저 놀이를 여러 방식으로 변형할 수 있다고 굳게 믿으시기 바랍니다. 여기에서 소개해 드리는 몇 가지 팁을 바탕으로 교과와 학생들의 성장에 맞는 '나만의 놀이'를 만들어 보세요. 분명 색다른 재미를 느낄 수 있을 것입니다.

맨 먼저 나는 최면술사(4-09)라는 놀이로 변형의 예를 설명해 보겠습니다. 이 놀이는 최면술사를 맡은 사람이 최면에 걸리는 사람 얼굴 앞으로 손을 뻗어, 두 사람이 일정한 간격을 유지하며 움직이는 활동입니다. 최면술사가 최면을 건 사람을 손바닥으로 조정해 보는 것이지요.

처음에 이 방식으로 진행했다면, 다음으로는 최면술사가 양손을 뻗어 동시에 두 명을 조정하는 것으로 변형할 수 있습니다. 아이들의 입장에서도 한 사람을 조정하는 것보다는 두 사람을 조정하는 것을 더욱 재미있어 합니다. 활동

이 익숙해지면 최면술사의 역할을 하는 사람이 양손으로 두 명을 조정하는 3인 최면 상태에서, 조정을 당하는 두 사람이 양손을 옆으로 뻗어 또 다른 두 명을 조정하는 7인 최면으로, 또다시 두 사람이 두 명씩 최면을 거는 15인 최면으로 인원수를 점점 늘릴 수 있습니다. 처음부터 인원수를 늘리는 것보다는 기본 형태에서 출발해서 아이들이 작은 경험으로부터 큰 경험으로 나아갈 수 있는 다리를 놓는 것이 중요합니다.

대형의 변화에 따른 응용 방법도 있습니다. 최면술사가 서 있으면 그를 중심으로 여덟에서 열 명이 둥글게 둘러선 뒤, 최면술사로부터 자신의 얼굴까지의 거리를 기억하고 나서 최면술사의 움직임에 맞추어 함께 움직이면 집단적인 움직임이 만들어집니다. 저는 체육 시간에 즉흥 무용 기법으로 적용한 적이 있느데, 아이들의 표현 활동을 북돋는 데 많은 도움이 되었지요. 조금 더 큰 대형을 만들면, 반 전체가 놀이에 참여할 수 있습니다. 한 명의 최면술사 앞에 한 사람이, 그리고 그 뒤에 두 사람, 그 뒤에 네 사람, 그 뒤에 여섯 사람…… 이렇게 부채꼴 형식으로 점점 퍼지게 자리 잡은 상태에서 최면술사 놀이를 시작합니다. 각자 앞사람의 뒤통수와 얼굴까지의 거리를 기준으로 몸을 움직이도록 하면, 최면술사는 바로 앞의 한 사람을 조정함으로써 그 뒤에 늘어선 아이들까지 전부 조정할 수 있게 됩니다. 최면술사가 손을 움직이면 맨 앞사람은 작게 고개를 움직일 뿐이지만 뒤로 갈수록 마구 뛰고 움직여야 할 정도로 파동이 커지지요. 하나의 움직임이 전체를 움직이게 하는 경험을 할 수 있습니다.

저는 주로 '의미'를 부여해서 기존의 놀이를 새롭게 변형합니다.

몸을 움직이거나 춤을 추는 것에 부담을 느끼는 아이들을 역동적으로 움직이게 하려면 기본 놀이 방법을 알려 줄 때 구체적인 동작을 주문하는 게 좋습니다. 일례로 "여러분, 지금부터 최면술사에게 작은 임무를 드립니다. 들리는 음악에 맞추어 손을 적절히 움직여서 앞에

있는 사람이 춤추게 만들어 주세요!"라고 말한 뒤 빠른 음악을 틀면 집단 전체의 동작이 커지고 정말 클럽에서 춤추듯 활발한 역동이 만들어집니다. 사이사이 진행자가 "더 빠르게, 더 크게!"라고 말하면 움직임은 더욱 커지지요.

집단 전체의 예술적인 몸동작을 만들어야 할 때는 요구가 달라집니다. "최면술사 여러분은 잔잔한 음악에 귀를 기울입니다. 그리고 그 음악에 맞추어 천천히 아주 예술적으로 손을 움직입니다. 그래서 앞에 있는 사람이 온몸을 사용해 다양한 몸동작을 표현하도록 만들어 주세요!"라고 말해 보세요. 또 다른 분위기의 놀이를 아이들과 함께할 수 있습니다.

놀이를 할 때는 무엇보다 상대에 대한 배려가 중요합니다. 최면술사 활동의 경우에는 이 부분이 큰 비중을 차지합니다. 대개 아이들은 이 활동을 하게 되면 남을 조정하는 것이 너무나 즐거운 나머지 상대의 입장을 생각하지 않고 손을 마구 움직입니다. 당연히 최면을 당한 아이들은 자신이 받았던 것을 돌려주고 싶은 마음이 생기지요. 역할을 반대로 했을 때 아이들은 환호를 지르며 자신이 받은 몇 배로 상대를 조정하려 합니다. 이는 삶에서 생기는 주고받음의 법칙과 관련이 있지요.

저는 이 놀이가 끝난 뒤, 이렇게 이야기하곤 합니다.

"상대방이 힘들 것을 알면서도 과한 방법으로 조정하지는 않았나요? 역할을 바꾸어서 할 때 복수하려는 마음에 더 과한 것을 요구하지는 않았나요? 한번 곰곰이 생각해 봅니다. 자신의 즐거움만을 위해 놀이를 했는지, 놀이 안에서 나는 상대에게 즐거움을 주었는지 괴로움을 주었는지를 떠올려봅니다."

잠시 생각할 시간을 주고 나면 아이들을 서로 마주보게 한 뒤 다음과 같은 말을 주고받게 합니다.

"내 즐거움만 생각하느라 네 마음을 생각하지 못했어. 미안해!"

이어서 아이들에게 학교에서 생기는 폭력 상황에 대해 이야기합니다. 내가 받은 아픔과 상처를 되돌려줄 때에는 어떤 마음이 되는지, 타인의 고통을 바라보는 개인의 입장은 어떠한지에 대해 생각해 볼 수 있습니다.

최면술사 놀이는 진로 지도에서도 아주 유용하게 사용되었습니다. 앞에서 언급한 대형의 변화에서처럼 최면술사 한 명을 세워 놓고 부채꼴 형태로 서서 땀이 날 정도로 활동을 합니다. 최면술사의 손이 움직일 때면 뒤에 서 있는 사람 쪽으로 갈수록 더 많은 움직임을 해야 하는 원리를 파악하게 한 뒤 자신의 손을 바라보게 합니다.

"여러분, 20~30년 뒤에 여러분은 어떤 손을 갖고 있을까요? 남을 때리는 손이 될까요? 남을 해치면서 상처를 주는 손이 될까요? 아니면 힘든 누군가의 손을 잡아 주는 따뜻한 손이 될까요, 누군가의 머리를 쓰다듬어 줄 수 있는 넉넉한 마음을 가진 어른의 손이 될까요? 손은 많은 의미를 담고 있답니다. 그리고 때로는 그 사람을 대표하기도 합니다. 여러분이 누군가에게 따뜻함과 감동을 주는 손을 가질 수 있게 되면 좋겠습니다. 그 손을 여러분 주위에 있는 사람들에게 내밀어 보세요. 그 사람과 연결된 수많은 사람들이 영향을 받게 됩니다."

이런 이야기를 들려주면 아이들은 평소와는 다른 눈빛으로 자신의 손을 들여다보게 됩니다.

이 활동은 흡연과 본드 흡입 등으로 몸을 상하게 만들어 상담을 받고 있던 심리 치료 그룹 청소년에게 '살아 있음'을 느끼도록 하는 중간 다리 역할을 했습니다. 아이들이 내 몸을 바라보도록 하는 계기가 되었지요. 살고자 하는 의욕이 없는 아이들은 무력하고 스스로 몸을 움직이기 힘들어하므로, 남이 움직이게 만들어 주는 활동이 큰 효과를 발휘합니다.

최면술사 놀이로 가볍게 걷기부터 시작해 점차 음악의 볼륨을 키우고 강한 비트의 음악을 사용해 "좀 더 크게 뛰도록 만드세요", "상대방의 몸이 바닥을 기어 다니도록, 심장이 터지도록 뛰게 만드세요!"라고 요구합니다. 숨이 가빠져 기침이 나올 정도로 활동하게 하는 것이지요. '호흡이 빨라지고 심장이 마구 뛰는' 상태에서 편하게 앉도록 한 뒤, 눈을 감고 두 손을 심장 위에 올려놓고 두근거림과 호흡을 느끼게 합니다. 그러고는 이렇게 이야기해 줍니다.

"잠깐 동안 여러분 몸속을 볼 수 있다고 상상해 보겠습니다. 세차게 뛰는 심장을 바라봅니다. 심장이 뛰는 것은 우리가 살아 있다는 증거이기도 하지요. 그리고 폐를 바라봅니다. 폐가 부풀어 올랐다 다시 작아지는 그 모습을 바라봅니다. 그것 또한 내가 살아 있다는 증거지요. 모두 이렇게 따라서 말합니다. 나는 살아 있어. 살아 있는 건 좋은 거야."

그 순간 참여한 청소년의 눈에서 눈물이 흘러내립니다. 심장이 마구 뛰고 호흡이 격한 상태에서 자신을 바라보는 것은 큰 효과가 있습니다. 최면술사 놀이는 이러한 몸 상태를 만들어 내기 위한 매우 적절한 방법입니다. 이 놀이 뒤에는 더 깊은 활동으로 들어갈 수 있습니다.

02 _ 몇 개의 놀이를 조합해 보세요

주제에 맞게 몇 개의 놀이를 잘 조합하면 아주 훌륭한 프로그램이 만들어집니다. 아래에 조합할 수 있는 예를 소개해 봅니다.

모든 일에 마음이 급한 아이들, 놀이를 하다가 친구를 비난하는 아이들에게 자신을 돌아볼 수 있도록 미스코리아처럼(3-16)과 초강력 접착제(3-49) 놀이를 이용해 프로그램을 진행했습니다.

'미스코리아처럼' 놀이는 머리에 교과서를 올리고 반환점을 돌아와야 하는데 교과서가 바닥에 떨어지면 출발점으로 돌아가 다시 시작하는 릴레이 경기입니다. 머리 위에 책을 올려놓은 터라 집중력이 매우 중요하지요. 급한 마음에 서두르다 보면 어김없이 책이 떨어지므로 무엇보다 마음의 평온함이 필요합니다.

'초강력 접착제' 놀이는 두 사람이 얼굴과 얼굴 사이에, 엉덩이와 엉덩이 사이에 교과서를 끼우고 반환점을 돌아오는 경기입니다. 중간에 교과서가 바닥에 떨어지면 역시 출발점으로 돌아와 다시 가야 하지요. 앞의 놀이와 마찬가지로 상대를 배려하면서 서로 호흡을 맞추어야 하는 놀이입니다. 교과서가 자꾸만 바닥으로 떨어지는 상황이 반복되면 아이들은 급하게 뭔가를 하는 것이 때로는 역효과가 나타날 수 있음을 경험하게 됩니다. 빨리 가려다 삶에서 놓치는 것은 무엇인지, 내 삶에 조급함은 없는지 뒤돌아보게 되지요. 놀이가 진행된 뒤 들려주는 이야기에 더 집중하는 아이들을 볼 수 있습니다.

한편 대결 구도의 놀이를 하다 보면 '비난'이 속출하는 경우가 많습니다. 교과서가 바닥에 떨어지는 순간, 뒤에서 기다리던 아이들은 실수한 아이에게 상처가 되는 말을 하게 되지요. 물론 이기고 싶고 잘하고 싶은 마음에서 그러는 것입니다. 선생님은 그런 마음을 먼저 알아차리고 그 순간을 기억했다가 놀이가 끝나면 이야기를 해줍니다.

"여기 있는 사람은 모두 최선을 다하고 있습니다. 하지만 익숙하지 않으니 실수를 할 수도 있지요. 실수로 책이 바닥에 떨어진 친구의 입장을 생각해 봅니다. 출발점으로 돌아가 다시 해야 한다는 생각에 친구들에게 미안하기도 하고 혹시나 교과서가 한 번 더 머리에서 떨어지면 어쩌나 불안하기도 합니다. 그 순간 '괜찮아, 할 수 있어!'라는 격려의 말이 들리면 다시 실패할 확률은 작아집니다. 하지만 '똑바로 해! 그게 뭐야!', '너 때문이야!'라는 말이 들리면 어떨까요? 잘해야 한다는 부담감은 더 커지고, 실수에 대한 불안감도 더 커집니다. 자신을 믿어 주지 않는 친구에게 화도 나지요. 그렇게 되면 놀이에 부정적인 영향이 자리 잡게 됩니다. 여러분은 어떤 말을 친구에게 했나요? 혹시 여러분이 한 말이 놀이에 영향을 미쳤다는 생각을 해본 적은 없나요?"

선생님이 이런 이야기를 들려주면 아이들은 조금 전의 놀이 상황을 되새기면서, 서로 응원하고 지지하고 격려하며 놀이를 진행하게 됩니다. 아이들의 변화는 생각보다 금세 나타납니다.

부모와 자녀의 관계를 돌아보기 위한 놀이로는 막대와 함께(3-13)와 인간 찰흙 놀이(4-30)가 좋습니다. 엄마의 손가락과 자녀의 손가락 사이에 긴 막대를 놓고 떨어지지 않도록 한 상태에서 음악을 틀어 놓고 움직입니다. 부모와 함께하는 즐거운 시간이 만들어집니다. 활동이 끝나면 부모와 자녀 사이의 관계를 돌아볼 말을 몇 마디 합니다.

"부모와 자녀는 적절한 거리를 유지할 필요가 있습니다. 한 사람이 손에서 힘을 빼면 막대가 바닥에 떨어집니다. 반면에 서로 힘을 주면 막대가 휘어지는 것처럼 긴장감이 자리하게 되지요.

때로는 그 상태를 알아차리지 못하고 계속 힘을 주다가 막대가 부러지는 일이 생깁니다. 두 사람은 부러진 막대를 애써 붙여 보지만 설사 막대가 붙는다 해도 처음의 탄력은 사라지고 맙니다. 여러분은 어느 정도의 거리에서 서로를 바라보고 있나요?"

이 활동을 하고 나면, 상대를 이끌거나 상대에게 끌려가는 경험을 되짚으면서 관계를 깊고 신중하게 생각하게 됩니다.

상대의 몸을 움직여 조각상을 만들어 보는 '인간 찰흙 놀이'는 보통 진로 지도에서 여러 직업을 상징하는 조각상을 만들거나 교과서에 나오는 주인공의 감정에 따라 조각상을 만드는 방식으로 응용할 수 있습니다.

평소에 서로 제대로 말을 하지 못하는 아이와 부모에게는 '투사' 작업을 하는 것도 의미 있습니다. 내가 진심으로 상대에게 바라는 것을 몸에 담아 표현하게 합니다. 한 명이 조각가가 되고 한 명은 찰흙이 되어 '부모가 원하는 자녀', '내가 원하는 부모'를 조각해 보는 것이지요. 그러면 몸동작에 상징이 만들어지고 생각을 투사하게 됩니다. 만들어진 조각상의 얼굴과 손에는 그것을 조각한 사람의 생각이 묻어 있지요.

한 엄마는 앞을 향해 달리는 자녀가 고개를 돌려 뒤를 바라보는 형태의 조각상을 만들었습니다. 자신의 아이가 삶을 향해 힘차게 앞으로 달리다가 실패하거나 넘어졌을 때, 고개를 돌리면 언제나 엄마가 따뜻한 눈으로 바라보고 있을 것이라는 의미였습니다. 이렇게 조각상에 의미를 담으면 평소 하지 못했던 말을 나눌 수 있는 계기가 됩니다. 부모는 자녀가 행복하고 건강하고 사랑받기를, 자녀는 부모가 자신을 안아 주고 쓰다듬어 주며 언제나 자신들과 함께하기를 바라는 서로의 마음을 전할 수 있습니다.

03 _ 놀이 속에서 마음을 읽어 보세요

놀이는 아이들의 마음을 열게 만듭니다. 그러면서 가슴 깊은 곳에 자리 잡은 생각을 끌어내 주지요. 그런 의미에서 과일 바구니(1-04) 놀이는 매우 훌륭합니다.

둥그렇게 둘러앉은 상태에서 사과, 배, 복숭아를 지정하고 가운데에 선 술래가 특정한 과일을 외칩니다. 그 과일에 해당하는 사람은 다른 자리로 옮겨 가야 하므로 활발하게 움직여야 하지요. 처음  에는 뒤죽박죽 자리를 바꾸면서 웃음이 넘치고 마음이 활짝 열립니다. 그러다 어느 정도 분위기가 달아오르면 술래에게 "저는 00한 게 싫어요!"라고 말하도록 합니다. 술래가 말한 내용과 같거나 생각이 비슷하면 자리를 옮겨 앉지요. 이렇게 방법을 바꾸면 아이들은 "저는 학원가기 싫어요!", "저는 엄마의 잔소리가 싫어요!", "저는 청국장이 싫어요!", "저는 남을 괴롭히는 사람이 싫어요!" 등과 같이 속마음을 털어놓습니다.

6학년 졸업식을 앞두고는 "저는 중학생이 되면 00할래요!"라는 말로 놀이를 바꿔 볼 수 있습니다. 아이들은 "저는 친구를 다섯 명 이상 사귈래요!", "저는 여자 친구를 사귈래요!", "저는 제 방을 만들래요!", "저는 용돈을 더 많이 받을래요!" 하고 말한답니다.

방학이 끝나면 방학 동안 했던 일을 말하게 할 수도 있지요. "방학에 극장에 갔어요!", "방학 동안 학원을 많이 다녔어요!", "방학 동안 매일 늦잠을 잤어요!" 등 적절히 변형하면 아이들의 마음을 표현하는 데 많은 도움이 됩니다. 놀이는 모두가 마음 편히 참여한다고 믿을 때 진짜 놀이가 됩니다. 속마음을 마음껏 털어놓아도 안전하다고 느낄 때, 아이들을 숨쉬게 하는 놀이가 가능해집니다.

Stop 놀이(4-46)를 가해자와 피해자의 구도에서 출발해서 진행해도 아이들의 마음을 잘 알 수 있습니다. 한 명의 피해자가 혼자 있는 상태에서 많은 아이들이 피해자를 보호하는 역할이 아니라, 가해자가 되어 즉흥 연기를 시작합니다. 나중에 그 문제를 해결하기 위해서 아이들은 선생님을 부르거나 교장 선생님, 경찰관까지 부르지만 상황은 해결되지 않고 계속 복잡하게 흘러가지요.

놀이가 끝나고 아이들에게 어떤 마음이 들었는지 물었습니다. 아이들은 대

개 피해자를 돕는 구원자의 역할을 두려워했습니다. 자신도 '왕따'를 당할까 봐 걱정됐기 때문입니다. 아이들은 또 놀이 속에서 재미를 추구하다 보니 가해자의 힘에 마음이 쏠리기도 했다고 고백했습니다. 가해자의 부모 역할로 나온 아이에게 어떤 마음이었는지 인터뷰를 해보면, 내 자식의 잘못을 알면서도 보호할 수밖에 없었다는 대답이 나오기도 합니다. 부모끼리 싸우고 중재가 되지 않는 상황을 바라보는 각자의 마음은 어떠한지, 재발을 방지하려면 어떤 방책을 내놓아야 하는지에 대해서도 신중히 대화할 수 있습니다. 놀이의 흐름을 자세히 살펴보면 반 전체가 어떻게 움직이며 무엇에 집중하는지 알 수 있습니다.

04 _ 놀이를 적용하는 데 불안해하지 마세요

어떤 선생님들은 놀이를 적용하는 데 많은 고민을 합니다. "소란스러워지면 어떻게 하나요?", "제가 아이들을 통제하지 못할까 봐 두려워요", "놀이가 제가 의도한 것과 다르게 진행되면 어쩌죠?", "벌칙을 몰라서 놀이 중간에 제가 멍해져요. 어떻게 해야 하나요?"……. 이런 질문들을 자세히 살펴보면 사실 교사의 불안감과 연결되는 것이 많습니다.

놀이는 당연히 소란스러운 활동이고, 또 소란스러워야 자연스러운 움직임이 만들어집니다. 그런데 놀이를 하다 보면 옆 반에 피해를 줄까 봐, 내 교실이 틸까 봐 걱정하느라 정작 중요한 놀이 상황을 통째로 억압하는 경우가 많습니다. 처음부터 '소란스러운 것은 당연하다. 아이들이 제대로 즐기고 있다는 것이다!'라고 마음먹어 보세요. 그리고 대안을 생각합니다. 정말 소란스럽고 방해가 될 정도라면 시간표를 살짝 바꾸어 옆 반이 비었을 때 활동하면 됩니다. 옆 반 선생님이 놀이를 적용하는 선생님을 부러워한다면 놀이 방법을 알려 주고 좋은 점을 이야기해 주세요.

놀이를 바라보지 말고 놀이 안으로 '풍덩!' 들어가면 놀이가 전혀 소란스럽게 느껴지지 않습니다. 함께 놀면서 그 안에 머무르다 보면 다른 걱정은 그리 크지 않습니다. 사실 놀이에 몰입하기보다는 놀이 후에 아이들이 어떤 반응을 보일지, 놀이의 결과가 어떨지에 더 마음이 쏠리기 때문에 조바심이 생기는 것이지요.

더불어, 적절히 통제할 수 있는 자기만의 정리법·집중법을 만드세요. 큰 소리로 "이제 그만!"이라고 외치는 것은 사실 효과가 없습니다. 놀이의 즐거움에 잔뜩 몰입한 상태에서 갑자기 뚝 멈추게 하는 것은 불가능합니다. 미리 '놀이를 갑자기 멈추는 것은 힘들 수밖에 없어. 그것은 내가 알려 준 놀이를 좋아하기 때문이야'라고 마음을 먹고, 놀이를 멈추고 나를 바라보는 데는 시간이 걸릴 것이라고 예상합니다. 아이들에게 그만큼 덜 서운할 거예요.

놀이 활동 전에 적절한 약속을 할 수도 있습니다. "종소리가 들리면 멈추는 것을 선생님과 약속하겠습니다. 중간에 혹시 종소리가 들리거든 멈추고 선생님 눈을 바라보도록 합니다"라고 일러두세요. 큰 목소리를 내지 않고도 아이들을 기다려 줄 수 있습니다. 아이들은 종소리가 들리면 자연스럽게 말을 줄이고 주변 변화를 알아차린 뒤 활동을 멈추게 되지요. 이런 식으로 몇 번 하다 보면, 아이들을 멈추게 하는 일이 더 수월해집니다. 교사인 나도, 참여하는 학생들도 좀 더 편안한 상태에서 놀이를 시작하고 마무리할 수 있게 되지요.

무엇보다 명심할 것은 놀이가 언제나 100퍼센트 성공적으로 진행되지는 않는다는 것입니다. 전문가가 아닌 이상 어떤 결과가 생길지는 아무도 모릅니다. 그러니 '내가 하는 놀이는 완벽하지 않을 수 있어'라는 마음으로 접근해 보세요. 놀이 활동을 하다가 실패하면 어떤가요? 다시 할 수도 있고 상황에 맞추어 변형할 수도 있습니다. 제 경우에도 의도했던 상황이 교실에서 그대로 재현되지 않을 때가 더 많았습니다.

저는 아이들에게 의미를 좀 더 부여해 주고, 놀이를 하지 않았을 때보다 한 것이 더 낫다는 생각을 항상 하곤 합니다. 그리고 한 가지 놀이를 한 다음에는 약간 변형해서 해봅니다. 그러면 실패할 확률이 좀 더 작아집니다. 저는 올해의 놀이를 내년에, 또 그 다음 해에도 합니다. 그러면서 조금씩 좀 더 안전하고 좋은 방식으로 적용하곤 하지요. 같은 놀이를 저학년, 고학년, 학부모들과 함께 하며 경험을 쌓았습니다. 그러다 보니 새로운 아이들과 놀이를 하기 전에 과거의 몇 가지 경험이 떠올랐고, 어떤 말을 해야 할지 조금씩 요령이 생겼습니다.

놀이를 안내할 때 다양한 팁과 주의할 점까지 자연스럽게 떠올릴 수 있게 되었지요.

이 책에 소개된 놀이들을 올해 했다면 내년에도 해보고 그 다음 해에도 해보세요. 놀이를 고를 때는 선생님의 취향대로만 고르지 않도록 유의합니다. 한 가지 놀이를 여러 번 경험한 것은 교사 자신일 뿐, 아이들은 모두가 첫 경험일 수 있으므로 골고루 소개해 주세요. 내 마음과 입장보다 아이들의 경험과 마음을 먼저 생각하는 것이 매우 중요합니다.

놀이를 할 때는 될 수 있으면 벌칙을 주지 않는 방식으로 진행합니다. 놀이에서 지면 '인디언 밥'으로 누군가의 등을 여러 명이 때리는 집단 구타(?)형태의 벌칙, 손목을 때리거나 '딱밤'으로 상대의 이마를 때리는 벌칙이 아이들에게 자리 잡는 것을 보게 됩니다. 이런 벌칙은 아이들이 놀이를 즐기기보다는 경쟁하고 이기는 쪽에 의미를 두게 하지요. 내가 받은 아픔을 돌려주기 위해 반드시 이겨야 하는 형태가 되면, 불편한 놀이가 됩니다.

만약 대결 구도와 승패가 있는 형태의 놀이를 진행해야 한다면 미리 "이 놀이는 이기거나 지는 형태로 진행되는데 내가 이겼을 때와 졌을 때의 기분을 잘 비교하고 느껴 보렴. 그 느낌을 가지고 이야기를 나누어 보자" 하면서 미리 당부해 주세요. 아이들은 선생님의 말씀에 귀를 기울이며, 놀이에 참여하고 놀이 안에서 느꼈던 상황과 기분으로 대화를 나눌 수 있습니다.

저는 교사이므로 놀이 활동을 삶과 연결시키고, 그 느낌이 우리에게 어떤 통찰을 주고 어떻게 도움이 되는지 아이들과 대화를 해보곤 합니다. 정말로 벌칙이 필요하다면 아이들이 기분 나쁘지 않을 정도로만 살짝 이야기해 주세요. "이긴 사람은 진 사람 어깨를 다독이면서 이렇게 이야기해 보세요. 다음엔 잘

해라!", "진 사람은 이긴 사람을 보고 살짝 고개를 숙이면서 이렇게 이야기해 봅니다. 열심히 하겠습니다!", "이긴 사람은 진 사람의 머리를 한 번 쓰다듬으며 이렇게 이야기해 보세요. 고마워!" 승자와 패자를 경험해 보는 것은 이 정도의 말을 주고받는 것만으로도 충분합니다.

가장 주의할 것은 놀이 안에서 '제물'이 되는 사람을 만들지 않는 것입니다. 한 아이가 반 전체에게 창피를 당하거나 놀림을 당하거나 벌칙을 받는 것은 놀이의 즐거움을 위해 한 아이에게 굴욕을 주고 그를 희생시키는 좋지 않은 방식입니다. 레크리에이션에서 많이 사용되기도 하는 이 방식은 놀이를 진행하는 교육자의 입장에서 가장 주의해야 할 점이라고 생각합니다.

이 외에도 여러 변수와 고민되는 상황이 있을 수 있습니다. 하지만 너무 걱정하지 마세요. 우리는 상황에 맞게 많은 것을 변화시켜 왔습니다. 중요한 것은 아이들에게 도움이 되는 방향으로 생각하고 고민하는 일입니다. 그 중심만 지킨다면, 문제 될 것은 없습니다. 틈이 있으면, 틈을 메울 방법도 늘 있는 법이지요. 선생님이 힘들다면 아이들과 함께 고민하고 대안을 만들어 보세요. 무엇이든지 가능하고, 할 수 있습니다.

감동과 행복을
만드는 교실 놀이
239

0부

기본, 워밍업 놀이

학기 초, 아이들과 기본으로 해야 할 놀이입니다.
뒤에서 소개될 여러 놀이를 위한 기본 놀이이며,
술래를 뽑을 때마다 유용한 놀이를 소개합니다.

0-01 모둠 나누기

● 1~6학년 ★★★★★

아이들을 적절하게 나누어 모둠을 구성하거나 무작위로 섞어야 할 때 간단하게 사용할 수 있는 방법입니다. 뒤에서 소개할 여러 놀이를 시작할 때 이 방법으로 모둠을 나누고, 다양한 구성원이 자리하도록 유도하면 좋습니다.

1 선생님은 놀이에 따른 모둠 개수를 생각한다.

2 만약 네 개의 모둠으로 아이들을 나누고 싶다면 한 명씩 차례로 '1, 2, 3, 4, 1, 2, 3, 4, 1……'의 숫자를 부여한다.

3 숫자를 다 부여했으면 이제 숫자에 해당된 아이들끼리 모이도록 한다.

4 만약 여섯 개 모둠으로 아이들을 섞고 싶다면 '1, 2, 3, 4, 5, 6, 1, 2, 3……' 으로 숫자를 부여하는 등 모둠 개수에 따라 숫자를 나열하면 된다.

놀이의 팁 Tip

1 숫자 대신 알파벳, 동물, 꽃 이름 등을 적절히 부여할 수 있습니다.

2 모둠이 구성된 것을 확인한 뒤, 선생님이 원하는 구성이 아니면 이유를 충분히 설명한 뒤에 모둠을 다시 구성해 보세요(일례로 성별이 한쪽으로 치우쳤을 경우 등).

3 모둠 구성 때 원하는 친구가 오지 않았다고 실망하는 아이가 있을 수 있습니다. 자연스럽게 섞는 것이 왜 필요한지 미리 이야기하고 시작하면 좋습니다.

4 주제에 맞게 모둠을 나누어 보세요. 계절에 대한 표현을 해야 한다면 봄, 여름, 가을, 겨울을 아이들에게 각각 부여한 뒤 모둠을 구성하고 활동을 시작하면 됩니다.

0-02 전체 가위바위보

● 1~6학년 ★★★★★

· · · · · · · · · · ·

독립된 놀이로 할 수도 있고, 앞에서 주도적으로 활동할 아이나
술래를 뽑을 때에도 사용할 수 있는 놀이입니다. 때로는 선생님
과 같은 모양을 내는 사람이 이기거나, 같은 모양을 내는 사람끼
리 짝을 짓는 '텔레파시 가위바위보' 형식으로 변형할 수도 있습
니다.

1 선생님이 아이들에게 함께 가위바위보를 하자고 제안한다.

2 아이들은 손을 번쩍 들고 무엇을 낼 것인지 고민한다.

3 함께 "가위, 바위, 보!"라고 외치며 아이들은 선생님을 향해 원하는 것을 내고, 선생님은 아이들을 향해서 원하는 것을 낸다.

4 선생님을 이긴 학생은 자리에 일어나서 계속해서 가위바위보를 한다.

5 다시 가위바위보를 하면서 선생님을 이긴 학생은 계속해서 가위바위보를 하고, 진 학생은 자리에 앉는다.

6 이렇게 계속 경기를 해서 한 명을 남기거나, 적당히 남은 아이들끼리 가위바위보를 해서 술래를 뽑는다.

놀이의 팁 Tip

1 선생님과 똑같은 것을 내면 계속해서 가위바위보를 할 수 있는 '텔레파시 가위바위보' 형식으로 진행해도 좋습니다.

2 항상 이기는 가위바위보만 생각하는 것이 아닌, 계속해서 선생님에게 져야 하는 규칙으로 진행할 수도 있습니다.

3 계속 경기를 하고 싶어서 손을 바꾸는 경우가 있습니다. 시작하기 전에 규칙을 알려 줍니다.

4 가위바위보 도중에는 앉아 있는 학생들에게 관찰자 역할을 줍니다. 그러면 일어서서 가위바위보를 하는 학생들이 손을 바꾸는 경우가 줄어듭니다.

0-03 디비디비딥

● 1~6학년 ★★★★★

· · · · · · · · · · · · · ·

같은 동작을 하면 탈락하는 놀이로, 손으로 하는 가위바위보입니다. 짧은 시간 안에 술래를 뽑을 수 있고, 또 이 놀이만으로도 굉장히 오랫동안 즐길 수 있는 장점이 있습니다. 계속 동작을 바꿔야 하기 때문에 속도감과 긴장감을 맛볼 수 있으며, 놀이 중간에 아주 재미있는 상황이 연출되기도 합니다.

1   첫 번째 동작은 한쪽 손으로 다른 쪽 주먹을 감싼 뒤 가슴 앞으로 모으는 것으로, 바위에 해당한다. 두 번째 동작은 코브라 흉내를 내듯 한 손은 뱀의 머리 모양을 하고 다른 한 손은 다른 쪽 팔꿈치를 받쳐 준다. 이 자세는 가위에 해당한다. 세 번째 동작은 양팔을 바깥으로 펴서 날개를 만든다. 이 자세는 보에 해당한다.

2   진행자가 "디비디비딥!" 하고 구호를 외치면서 세 동작 가운데 하나를 내기로 약속한다.

3   진행자가 외치면 학생들도 구호에 맞추어 세 가지 중 한 동작을 취한다.

4   진행자와 같은 동작을 하거나 동작이 어중간하면 탈락 처리되어 자리에 앉는다.

5   한 명이 살아남을 때까지 놀이를 계속한다.

놀이의 팁 Tip

1 "디비디비딥" 구호 소리와 함께 동시에 내도록 합니다.

2 선생님이 진행한 후에는 학생이 진행하도록 기회를 줍니다.

3 선생님이 구호를 외칠 때 과장된 동작과 목소리를 하면 재미있습니다.

4 마지막 한 명이 남으면 술래가 되거나 진행자가 되도록 놀이를 발전시켜 보세요.

0-04 손병호 놀이

● 1~6학년 ★★★★★

"OO한 사람 접어"라는 조건에 따라 손가락을 하나씩 접는 놀이
입니다. 남아 있는 친구들의 손가락을 가장 많이 접게 하는 조건
은 무엇일까? 서로 손가락을 접다 보면 어느새 교실이 웃음으로
가득 찹니다.

1 한 손을 들고 손바닥을 쫙 편다.

2 한 명씩 "00한 사람 접어"라고 돌아가면서 말하는데 '00'에 해당된 사람은 손가락을 하나 접는다.

3 마지막까지 펴져 있는 손가락이 남아 있는 1인을 게임 왕으로 뽑는다.

놀이의 팁 Tip

1 TV 예능 프로그램 〈해피투게더〉에 배우 손병호 씨가 출연해 소개한 놀이입니다.

2 이 놀이의 핵심은 남아 있는 경쟁자의 손가락을 누가 가장 많이 접게 하는가입니다. '최강의 조건'을 찾아내는 아이들의 번뜩이는 아이디어와 승부사 기질을 발견할 수 있는 놀이입니다.

3 서로 조건을 말할 때 판단 기준이 애매한 것은 이야기하지 않도록 합니다(예를 들어 잘생긴 사람 접어, 머리 긴 사람 접어와 같은 것).

4 눈으로 확인할 수 있는 것 위주로 말하도록 합니다(안경 쓴 사람 접어, 모자 달린 옷 입고 있는 사람 접어 등).

5 특정한 한 명을 목표로 삼아 손가락을 접는 조건을 골라 말하지 않는지 선생님이 잘 관찰해 보세요.

6 가끔 손가락을 접지 않고 몰래 버티는(?) 학생이 있습니다. 활동 전에 주의 사항을 알려 주세요. 옆 친구들이 손가락을 접어 주도록 규칙을 변경해도 괜찮습니다.

감동과 행복을
만드는 교실 놀이

239

1부

우리 함께 즐겁게 놀아요

아이들이 쉽게 친해질 수 있는 놀이입니다.
친구들과 자연스럽게 어울리며 즐기는 사이 서먹했던 관계가
어느새 달아나 버립니다. 학년 초, 학기 초의 부담을 줄이고
한반이 되었다는 기쁨과 함께 학기 중 친구 관계를
더욱 끈끈하게 만들어 줄 수 있습니다.

1-01 가위바위보 달리기

● 1~6학년 ★★★★★　　● 청소년 ★★★★★

달리기를 잘한다고 해서 반드시 이기는 것은 아닙니다. 가위바위보 운도 따라야 하거든요. 가위바위보 승패에 따라 승부가 원점으로 돌아가기도 하는 황당한 릴레이 경주! 단순한 달리기를 많이 했다면 때로는 이렇게 응용된, 변수가 생기는 달리기를 해보세요.

1 공간을 확보한 뒤 두 모둠으로 나눈다.

2 출발선을 정하고, 반대쪽에 의자를 하나씩 놓은 뒤 각 모둠의 대표가 앉도록 한다.

3 선생님이 신호를 하면 맨 앞사람부터 달려가서 의자에 앉은 사람과 가위바위보를 한다.

4 가위바위보에서 이기면 돌아와 다음 사람을 터치하고, 지거나 비기면 출발점으로 돌아왔다가 다시 달려가 가위바위보를 한다.

5 모둠 구성원 모두가 돌아오면 이긴다.

놀이의 팁 Tip

1 출발선과 의자까지의 거리를 처음엔 짧게 했다가 나중엔 길게 합니다.

2 가위바위보에서 이기기로 할 수 있지만, 같은 것을 내는 텔레파시 가위바위보나 디비디비딥으로도 운영할 수 있습니다.

3 여러 번 가위바위보에서 졌다는 이유로 친구들이 짜증을 낼 수도 있습니다. 그럴 때는 가위바위보의 결과는 누구도 알 수 없으며, 다들 최선을 다하고 있는 거라고 격려해 주세요.

1-02 검지 칼싸움

● 1~4학년 ★★★★★　● 5~6학년 ★★★★☆　● 청소년 ★★★☆☆

손가락을 이용한 놀이입니다. 같이 생활하는 짝꿍을 간지럼 태울 수 있는 절호의 기회! 즐겁게 칼싸움하면서 소리 지르고 웃으며 서로 가까워지는 시간을 만들어 봅니다. 짝과 손가락을 맞대며 "하나 둘, 하나 둘" 함께 소리를 내보세요.

놀이 방법 How to play

1 둘씩 짝을 짓는다.

2 선생님의 "하나 둘, 하나 둘" 구령에 맞추어 서로 집게손가락을 댔다 떼면서 칼싸움을 한다. 이때 나머지 한 손은 등 뒤에 붙인다.

3 칼싸움 중간에 선생님이 신체의 한 부위를 말한다.

4 선생님이 말한 부위를 먼저 손가락으로 건드리거나 간지럼 태우는 사람이 승리! 예를 들어 선생님이 "왼쪽 어깨!"라고 말하면 검지로 왼쪽 어깨를 짚거나 간지럼 태운다.

놀이의 팁 Tip

1 칼싸움을 할 때 동작을 제안합니다. 예를 들어 '귀엽게 칼싸움하기', '느린 동작으로 칼싸움하기' 등 다양한 갈래로 제안하면 과격한(?) 칼싸움을 방지할 수 있습니다.

2 선생님은 아주 간단한 곳을 지정해 줍니다. 왼쪽 어깨, 무릎 등에서 시작해 옆구리, 배꼽 등 간지럼을 유발하는 곳을 지정해 주세요.

3 얼굴 부위는 자칫 눈을 찌를 수도 있으므로 놀이 전에 주의 사항을 알려 줍니다. 선생님도 얼굴 부위는 빼고 말합니다.

1-03 고통의 숫자

● 1~2학년 ★★★★☆   ● 3~5학년 ★★★★★   ● 6학년~청소년 ★★★★☆

. . . .

내가 생각한 번호가 언제 불릴지 모르는 불안함 속에서 교실을
걷다가 이윽고 들리는 비명 소리! 옆 친구가 쓰러지기 전에 손으
로 잡아 주면 그 친구는 탈락당하지 않을 수 있답니다. 두근두근!
긴장감이 100배로 높아지는 놀이를 소개합니다.

1 책상을 밀어 놀이할 공간을 만든다.
2 마음속으로 1부터 5까지 숫자 가운데 하나를 정한다.
3 교실을 자유롭게 걸어 다닌다.
4 선생님이 큰 소리로 1~5 숫자 가운데 하나를 부른다.
5 자신이 정한 숫자가 들리면 크게 "으악!" 하고 비명을 지르며 쓰러진다.
6 쓰러질 때 친구들이 잡아 주면 계속해서 놀이에 참여할 수 있다.
7 아무도 잡아 주지 않아 바닥에 쓰러지면 놀이에서 탈락된다.

놀이의 팁 Tip

1 불안감에 서로 꼭 붙어 다니는 경우도 있습니다. "서로 1미터 떨어져 봅니다", "친구들이 가지 않는 방향을 찾아보세요", "빠른 걸음으로 걸어 보세요" 등 중간중간 지시를 내리면 아이들이 한쪽으로 몰리는 것을 예방할 수 있습니다.

2 숫자를 계속해서 부르기보다는 타이밍을 조절해 보세요. 천천히 숫자를 부르다가 차츰 숫자를 빨리 불러 봅니다. 그러면 아이들의 움직임도 빨라집니다.

3 숫자를 동시에 두 개 불러 봅니다. 그러면 친구를 구하기 위해 더 역동적으로 움직이는 아이들을 볼 수 있습니다. 숫자를 늘려 가며 부를 수도 있습니다.

4 비명을 지를 때 크게 해야 하는 이유를 미리 알려 주세요. 소리를 작게 내면 구해 주고 싶어도 알아차릴 수가 없습니다.

5 쓰러지는 속도를 정해 봅니다. 놀이에 몰입한 나머지 너무 빨리 쓰러지거나 자신을 구해 달라며 계속 쓰러질 듯 말 듯 하는 아이들도 있습니다.

1-04 과일 바구니 _1탄

● 1~6학년 ★★★★★   ● 청소년 ★★★★★

의자를 둥그렇게 놓을 공간만 있다면 초등학생뿐 아니라 청소년
과 어른들도 아주 재미있게 즐길 수 있는 놀이입니다. 특히 움직
이기 싫어하는 아이들을 쉬이 움직이게 만들며, 간단한 응용만으
로도 아이들의 생각을 읽어 낼 수 있습니다.
'과일 바구니'와 이를 응용한 갈래 놀이는 심리 치료 현장에서도
아주 유용하게 사용했던 경험이 있습니다.

놀이 방법

1 의자를 가지고 빈자리가 없도록 둥그렇게 앉는다.

2 앉은 순서대로 과일 이름을 세 개 정도 정해 차례로("사과, 복숭아, 배" 하는 식으로) 지정한다.

3 가운데에 술래 한 명이 선다.

4 의자에 앉은 친구들이 크게 "과일 사세요!"라고 외치면 술래는 과일 하나를 말한다. 술래가 말한 과일에 해당된 친구들은 자리에서 일어나 다른 자리로 가서 앉는다.

5 자리에 앉지 못한 친구가 다음 술래가 되어 다음 과일의 이름을 말한다.

6 과일은 한 개를 말할 수도 있고 "사과-배", "복숭아-배" 하는 식으로 두 개를 한 번에 말할 수도 있다.

7 전부 일어나게 하고 싶으면 술래는 "과일 바구니!"라고 외친다.

놀이의 팁 Tip

1 너무 과하게 이동하다가 의자가 뒤로 넘어가거나 의자에 부딪쳐 다칠 수 있습니다. 미리 주의를 주세요.

2 새 학년이 되어 처음 만났을 때 이 놀이를 하면 친근감을 형성하는 데 매우 좋습니다.

3 내가 좋아하는 것, 싫어하는 것 등을 주제로 정해 아이들의 마음을 읽어 보세요. 술래가 말한 것과 같은 경험이 있거나 생각이 같다면 일어나서 자리를 이동하도록 합니다(아이들의 속마음을 알 수 있습니다).

4 방학이 끝나면 "방학 동안에 한 일은?"으로 응용할 수 있고, 6학년이라면 "중학교에 가면 하고 싶은 일", 진로 지도와 관련해서 "난 어떻게 살고 싶다!" 등 여러 주제로 변형이 가능합니다.

1-05 과일 바구니 _2탄 : 만나서 반가워!

● 1~6학년 ★★★★★　● 청소년 ★★★★☆

아이들과 만난 첫날 서로 서먹서먹한 분위기를 없앨 수 있는 놀이입니다. 자연스럽게 아이들을 섞어 앉게 만들면서 교실을 5분 안에 활기 넘치게 만들 수 있는 아주 멋진 활동이지요. 인사도 나누고, 서로 알아 갈 수도 있는 꿩 먹고 알 먹기 놀이입니다.

1 책상을 밀어 놓고, 의자를 이용해 둥그렇게 앉는다.

2 가운데에 술래 한 명이 선다.

3 술래는 앉아 있는 친구들에게 "안녕?" 하고 인사를 한다. 앉아 있는 친구들도 함께 술래에게 "안녕?" 하고 답을 해준다.

4 술래는 "내 이름은 OOO이야!"라고 말한다. 앉아 있는 친구들은 "만나서 반가워!"라고 답을 해준다.

5 술래는 "나도 반가워. 그중에서도 OO한 친구가 더 반가워!"라고 말한다.

6 OO에 해당된 친구들은 자리에서 일어나 비어 있는 다른 자리에 앉는다.

7 자리에 앉지 못한 사람이 술래가 되어 놀이를 이어 간다.

놀이의 팁 Tip

1 선생님도 꼭 참여해 주세요. 선생님이 술래가 되고, 서로 자리를 차지하기 위해 뛰어다니면 더 즐거워집니다.

2 'OO'는 눈으로 확인할 수 있는 것이 좋습니다. '예쁜 친구', '키가 큰 친구' 등은 기준이 명확하지 않으므로 놀이 전에 아이들에게 설명합니다.

3 너무 뛰어가거나 슬라이딩을 하다 사고가 날 수 있습니다. 놀이 전에 주의 사항을 꼭 이야기해 주세요.

4 선생님이 술래가 되면 "여러분, 모두 만나서 반가워요!!"라고 이야기해 보세요. 분위기가 더욱 고조됩니다.

1-06 과일 바구니 _ 3탄 : 햇살이 비칩니다!

● 1~4학년 ★★★★★   ● 5~6학년 ★★★★☆   ● 청소년 ★★★☆☆

. . . .

아이들은 두 손을 번쩍 들면서 "햇살이!!"라고 말하는 것을 무척
좋아합니다. 따뜻한 햇살을 받으며, 술래의 말에 크게 소리 지르
며 일어나 움직이는 멋진 순간을 만들어 보세요. 쑥스러워하면서
도 술래가 되면 기분이 좋아지는 놀이랍니다.

1 의자를 가지고 빈자리가 없도록 둥그렇게 앉는다.

2 가운데에 술래 한 명이 선다.

3 앉아 있는 친구들이 다 함께 손을 위로 들었다 술래에게 뻗으면서 "햇살이!!"라고 큰 소리로 말한다.

4 술래는 "OOO에게 비칩니다!"라고 답한다("치마를 입은 친구에게 비칩니다", "남자들에게 비칩니다" 등).

5 OOO에 해당된 친구들은 자리에서 일어나 비어 있는 다른 자리에 앉는다.

6 자리에 앉지 못한 사람이 술래가 되어 놀이를 이어 받아 진행한다.

놀이의 팁 Tip

1 "햇살이!!"라는 표현에서 손을 번쩍 들어서 술래에게 따뜻하게 뻗어 보라고 이야기합니다.

2 선생님도 꼭 참여해 주세요. 선생님이 술래가 되고, 서로 자리를 차지하기 위해 뛰어다니면 더 즐거워집니다.

3 'OO'는 눈으로 확인할 수 있는 것이 좋습니다. '예쁜 친구', '키가 큰 친구' 등은 기준이 명확하지 않으므로 놀이 전에 아이들에게 설명합니다.

4 너무 뛰어가거나 슬라이딩을 하다 사고가 날 수 있습니다. 놀이 전에 주의 사항을 꼭 이야기해 주세요.

5 "사랑이 OOO에 생깁니다", "행복이 OOO에게로 찾아갑니다" 등으로 말하는 방식을 변경해도 좋습니다.

1-07 과일 바구니 _ 4탄 : 이웃을 사랑하세요?

● 1~2학년 ★★★☆☆　● 3~6학년 ★★★★★　● 청소년 ★★★★★

첫 만남을 부드럽게 만들어 주는 매력 만점의 놀이입니다. 참여
한 사람들을 자연스럽게 섞고, 즐거운 세계로 데려갈 수 있습니
다. 어떤 집단에서도 실패한 적이 없는, 막강 추천 놀이입니다.

1 의자를 가지고 빈자리가 없도록 둥그렇게 앉는다.

2 가운데에 술래 한 명이 선다.

3 술래는 앉은 친구에게 다가가 "당신의 이웃을 사랑하세요?"라고 물어본다.

4 질문을 받은 친구는 "네" 또는 "아니요"라고 답한다.

5 "네!"라고 답하면 질문을 받은 양쪽 사람이 서로 자리를 바꾼다. "아니요"라고 답하면 술래가 한 번 더 "그렇다면 어떤 이웃을 사랑하세요?"라고 물어본다. 질문을 받은 친구는 "○○○한 이웃을 사랑합니다!"라고 답한다.

6 ○○○에 해당된 사람은 모두 자리에서 일어나 다른 자리로 옮겨 간다. 술래는 친구들이 이동한 틈에 빈자리 아무 곳이나 앉는다.

7 새로운 술래가 생기면 질문을 계속하며 놀이를 이어 간다.

놀이의 팁 Tip

1 자리를 차지하기 위해서 열심히 뛰어다니다가 다치거나 의자와 함께 뒤로 넘어갈 수 있습니다. 주의 사항을 미리 알려 주세요.

2 의자 뒤로 넘어진 친구는 술래와 역할을 바꾸어서 새로운 술래가 되도록 해도 좋습니다.

3 ○○○에 해당된 사람이 자리를 옮길 때, 바로 옆 자리로 옮기는 경우도 있습니다. 될 수 있으면 멀리 움직이라고 안내해 주세요.

4 ○○○에 해당되는 말을 할 때는 눈으로 확인할 수 있는 것으로 합니다.

1-08 그물 술래잡기

● 1~5학년 ★★★★★　● 6학년 ★★★★☆　● 청소년 ★★★☆☆

혼자 술래를 하다 보면 지치기도 하고 외로운 기분이 들기도 합니다. 이 놀이는 함께 술래가 되어서 친구들을 한쪽으로 몰아넣고, 변신과 합체를 하면서 왁자지껄 정신 못 차리게 하는 즐거운 술래잡기입니다. 놀이를 하면서 자연스레 몸이 맞닿고 땀방울을 흘리는 천연의 놀이를 소개합니다.

1 가위바위보를 해서 술래를 뽑는다.

2 선생님의 신호와 함께 모두 도망 다니고 술래는 친구를 잡으러 다닌다.

3 술래에게 잡히면 술래와 손을 잡고 그물이 되어 다른 친구를 잡으러 간다.

4 술래가 계속 늘어나 그물이 커지면 양쪽 끝에 위치한(손이 남아 있는) 사람이 잡을 수 있다.

5 친구들을 다 잡아 모두 그물이 되면 다음 술래를 뽑고 놀이를 이어 간다.

놀이의 팁 Tip

1 변신, 합체를 이용하면 더 재미있습니다. 잡힌 친구가 많아서 그물이 커지면 "변신!"이라고 선생님이 외쳐 주세요. 그러면 두 명씩 따로 떨어져 친구를 잡으러 다닙니다. "합체!"라고 외치면 모두 다시 손을 잡고 술래잡기를 계속합니다.

2 그물 사이로 도망갈 수 있게, 때로는 그물 사이로 도망갈 수 없도록 규칙을 변경해 보세요.

3 서로 다른 친구를 잡으려다 그물이 찢어지는(손이 떼어지는) 경우가 있습니다. 이럴 때는 잠시 멈추고 수선(손을 다시 잡기)을 해야만 잡을 수 있습니다.

1-09 나는요!

● 1~2학년 ★★★☆☆ ● 3~6학년 ★★★★★ ● 청소년 ★★★★☆

각자 자기 이야기를 종이에 적은 뒤에 다 함께 미지의 종이에 적힌 친구의 이야기를 들으며 주인공이 누구인지 추리해서 맞히는 멋진 친교 놀이입니다. 어떻게 응용하느냐에 따라 학생들로부터 다양한 정보를 얻을 수 있고, 아이들의 생각도 엿볼 수 있지요.

1 참여자에게 작은 종이를 한 장씩 나누어 준다.

2 종이 맨 위에 자신의 이름을 쓴다.

3 각자 "나는요"로 시작되는 문장을 완성한다.

4 자신의 성격, 좋아하는 것, 고민거리 등 자신을 소개할 수 있는 말을 적는다. 주제는 선생님이 정해서 말해 준다.

5 마지막 문장에는 외모나 자신을 금방 알 수 있는 힌트를 써 넣는다.

6 적은 종이를 다 모아서 섞은 뒤 한 장을 골라내 "나는요"로 시작된 문장을 한 줄씩 읽어 준다.

7 아이들은 선생님이 들려주는 문장을 듣고 누구의 것인지 맞혀 본다.

8 맞힌 아이가 다음 종이를 뽑아 차례로 진행한다.

놀이의 팁 Tip

1 선생님이 주제를 몇 개 주는 것도 좋지만, 아이들에게 무엇을 쓰면 자신을 소개할 수 있을지 생각해 보고 주제를 정하게 하면 더욱 좋습니다.

2 보통 다섯 개 정도의 주제를 쓰지만 자세한 정보를 위해서는 열 개까지 늘려도 괜찮습니다.

3 종이에 "나는요" 대신에 다른 말을 적어도 좋습니다("방학 동안 나는요", "5학년 때 나는요", "미래에 나는요" 등의 주제로).

4 친구를 찾아내면 그 친구를 함께 바라보거나 그 친구에 대해 더 소개해 보는 시간을 만들어도 좋습니다.

1-10 내 얼굴은 어디에?

● 1~2학년 ★★★★☆　● 3~6학년 ★★★★★　● 청소년 ★★☆☆☆

얼굴의 특징을 이용해 친구를 기억해 내는 놀이입니다. 친구가 그린 내 얼굴을 다른 친구들이 그린 그림과 섞어 놓는다면 찾아 낼 수 있을까요? 한 그림을 보고 서로 자신이라고 키득거리기도 하고, 친구의 얼굴을 뚫어지게 바라볼 기회를 주는 재미있는 놀이입니다.

1 같은 색, 같은 크기의 종이를 한 장씩 나누어 준다.

2 두 명씩 짝이 되어 선생님의 신호에 따라 상대의 얼굴을 특징을 파악하며 자세히 관찰한다.

3 일정 시간이 지나면 보지 않고 친구의 얼굴을 그린다.

4 그림을 그릴 때는 사실적(?)으로 그리기보다는 특징이 잘 나타나게 그린다.

5 그림 뒷장에 누가 누구를 그렸는지 아주 작게 적는다.

6 그림을 수합한 뒤 섞고 나서 책상 위에 무작위로 펼쳐 놓는다.

7 책상 위의 그림을 함께 감상한 뒤, 자신의 모습이라 생각된 그림 앞에 선다. 선생님의 신호에 뒷장을 보고 자신의 모습이 맞는지 확인한다.

놀이의 팁 Tip

1 홀수의 인원이 하게 된다면 선생님이 같이 참여하거나, 세 명씩 묶어 A는 B를, B는 C를, C는 A를 그리는 식으로 진행합니다.

2 그림을 그릴 때는 같은 색 펜, 같은 크기의 종이로 진행합니다.

3 놀이 시작 전, 친구의 모습을 장난스럽게 그리지 않도록 당부합니다.

4 미술 시간이 아니기 때문에 좀 못 그려도 괜찮다고 말해 주고 그림을 찾을 때에도 혹시 친구가 내 마음에 들지 않게 그렸다 하더라도 최선을 다해서 그린 것임을 알아듣도록 말합니다.

5 상대방 얼굴을 보면서 그림을 그려 보는 것도 좋습니다.

1-11 너를 칭찬해 _1탄

● 1학년 ★★★☆☆ ● 2~6학년 ★★★★★ ● 청소년 ★★★★☆

. . . .

아이들은 대개 자신에게 단점이 많다고 생각합니다. 하지만 사람에게는 장점과 단점이 함께 자리하고 있지요. 단점보다 장점을 바라볼 기회를 줄 수 있는 놀이를 소개합니다. 나에게 어떤 장점이 있고 칭찬거리가 있는지, 친구가 기록한 글을 보고 알아보세요. 경쾌한 음악이 흐르는 가운데 친구들에게 칭찬을 가득 받는 즐거움을 맛볼 수 있답니다.

········· **놀이 방법** How to play

1 학생 수만큼 종이를 준비한다.

2 쪽지 맨 위에 "너를 칭찬해"라는 제목을 쓴다.

3 선생님이 "시작!" 구호를 외치면 아이들은 가위바위보를 한다.

4 이긴 학생은 상대방의 쪽지에 친구의 칭찬을 한 문장 또는 단어로 써 준다.

5 정해진 시간이 지난 뒤 내 쪽지의 글들을 읽어 본다.

6 나에게 어떤 장점이 있는지 살펴보고 마음을 다진다.

놀이의 팁 Tip

1 가위바위보를 계속 이겨서 칭찬을 많이 받지 못한 친구도 있습니다. 적절한 시간이 지나면 가위바위보를 하지 않고 칭찬의 개수가 자신보다 적은 친구를 찾아 적게 합니다.

2 칭찬을 적을 때에는 구체적인 일을 중심으로 적습니다.

3 내 칭찬을 읽어 보는 것도 좋지만 친구가 읽어 주는 것을 들으면 더 기분이 좋아집니다.

4 학생들에게 다양한 색상의 펜을 고르게 합니다. 나중에는 칭찬 종이가 화려하게 변신합니다.

5 선생님도 꼭 함께하셔서 아이들에게 칭찬을 나눠 주세요.

1-12 너를 칭찬해 _2탄

● 1학년 ★★★☆☆　　● 2~6학년 ★★★★★　　● 청소년 ★★★★☆

자신에 대한 칭찬을 공식적인 자리에서 듣고 박수를 받는 일은
아이를 북돋고 아이에게 힘을 줍니다. 아이들은 이런 기회에 자
신의 장점을 알며 사랑받을 자격이 충분하다고 느끼지요. 칭찬
놀이 1탄에서 작성한 종이를 들고 아이들에게 칭찬 글을 읽어 주
세요. 매우 특별한 수업이 될 수 있습니다.

1 칭찬이 적혀 있는 종이를 수합한 뒤 한데 섞는다.

2 선생님이 그중 한 장을 골라 살을 붙여 가며 칭찬 글을 읽는다.

3 아이들은 선생님의 칭찬 글에 해당되는 친구를 추측해 보고 누구인지 알아맞힌다.

4 주인공을 찾아내면 모두 함께 칭찬의 박수를 쳐 준다.

놀이의 팁 Tip

1 칭찬 글을 차례대로 읽는 것보다는 써진 내용 가운데 특히 주목할 만한 특별한 칭찬거리부터 읽어 줍니다.

2 칭찬이 적으면 선생님이 아이들과의 생활을 되돌아보면서 몇 가지를 즉석에서 만들어 이야기해 줍니다.

3 칭찬 글에 해당된 아이가 다음 칭찬 글을 뽑아 보는 것도 한 방법입니다.

4 칭찬 글을 선생님이 읽어 줄 때 얼굴이 붉어지는 아이가 있습니다. 그 느낌 또한 아주 중요한 경험이라고 하면서 칭찬받을 자격이 충분하다고 격려해 줍니다.

1-13 돼지 피구

● 1~2학년 ★★★☆☆　● 3~6학년 ★★★★★　● 청소년 ★★★☆☆

아이들이 즐겨 하는 피구를 교실 안에서 할 수 있습니다. 피구 공을 굴리는 것으로 아주 재미있는 시간을 보낼 수 있지요. 앉아서 하는 놀이라 색다른 즐거움이 있지만, 단 몇 판만으로도 허벅지가 뻐근해지는 체력 단련(?) 놀이랍니다.

1 교실 책상을 가장자리로 밀어 공간을 확보한다.

2 수비 역할 할 한 사람을 남겨 두고, 모두 안에 들어가 돼지씨름 자세로 쪼그려 앉는다.

3 수비하는 사람은 엉덩이나 한 발이 책상이나 교실 벽에 붙어야 공을 굴릴 수 있다.

4 신호와 함께 공을 굴려 몸을 맞혀 아웃시킨다.

5 아웃된 사람은 가장자리에 자리를 잡고 수비 역할을 한다.

6 마지막 한 사람이 남으면 놀이가 끝나고, 마지막 남은 사람이 맨 처음 수비가 된다.

놀이의 팁 Tip

1 너무 오래 하면 다리가 아플 수 있습니다.

2 공이 튀지 않도록 미리 주의 사항을 알려 줍니다.

3 몇 번 놀이를 한 뒤에는 피구 공을 두 개로 늘려 해봅니다.

4 공을 피하다 서로 머리를 부딪쳐 다칠 수 있습니다.

5 돼지씨름 자세가 너무 힘들면 쪼그려 앉아서 진행하도록 합니다.

6 선생님도 안에 들어가서 함께 해보세요.

1-14 드라큘라와 악수하기

● 1~3학년 ★★★☆☆　● 4~6학년 ★★★★★　● 청소년 ★★★☆☆

긴장감 넘치는 놀이로, 여러 친구와 악수를 할 기회를 만들어 줍니다. 친구들이 하나씩 비명을 지르며 쓰러지는 것을 보며, 드라큘라가 누구인지 찾아내는 탐정 역할도 해야 합니다. 내 손을 누군가 찌르고 가면 나도 비명을 지르며 쓰러져야 하는 짜릿함!

1 모두 눈을 감고 서 있으면 선생님이 어깨를 살짝 두드리는 식으로 드라큘라 한 명을 지정한다.

2 선생님이 신호하면 눈을 뜨고 서로 악수를 하면서 걸어 다니는데, 이때 드라큘라는 악수를 할 때 상대를 정해 손가락으로 손바닥을 꾹 찌른다.

3 손바닥을 찔린 아이는 드라큘라에게 물린 것이므로, 다섯 걸음을 걸은 뒤 "으악!!" 하는 비명 소리와 함께 바닥에 앉는다.

4 드라큘라로 짐작되는 친구를 발견하면 크게 "잠깐!!"이라 외치고 "드라큘라 바로 너지?" 하고 말한다.

5 드라큘라가 아니면 둘 다 비명을 지르며 앉는다.

6 드라큘라가 발견되면 다시 드라큘라를 뽑아 놀이를 진행한다.

놀이의 팁 Tip

1 놀이 설명을 할 때는 말로만 하기보다는 손바닥을 찌르는 것을 경험하게 해줍니다.

2 활동을 시작하면 천천히 걸어 다니도록 합니다.

3 드라큘라로 지정된 사람은 악수를 할 때 너무 자주 찌르지 말고 적당한 시간 간격을 두어 드문드문 찌르도록 합니다.

4 손바닥을 찌를 때는 상대가 알 수 있도록 확실하게 꾹 찌릅니다.

5 "으악!" 하고 소리 지를 때는 아주 큰 소리로 지르도록 합니다.

6 걸음 수를 바꿔 가며 진행해 봅니다. 걸음 수가 줄어들면 더 쉬워집니다.

1-15 만세 가위바위보

● 1~6학년 ★★★★★　　● 청소년 ★★★★☆

가위바위보를 약간만 응용해도 아주 재미있는 놀이가 됩니다. 단
순히 이기고 지는 가위바위보에서 벗어나 재빨리 승패의 결과를
외치고 손을 들어 올림으로써, 순간 판단력과 순발력을 겨룰 수
있지요. 놀이 방법은 단순하지만 아이들 얼굴에 웃음을 가득 담
아 줄 수 있습니다.

1 가위바위보를 한다.

2 가위바위보에서 이긴 사람은 만세를 하며 "이겼다!!"라고 크게 외치고 진 사람은 "졌다!"라고 만세를 하면서 크게 외친다.

3 먼저 외친 사람이 이긴다.

4 만약 비기면 먼저 만세를 하면서 "비겼다!"라고 외치면 이긴다.

놀이의 팁 Tip

1 손을 재빨리 올렸다 내리면 누가 빨랐는지 구별이 안 되므로 손동작을 크게 하고 몇 초간 멈추도록 규칙을 정합니다.

2 상대방보다 목소리를 크게 하도록 하면 아이들의 목소리가 더 커져 교실이 아이들 함성으로 가득 찹니다.

3 소리 낼 수 없는 상황이라면 침묵의 '만세 가위바위보'로 진행해도 됩니다.

4 응용 놀이로 '거꾸로 가위바위보'로 바꾸는 방법도 있습니다. 이때 이긴 사람은 "졌다!!", 진 사람은 "이겼다!!"라고 외칩니다.

5 짝과 하는 것도 좋지만 교실을 돌아다니며 여러 친구들과 해봅니다.

1-16 머리 아픈 가위바위보

● 1학년 ★★★☆☆　　● 2~6학년 ★★★★★　　● 청소년 ★★★☆☆

. . . .

수학 시간에 응용할 수 있는, 계산을 해야 하는 가위바위보를 소
개합니다. 초등학생부터 어른까지 즐길 수 있습니다. 암산이 필
요한 놀이로, 한 가지 방법이 아닌 여러 방식으로 응용할 수 있습
니다. 머리가 좋아지는 '수학 놀이 가위바위보!'입니다.

······· 놀이 방법 How to play

1 가위바위보에 따른 점수를 지정한다(가위는 1점, 바위는 2점, 보는 3점이라 약속).

2 가위바위보를 해서 서로 낸 모양에 따라 재빨리 점수를 더한다. 일례로 가위와 보를 냈다면 1점+3점을 합산하여 총 4점으로 계산한다.

3 더한 점수를 먼저 외치는 사람이 이긴다.

놀이의 팁 Tip

1 점수를 지정할 때 처음에는 낮은 점수를 매기고 점점 높은 점수로 올려 봅니다.

2 더한 점수를 외치면서 동시에 손가락으로도 점수를 보여 주도록 해보세요. 놀이를 진행할 때에는 더한 숫자가 너무 크지 않도록 조절합니다.

3 덧셈이 익숙해지면 곱셈으로 응용해 보세요. 가위는 2점, 바위는 3점, 보는 5점이라 약속한다면 가위와 보는 2점 곱하기 5점이 되어 10점이 됩니다.

4 가위바위보를 하면서 '쌍권총 하나 빼기(5-16)'로 응용해도 좋습니다.

5 이 놀이 또한 상대방보다 목소리를 크게 하도록 유도해 보세요.

6 짝과 하는 것도 좋지만 돌아다니며 여러 친구들과 해보도록 합니다.

1-17 모서리 게임 _1탄 : 모서리 왕

● 1~6학년 ★★★★☆ ● 청소년 ★★★☆☆

. . . .

'모서리의 왕'을 정해 놓고 발소리와 말소리 같은 속임수를 사용
하면서 교실 네 귀퉁이로 이동하는 놀이입니다. 어느 모서리에
가장 많은 아이들이 몰렸을까! 놀이가 진행될수록 심장이 벌렁
벌렁! 색다른 경험을 할 수 있답니다.

1 교실 네 귀퉁이를 1, 2, 3, 4로 정한다.

2 술래 한 명을 뽑아 '모서리 왕'으로 정한다.

3 '모서리 왕'은 교실 맨 앞 중앙에 칠판을 보고 앉는다.

4 모서리 왕은 숫자를 10까지 세고, 아이들은 교실 네 귀퉁이 중 한 곳으로 간다.

5 10까지 센 모서리 왕은 1~4 중 하나를 크게 외친다.

6 왕이 외친 숫자에 해당된 모서리에 있는 학생은 자신의 자리로 돌아간다.

7 살아남은 아이들은 왕이 또다시 10을 셀 동안 자리 이동을 한다.

8 마지막에 한 명이 남을 때까지 진행하고, 살아남은 한 명이 다음번 '모서리 왕'이 된다.

놀이의 팁 Tip

1 공간이 좁으면 모서리 왕에게 안대를 씌운다.

2 일부러 어디로 간다는 등의 말소리나 발을 굴리는 등 왕을 혼란에 빠뜨릴 수 있는 작전을 세우도록 합니다.

3 숫자를 너무 빨리 세지 않도록 하고, 세기가 끝나면 더 이상 이동하지 못한다고 당부합니다.

4 탈락한 아이들에게 부활의 기회를 줄 수 있습니다. 아이들에게 한 곳을 고르라고 한 뒤, 모서리 왕에게 숫자 하나 또는 둘을 고르도록 하세요.

1-18 모서리 게임 _2탄 : 임금님의 음식

● 1~6학년 ★★★★☆   ● 청소년 ★★☆☆☆

임금님이 좋아하는 음식은 무엇일까요? 교실 네 귀퉁이에 있는 음식 가운데 임금님의 마음에 따라 치워지는 음식이 있습니다. 음식을 차린 아이들도 음식과 함께 우수수 탈락! 임금님이 어느 음식을 좋아할지 예측하면서 모서리를 향해 달려가는, 박진감 넘치는 생존 게임입니다.

1 임금님을 정한다. 임금님이 먹고 싶은 음식 네 가지를 말한다.

2 교실 각 귀퉁이에 맞게 음식을 지정한다(예를 들어 앞문은 부대찌개, 앞쪽 창가는 라면, 뒷문은 삼각김밥, 뒤쪽 창가는 카레 등).

3 임금님이 움직이라고 하면 아이들은 자유롭게 한 곳을 정해 움직인다.

4 임금님이 한 가지 음식을 가려낸다. 예를 들어 "부대찌개는 먹기 싫으니 저리 치우라!"라고 하면 해당 음식에 있던 아이들은 자리로 돌아간다.

5 남은 아이들은 3번 단계부터 다시 시작한다.

6 마지막까지 남은 학생이 임금 또는 여왕이 된다.

놀이의 팁 Tip

1 사회 시간에 세계의 여러 음식을 공부한 뒤 하면 더 좋습니다.

2 "임금님의 취미는?", "임금님의 여행지는?"과 같이 다양하게 변형해 즐겨 보세요.

3 움직일 때 소리를 내면 임금님이 금방 알아차립니다. 조용히, 민첩하게 움직여야 한다는 사실을 알려 주세요.

4 탈락하는 아이들이 많아지고 살아남은 아이가 줄어들수록, 한 귀퉁이에 두 명 이상 서 있을 수 없다거나, 연속해서 같은 곳에 머무를 수 없다는 등의 규칙을 추가합니다.

5 때로는 임금님이 한 번에 여러 음식을 치우도록 해서 새 임금님을 뽑도록 합니다.

6 안대를 씌워 줄 때 즉위식을 하듯이 진행해 보세요. 색다른 재미가 있습니다.

1-19 모서리 게임 _ 3탄 : 핵폭탄 25시

● 1~6학년 ★★★★★　● 청소년 ★★★★★

세계 전쟁이 시작되었습니다. 하늘에서 핵폭탄이 한 나라에 떨어집니다. 떨어지는 핵폭탄을 피하기 위해서 친구의 손을 잡고 운명의 선택을 해야 하는 순간! 두근거림과 비명, 아쉬움이 가득 자리 잡는 놀이입니다. 단 한 번도 실패한 적이 없는, 집단을 요동치게 만드는 인기 가득한 놀이를 소개합니다.

1 교실 네 모퉁이를 네 개의 나라로 정한다(시계 방향으로 한국, 중국, 미국, 영국 등).

2 종이 네 장에 각각 한 나라씩 적은 뒤 보이지 않게 접는다.

3 잠시 고심한 뒤에 핵폭탄이 떨어지지 않을 나라로 이동한다.

4 아이들이 다 이동하면 종이를 던져 한 장을 뽑는다. 뽑힌 종이에 적힌 나라에 핵폭탄이 떨어진다고 발표한다.

5 핵폭탄이 떨어진 나라에 서 있던 참가자들은 포로수용소로 수용된다(포로수용소는 대개 자기 자리로 정함).

6 남은 아이들은 핵폭탄이 떨어지지 않을 나라로 다시 이동한다.

7 이렇게 여러 번 반복해서 최후까지 살아남은 아이를 뽑는다.

놀이의 팁 Tip

1 시간에 따라 생명탄(패자 부활전)을 중간중간에 사용합니다. 이번에 선택한 나라에서는 핵폭탄이 떨어지는 게 아니라 포로수용소에서 탈출해 살아남을 수 있다고 알려 주세요.

2 자리에 앉는 것을 포로수용소에 갇히는 것으로 정할 수 있지만, 교실 중앙에 따로 장소를 만들어 앉게 해도 좋습니다.

3 종이를 뽑을 때는 포로수용소에 앉아 있는 아이들에게 뽑을 자격을 주면 좋습니다. 이때는 바른 자세와 눈빛으로 신호를 보내라고 알려 줍니다.

1-20 미꾸라지 잡기

● 1~6학년 ★★★★★　● 청소년 ★★★★☆

손가락 하나로 교실을 웃음바다로 만들 수 있습니다. 미꾸라지를 잡기 힘든 것처럼 친구 손가락으로 만든 미꾸라지도 잡기 힘들답니다. 친구의 손가락 미꾸라지를 잡으면서 동시에 내 손가락 미꾸라지는 잽싸게 도망쳐야 하는 순발력이 필요한 놀이입니다.

1 오른손으로 주먹을 가볍게, 손가락 하나 정도 들어갈 공간을 남기고 쥔다.

2 왼손은 집게손가락만 펴고 나머지는 오므린다.

3 두 명이 서로 마주보고 오른손 주먹 안에 왼손 집게손가락을 집어넣는다.
  이때 왼손 집게손가락을 미꾸라지라고 약속한다.

4 선생님이 "잡을까, 말까, 잡을까, 말까……"를 반복하다 "잡아!!"라고 소리
  치면 재빨리 내 왼손을 당기면서 미꾸라지는 빠져나오고, 오른손으로 상대
  방 미꾸라지를 잡는다.

5 여러 번 반복하고, 짝을 바꾸어 해본다.

놀이의 팁 Tip

1 진행자가 "잡을까, 말까"를 반복하면서 목소리의 크기나 억양을 조절하면 놀이의 재미가 더욱
  커집니다.

2 "잡아!"라는 말 대신 헷갈리는 말("잡담!", "잡채!", "잡념" 등)을 만들어 외쳐 보세요. 긴장감은
  배가 되고 아이들의 즐거움도 더 커집니다.

3 주변 사람들과 너무 가까이 붙어서 하게 되면 손가락을 빼다가 팔꿈치로 뒤쪽 사람을 때릴 수
  있습니다. 놀이 전에 적절한 거리를 두도록 살펴 주세요.

4 처음에는 짝과 함께 시작하지만 상대를 바꾸어 하도록 해주세요. 교실을 돌아다니면서 짝을
  새로 만들어 보게 하는 것도 좋습니다.

1-21 미식축구

● 1~4학년 ★★★★★　● 5~6학년 ★★★★☆　● 청소년 ★★★☆☆

앞서 오는 사람을 붙잡는 미식축구처럼, 맞은편에서 뛰어오는 친구를 붙잡는 신개념 술래잡기입니다. 몇 번 오고 가면 술래가 늘어 가고, 많은 술래 사이를 뚫고 지나가야 하는 큰 용기가 필요한 놀이입니다. 다치지 않도록 주의하며 진행해 보세요.

놀이 방법 How to play

1 술래 한 명을 뽑고, 한쪽 벽에 서 있도록 한다.

2 나머지 아이들은 맞은편 벽에 모두 선다.

3 선생님이 신호를 주면, 서로 맞은편 벽으로 뛰어간다.

4 이때 술래는 달려가는 사람들 중에서 한 명을 붙잡는다.

5 일단 한 명이 잡히면 그때는 두 사람이 술래가 된다.

6 다시 선생님의 신호에 맞추어 서로 맞은편 벽으로 뛰어가고 술래는 한 명 씩 붙잡는다.

7 술래가 많아지고 살아남은 아이가 적으면 역할을 바꿔서 놀이를 진행한다.

놀이의 팁 Tip

1 술래는 한 번에 한 사람만 붙잡을 수 있도록 합니다.

2 너무 열심히 뛰어가고 잡다가 박치기를 하거나 몸을 다치는 경우도 있습니다. 너무 좁지 않은 곳에서 합니다.

3 맞은편으로 뛰어갈 때는 직선으로 갑니다. 구불거리거나 오던 길을 반대로 갈 수는 없습니다.

4 앞에서 달려오던 친구가 넘어지거나 다칠 것 같으면 제자리에 멈춰 있도록 합니다.

1-22 바나나 술래잡기

● 1~6학년 ★★★★★   ● 청소년 ★★★★☆

바나나를 까듯 굳어 있는 친구의 손을 위에서 아래로 내리면서
술래잡기를 하는 재미있는 놀이입니다. 시청각실이나 강당에서
아이들과 즐거운 시간을 만들어 보세요.

1 공간을 확보한 뒤 자유롭게 선다.

2 술래 한 명을 정한 뒤 큰 소리로 "1 2, 3, 4, 5, 바나나!"를 외치고 친구를 잡으러 다닌다.

3 술래에게 잡힐 것 같으면 크게 "바나나!"를 외치고 멈춘다.

4 바나나를 외칠 때에는 양손을 머리 위로 올리고, 외친 뒤로는 자리에서 움직이지 않는다.

5 친구들이 와서 양손을 잡고 허리 아래까지 내려 주면 다시 놀이에 참여할 수 있다.

6 술래에게 잡히면 "1, 2, 3, 4, 5, 바나나!"를 외치고 새로 술래가 된다.

7 모두 바나나 상태로 서 있으면 새로운 술래를 뽑고 다시 놀이를 시작한다.

놀이의 팁 Tip

1 정신없이 진행되기 때문에 술래를 상징하는 물건(머리띠나 모자 등)을 이용해 술래가 누구인지 표시합니다.

2 바닥에 걸려 넘어질 물건은 없는지, 다칠 만한 곳은 없는지 미리 파악하도록 합니다.

3 새로운 술래가 나오면 새롭게 놀이가 진행된다고 미리 안내해 주세요. 계속 바나나 상태로 굳어 있는 아이들이 있습니다.

4 바나나 상태에서 움직이지 않도록 안내해 주세요.

1-23 보물은 어디에?

● 1~4학년 ★★★★★ ● 5~6학년 ★★★☆☆ ● 청소년 ★★☆☆☆

친구의 박수 소리를 듣고 찾는 보물! 청각을 최대한 활용해야 하는 보물찾기 놀이입니다. 거리에 따라 박수 소리의 크기가 달라지면서 술래는 힌트를 얻고, 교실은 박수와 환호, 안도와 아쉬움의 한숨이 한데 뒤섞입니다.

1 술래 한 명을 정하고, 잠깐 교실 밖에 나가 있도록 한다.

2 앉아 있는 아이 가운데 한 명이 보물에 해당되는 물건을 감춘다.

3 복도의 술래를 향해 "술래야, 들어와!!" 하고 외친다.

4 술래가 들어오면 모두 박수를 치기 시작하는데, 술래와 보물 사이의 거리가 멀면 작게, 거리가 가까울수록 크게 친다.

5 술래는 박수 소리의 크기로 보물이 어디에 있는지 찾는다.

놀이의 팁 Tip

1 놀이를 하기 전에 함께 박수를 치면서 거리에 따라 소리 변화가 어떻게 되는지 알아봅니다.

2 보물은 학용품 중 하나를 골라도 되고, 보물이라 적혀 있는 쪽지를 이용해도 좋습니다.

3 술래가 보물이 있는 친구에게 다가설 때 박수 소리가 굉장히 커졌다가, 술래가 그곳을 지나치면 박수 소리가 확 줄어들기도 합니다.

4 술래가 되어 보물을 찾을 때 저학년에게는 세 번의 기회를, 고학년에게는 한 번 정도의 기회를 줍니다.

1-24 부활의 가위바위보

● 1~6학년 ★★★★★   ● 청소년 ★★★☆☆

아이들은 가위바위보에서 지는 순간 놀이에서 탈락되면 매우 아쉬워합니다. 그 아이들을 위한 부활의 가위바위보를 합니다. 다시 살아날 기회를 주는 순간 놀이는 더 즐거워지고 아이들은 부활의 기쁨에 춤을 춥니다.

1 두 모둠으로 나누고(남녀 대결), 모둠별로 대장을 뽑는다.

2 대장은 놀이 공간 구석에 자리 잡고, 다른 아이들은 가운데에 선다.

3 선생님의 신호에 따라 상대편과 가위바위보를 한다.

4 가위바위보에서 이기면 다른 친구와 만나 계속하고, 지면 자기편 대장에게 찾아간다.

5 대장에게 찾아가 부활할 수 있는 조건을 수행하고 다시 놀이 안으로 들어온다(예를 들어 '대장과 가위바위보를 해서 이기거나 지기', '대장과 하이파이브 한 번 하고 오기' 등).

6 조건을 수행하지 못하면 부활하기 위해 앉아 있는 아이들 줄 뒤로 가서 다시 도전한다.

7 정해진 시간이 지나면 놀이를 멈추고, 공간 안에 남아 있는 아이들의 수로 승부를 낸다.

놀이의 팁 Tip

1 가위바위보에서 진 친구들이 대장에게 우르르 몰려들면 놀이 진행이 힘들어집니다. 앉아서 차례를 지켜 대장과 부활을 위한 활동을 하도록 합니다.

2 놀이가 끝나고 마무리를 지을 때는 서 있는 아이들에게 번호를 세면서 앉게 합니다.

1-25 사인 받기

● 1~6학년 ★★★★★　● 청소년 ★★★☆☆

나만의 사인이 있으면 얼마나 좋을까요? 이번 기회에 사인을 만들고 친구들 틈에서 열심히 사인할 기회를 만들어 주세요. 종잇조각과 연필 한 자루를 들고 친구들과 가위바위보를 합니다. 누가 사인을 더 많이 했는지 알아볼까요?

1 아이들에게 종이를 나누어 준다.

2 종이와 연필을 들고 자유롭게 선다.

3 시작 신호와 함께 친구들을 만나서 가위바위보를 한다.

4 가위바위보에서 이기면 친구에게 사인을 받는다.

5 정해진 시간이 지나면 활동을 멈추고 사인의 개수를 세어 본다.

놀이의 팁 Tip

1 놀이 시작 전에 각자 사인을 만들어 보고 연습할 시간을 줍니다.

2 사인을 받을 때 등을 대 주거나, 사인을 받은 뒤에는 고맙다는 말을 하도록 합니다.

3 놀이가 끝나고 승부를 가릴 때는 열 개 미만, 열~스무 개 사이, 스무 개 이상으로 나누어 서게 하는 등의 방법을 사용해 보세요.

4 학기 초라면 사인 대신 자기소개를 간단히 쓰거나, 종이 주인의 첫인상에 대해 써 주는 것도 좋습니다.

1-26 세 번 부르기 전에

● 1~6학년 ★★★★★ ● 청소년 ★★★★★

이름도 외우고 서로 친해질 수 있는 놀이를 소개합니다. 방법은 매우 간단하지만, 긴장감 속에서 집중력을 동원해야 이길 수 있습니다. 서로의 이름을 반드시, 꼭 기억해야만 승산이 있지요. 이름을 세 번 부르는 것만으로도 크게 웃을 수 있는 놀이랍니다.

1 모두 둥그렇게 앉는다.

2 술래 한 명을 정해서 가운데에 서게 한다.

3 술래는 둥글게 앉아 있는 친구 중 아무에게나 다가가 친구의 이름을 재빨리 세 번 부른다.

4 이름이 불리는 친구는 술래가 자신의 이름을 세 번 부르기 전에 재빨리 술래의 이름을 한 번 불러야 한다.

5 술래 이름을 재빨리 말하면 놀이를 계속하고 말하지 못하면 술래와 자리를 바꾼다.

놀이의 팁 Tip

1 학기 초라면 처음에는 열 명 정도씩 모둠을 나눠 진행하다가 전체가 함께하는 식으로 여유 있게 진행해 보세요.

2 나중에는 술래를 두 명으로 늘려도 좋습니다.

3 이름을 말할 때는 이름을 정확히, 발음을 똑똑하게 해야 한다고 당부해 주세요.

4 원의 중심에 꼼짝 않고 서서 친구의 이름을 부르는 술래가 있다면, 친구들 앞을 천천히 걸어 다니도록 유도해 주세요.

5 의도적으로 여자는 남학생의 이름을, 남자는 여학생의 이름을 부르는 등 여러 형태로 규칙을 바꿀 수 있습니다.

6 선생님도 앉아서 함께 해보세요.

1-27 손님 모셔오기

● 1~6학년 ★★★★★　● 청소년 ★★★★★

· · · · · · · · · · · · · · · · ·

옆에 빈자리가 생기면 재빨리 손님을 모셔 와 빈자리를 채워야
합니다. 노래가 끝나기 전에 누구보다 재빨리, 누구보다 먼저 손
님을 모셔야 하지요. 정신없이 친구를 데려오고 초대받아 가면서
이리 뛰고 저리 뛰다 보면 순식간에 웃음 가득, 땀방울 가득한 교
실이 된답니다.

1 둥그렇게 원으로 모여 앉는다.

2 앉은 자리 사이에 빈자리 하나를 만들어 놓는다.

3 노래를 한 곡 정해서 함께 부르는 동안 빈자리 양쪽에 앉은 아이들은 짝이 되어 친구 한 명을 데려와 앉힌다(이때 손을 잡고 이동한다).

4 손님을 모셔 오면 새로 빈자리가 생기게 된다. 그러면 또 그 양옆의 아이들 이 다시 누군가를 초대해 앉힌다.

5 노래가 끝날 때까지 빈자리에 친구 데려오기를 반복하다가, 정해진 시간이 지나면 빈자리를 확인한다.

놀이의 팁 Tip

1 처음에는 짧은 노래로 시작했다가 긴 노래로 바꾸어 활동을 진행합니다.

2 모두가 알고 있는 노래가 좋으며, 될 수 있으면 음악 시간에 배운 노래를 활용합니다.

3 빈자리에 친구를 데려올 때는 손을 잡고 오도록 하여 자연스러운 접촉을 만들어 줍니다.

4 '외발로 뛰어가 데려오기', '친구 팔짱 껴서 데려오기', '갈 때는 오리걸음으로 올 때는 일어서 서 오기' 등 방법에 변화를 주면 더욱 흥미롭습니다.

1-28 손바닥 찌르기

● 1~6학년 ★★★★★   ● 청소년 ★★★★☆

언제 친구가 내 뒤로 다가올지 모르는 긴장감 속에서 친구의 손
바닥을 찌르기 위해 뛰어다녀야 하는 역동적인 놀이입니다. 두
편으로 나누어 하는 경기로, 자기편과 합심해 내 한쪽 손바닥을
방어하고, 동시에 상대편 손바닥을 찌를 수 있는 묘책을 찾아야
합니다. 무엇보다 협동과 협력이 중요한 놀이입니다.

1 아이들을 두 모둠으로 나눈다.

2 교실 양쪽 벽에 모둠별로 선다.

3 한쪽 소매를 접거나 하는 식으로 모둠을 구별한다.

4 모두 왼손을 편 상태로 등 뒤에 댄다.

5 오른손은 검지를 펴고 찌를 준비를 한다.

6 선생님이 신호를 주면 돌진하여 상대편의 손바닥을 찌른다.

7 손바닥을 찔리면 놀이에서 빠진다.

8 정해진 시간이 지나면 남아 있는 아이들 숫자를 세고 승패를 가른다.

놀이의 팁 Tip

1 간혹 벽에 딱 붙어 절대 움직이지 않는 아이들이 있습니다. 한곳에 머무를 수는 없고 계속 움직여야 한다고 미리 알립니다.

2 놀이를 한 번에 끝내지 말고 모둠 구성원들이 모여 상대방 손바닥을 어떻게 하면 잘 찌를 수 있을지에 대해 토의해 봅니다.

3 손가락으로 찌르기가 위험하다고 생각되면 손바닥 치기로 변형해도 좋습니다.

4 각 모둠에 왕이나 여왕을 정해 먼저 왕이나 여왕의 손바닥이 찔리면 승부가 갈리는 식으로 변형해 보세요.

1-29 솥뚜껑 바가지

● 1~6학년 ★★★★★   ● 청소년 ★★★☆☆

짬 시간에 짝과 함께 즐길 수 있도록 선생님이 진행해 보세요. 서로 손을 마주 잡고 올리고 내리면서 놀이에 집중하다 보면 시간이 금세 흘러가고 짝과는 한결 더 친해집니다. 순발력이 필요한 놀이이고, 놀이의 끝은 늘 웃음이 장식한답니다.

1 둘씩 마주 보고 왼 주먹, 오른 주먹을 교대로 쌓아 올린다.

2 선생님이 "위로"라고 하면 두 사람 손 중에 누구 손이 되었든 맨 아래의 손을 맨 위로 올려 쌓는다.

3 반대로 "아래로"라고 하면 누구의 손이 되었든 맨 위의 손을 아래로 내려 받친다.

4 선생님은 "위로, 아래로, 아래로, 아래로, 위로……" 하며 지시를 내리다가 "솥뚜껑" 또는 "바가지"라고 말한다.

5 '솥뚜껑'이라고 하면 자기 손 아래에 있는 상대의 손을 빼서 맨 위의 주먹을 덮는다.

6 '바가지'라고 하면 자기 손 중 가장 위에 있는 손을 재빨리 아래로 내려 맨 아래의 주먹을 받친다.

놀이의 팁 Tip

1 처음 설명할 때는 말로 하지 말고 한 아이와 짝이 되어서 시범을 보여 주세요.

2 "위로", "아래로" 등의 지시어를 말할 때 강약을 조절해 가면서 하면 재미있습니다.

3 선생님과 아이가 짝이 되고 다른 아이가 진행하도록 역할을 바꾸면 또 다른 즐거움을 맛볼 수 있습니다.

1-30 스티커 칭찬 놀이

● 1~4학년 ★★★★★　　● 5~6학년 ★★★★☆　　● 청소년 ★★★★☆

아이들이 좋아하는 스티커로 의미 있는 놀이를 할 수 있습니다. 가위바위보 승패에 따라 상대방 얼굴에 스티커를 붙여 보세요. 익살맞게 변해 가는 친구의 모습을 보면서 칭찬 한마디도 빼놓지 않습니다. 친구들과 자연스럽게 접촉하면서 가까워질 수 있는 훈훈한 시간이 된답니다.

1 아이들에게 스티커를 열 개 정도 나누어 준다.

2 교실 공간에 자유롭게 선 다음, 서로 가위바위보를 한다.

3 이긴 사람은 칭찬 한 문장을 하면서 진 사람 얼굴에 스티커를 붙인다.

4 또 다른 친구를 만나서 가위바위보를 하고 승패에 따라 칭찬과 스티커 붙이기를 반복한다.

5 정해진 시간이 지난 뒤 친구의 얼굴을 감상한다.

놀이의 팁 Tip

1 5~6학년, 청소년은 장난으로 스티커를 붙이는 경우가 있습니다. 미리 주의를 줍니다.

2 고학년과 청소년은 얼굴이 아닌 손등에 스티커를 붙이도록 합니다.

3 자유롭게 붙일 때에는 상대방이 싫어하는 곳에는 붙이지 않도록 "~에 붙여도 돼?"라고 미리 물어봐도 좋습니다.

4 외모에 대한 칭찬보다는 내적인 부분을 칭찬하도록, 함께 생활하면서 기억나는 것을 떠올려 칭찬하도록 합니다.

1-31 승진은 어려워

● 1~2학년 ★★★☆☆   ● 3~6학년 ★★★★★   ● 청소년 ★★★★☆

. . . .

사장님이 되려면 치열한 가위바위보를 치러야 합니다. 자기가 속한 모둠에서 더 높은 자리로 올라가려면 가위바위보에서 반드시 이겨야 하지요. 이긴 자의 환호성과 진 자의 탄식으로 교실은 왁자한 놀이터가 됩니다. 선생님은 사원의 자리에서 시작해 보는 게 어떨까요?

1 아이들을 다섯 개의 모둠으로 나눈다.

2 사장 한 명을 정해 특별석에 앉힌다.

3 각 모둠별 직위(사원-대리-과장-차장-부장)를 알려 준다.

4 사원들끼리 가위바위보를 해서 이긴 한 명이 대리로 승진한다.

5 승진한 대리와 기존의 대리 모둠 구성원이 모두 가위바위보를 쳐러 그중 한 명이 과장으로 승진한다.

6 그런 식으로 직위별 승진 경기를 계속 치러, 새로운 사장과 옛 사장이 마지막 가위바위보를 한다.

7 옛 사장이 이기면 계속해서 사장 자리를 차지하고, 새로운 사장이 이기면 사장을 바꾼다.

8 가위바위보에서 지면 사원이 되고, 다시 사원 자리에서부터 가위바위보를 한다.

놀이의 팁 Tip

1 직위를 나눌 때는 '왼발을 들고 콩콩콩(1-40)'을 활용해서 자리를 만들어 주면 좋습니다.

2 사장님 자리를 선생님 의자로 하거나, 사장에게는 과자를 제공하는 등 아주 특별하게 만들어 보세요.

3 경기가 너무 과열(?)되지 않도록 합니다.

4 놀이를 수업에 응용하거나, 직위에 따라 앉았을 때의 느낌을 나누어 보세요.

1-32 신의 선택

● 1~6학년 ★★★★★   ● 청소년 ★★★★☆

오, 신이시여! 떨어지는 신발 방향에 따라서 쫓고 쫓기는 스릴 만점 놀이입니다. 모두 두 손을 높이 들어 올려 신의 선택을 간절히 염원해야 합니다. 잠깐 정신을 놓으면 상대편에게 붙잡히고 맙니다. 아이들의 배꼽을 빼앗아 가는 웃음 가득한 놀이! 지금 바로 책상을 밀어 놓고 두 줄로 서 보세요.

1 교실 책상을 한쪽으로 밀어 놓는다.

2 아이들은 두 모둠으로 나뉘어 교실 가운데에 서로 마주 보고 선다.

3 선생님은 신고 있던 신발 한 짝을 아이들 쪽으로 던진다.

4 떨어지는 신발 방향을 살펴보고, 신발 코가 가리킨 방향의 아이들은 재빨리 뒤로 돌아 교실 벽 쪽으로 도망간다.

5 신발 뒤축 방향의 아이들은 도망가는 친구를 잡는다.

6 벽에 도착하기 전에 잡히면 상대편 모둠이 된다.

7 모둠을 정돈해서 마주 보고 선 뒤, 놀이를 반복한다.

놀이의 팁 Tip

1 처음 두세 번은 선생님이 놀이를 진행하고 이후 학생들 중 한 명이 던지는 역할을 맡습니다.

2 너무 과하게 달리다 보면 다칠 수도 있습니다. 놀이에서 아웃되는 것이 아니니 판정이 애매한 경우에는 잡힌 것으로 정합니다.

3 소강당이나 넓은 공간에서 하면 더욱더 재미있습니다.

4 놀이가 과열되면 다칠 위험이 있습니다. 놀이 전에 꼭 안전에 대해 주의사항을 알려 주세요.

1-33 안마 박수

● 1~6학년 ★★★★★　● 청소년 ★★★★☆

아이들이 유난히 힘이 없고 축 처져 있는 날 해봄 직한 놀이입니다. 퐁당퐁당 노래를 부르며 나를 안마하고 친구를 안마해 주는 건 어떨까요? 박자가 빨라지면 까르르 웃음이 터지고, 때로는 아이들이 좋아하는 유행가로 스트레스를 날려 버릴 수도 있답니다.

1 퐁당퐁당 노래에 맞추어 한다.

2 노래에 맞추어 자신의 왼팔을 오른팔로 여덟 박자 안마한다(퐁당퐁당 돌을 던지자).

3 그 다음에는 오른팔로 왼팔을 여덟 박자 안마한다(누나 몰래 돌을 던지자).

4 반대로 네 박자 안마를 하고(냇~물아) 다시 반대 팔을 네 박자 안마한다(퍼~ 져라).

5 이번에는 두 박자 안마를 하고(멀리) 반대 팔도 두 박자 안마를 한다(멀리).

6 마지막으로 한 박자 안마를 하고(퍼) 반대 팔 한 박자 안마를 한 뒤(져) 박수 를 두 번 친다(라~).

7 이런 식으로 퐁당퐁당 노래에 맞추어 '8-4-2-1-박수 두 번' 순서로 노래 를 끝까지 부른다.

놀이의 팁 Tip

1 처음에는 천천히 했다가 점점 속도를 올려 보세요.

2 동그랗게 앉아 있다면 친구의 등을 안마해 주는 것으로 진행해도 좋습니다.

3 나중에는 '8-4-2-1-박수' 순서로 친구에게 간지럼을 태워도 재미있습니다.

4 여덟 박자 노래라면 얼마든지 활용할 수 있으므로, 교과서 노래를 다양하게 부릅니다.

1-34 알-병아리-닭 _1탄 : 5단계 가위바위보

● 1~6학년 ★★★★★ ● 청소년 ★★★★☆

. . . .

가위바위보의 승패에 따라 알에서 병아리로 그리고 닭으로 쑥쑥
자라 봅니다. 여기에 선생님과의 마지막 한판까지 넣으면 금상첨
화! 반 아이들이 전부 뒤섞여 웃고 즐기다 보면, 어느새 서먹함은
사라지고 즐거움만 남는답니다.

1 '알'이 된 아이들은 바닥에 쪼그려 앉아 "알, 알, 알……" 소리를 내며 돌아다닌다.

2 '병아리'가 된 아이들은 허리를 구부린 채로 양옆으로 날갯짓을 하며 "삐약, 삐약……" 하며 돌아다닌다.

3 '닭'은 일어서서 한 손을 머리에 얹어 볏을 만들어 흔들고, 한 손은 엉덩이 쪽에 가져가 꼬리털을 만들어 흔들면서 "꼬끼오 꼬꼬꼬, 꼬끼오 꼬꼬꼬……" 하며 돌아다닌다.

4 처음에는 모두 '알'이 되어 돌아다니다가 서로 가위바위보를 한다.

5 가위바위보를 해서 이기면 병아리가 된다.

6 병아리는 병아리끼리 만나 가위바위보를 할 수 있고, 이기면 닭이 된다.

7 닭은 닭끼리 가위바위보를 해서 이기면 선생님 앞에 한 줄로 선다.

8 가위바위보에서 지면 그 단계에 머물러 있는다.

놀이의 팁 Tip

1 놀이를 시작하면 소리가 커져서 누가 알이고 병아리인지 소리로는 구별할 수 없으므로 역할에 맞는 동작으로 알려 주라고 당부합니다.

2 다양하게 응용하여 놀이를 즐길 수 있습니다.

　- 가위바위보에서 지면 무조건 '알'이 된다.

　- 닭이 되어 선생님께 와서 선생님을 이기면 자기 자리로 가고 지면 다시 '알'이 된다.

3 생쥐-고양이-개-사자-사냥꾼 등 5단계 가위바위보로 만들어 보세요.

1-35 알-병아리-닭 _ 2탄: 애꾸눈과의 대결

● 1~6학년 ★★★★★   ● 청소년 ★★★★☆

〈한반도의 공룡 점박이〉를 보고 만든 놀이입니다. '알-병아리-닭'과 '5단계 가위바위보'를 변형한 놀이로, 단 한 명도 탈락하지 않고 즐길 수 있습니다. 알에서 애꾸눈까지 돌고 도는 가위바위보 경기. 누가 점박이에서 애꾸눈으로 갈 수 있을까요??

놀이 방법 How to play

1 단계를 알려 준다(알 → 점박이 → 타르보사우르스 → 해남이크누스 → 애꾸눈).

2 알은 바닥에 앉아서 다닌다.

3 점박이는 손을 앞으로 모으고 다닌다.

4 타르보사우루스는 손을 위로 들고 다닌다.

5 해남이크누스는 손을 펄럭이며 다닌다.

6 애꾸눈은 교실 앞, 의자에 앉는다.

7 알은 알끼리 가위바위보를 한다. 이기면 점박이가, 지면 계속 알이 된다.

8 이렇게 같은 단계끼리만 가위바위보를 할 수 있고 이기면 다음 단계로, 지면 알이 된다.

9 해남이크누스끼리의 대결에서 이기면 애꾸눈에게 가서 자리를 놓고 대결을 한다.

10 이기면 애꾸눈 자리를, 지면 알이 된다.

놀이의 팁 Tip

1 각 단계에 맞는 소리를 내거나 몸짓을 하면 서로를 잘 찾을 수 있다고 안내합니다.

2 가위바위보 소리가 교실을 꽉 채워 옆 반에 방해가 될 수 있습니다. 오후에 하면 좋겠지요?

3 처음에는 선생님이 애꾸눈 자리에 있다가, 지면 알이 되어 놀이에 참여합니다. 때로는 놀이에서 살짝 나와 사진을 찍어 보세요.

1-36 야구 놀이

● 1~3학년 ★★★☆☆　● 4~6학년 ★★★★★　● 청소년 ★★★★☆

교실에서 숫자만으로도 즐거운 야구 놀이를 할 수 있습니다. 선
생님이 생각한 세 개의 숫자를 아이들이 함께 생각해 보고 알아
맞히는 집중력 경기입니다. 수업 짬 시간에 아이들과 해보세요.
쉬는 시간에 친구들끼리 즐기도록 알려 주면 더욱 좋답니다.

1 선생님은 세 자릿수를 머릿속으로 생각한다.

2 아이들은 각자 세 자릿수를 추측한 뒤 손을 들어 예상한 수를 말한다.

3 아이가 말한 수가 선생님이 생각한 수와 순서가 똑같으면 "스트라이크"라 말하고, 다른 자리에 있으면 "볼"이라고 한다. 예를 들어 선생님이 '853'을 생각했고, 한 아이가 손을 들어 "184"를 말했다면 선생님은 "원 볼"이라고 한다. 아이가 "157"이라고 했다면, "원 스트라이크"가 된다. 아이가 말한 수가 선생님이 정한 수와 다 다르면 '아웃'이 된다.

4 이런 식으로 숫자 맞히기를 진행하면서 아이들은 선생님이 말한 스트라이크와 볼, 아이들 각자가 말한 숫자를 대조하여 정답을 찾아간다.

5 정답을 맞힐 때까지 숫자 게임을 하고, 정답을 맞히면 그 학생이 진행자가 된다.

놀이의 팁 Tip

1 야구 놀이이므로, 진행자를 심판으로 불러도 좋습니다. 실제 야구 심판처럼 포즈를 잡으면 더욱 실감 나는 놀이가 됩니다.

2 마음속으로 숫자를 생각하고 진행해도 되지만 종이에 미리 쓰고 진행해 보세요. 처음에는 선생님이 진행했다가, 정답을 맞힌 아이가 다음을 진행하게 해주세요.

3 선생님과 함께했다면 쉬는 시간에는 아이들끼리 모여서 할 수 있도록 유도해 보세요.

1-37 업기 가위바위보

● 1~4학년 ★★★★★   ● 5~6학년 ★★★★☆   ● 청소년 ★★★☆☆

아이들이 다 같이 어울릴 수 있는 놀이입니다. 놀이를 하면서 자연스럽게 섞일 수 있는 장점이 있습니다. 간단한 가위바위보 하나만으로 서로 업어 주고 업히면서 친해질 수 있고, 웃음꽃이 필수 있습니다.

1 두 사람이 짝이 된다.

2 가위바위보를 해서 진 사람이 이긴 사람을 업는다.

3 진 사람이 이긴 사람을 업고 돌아다니다가 선생님의 신호에 따라 가까이에 있는 모둠을 만난다.

4 업혀 있는 사람은 상대와 가위바위보를 한다.

5 진 쪽은 서로 역할을 바꾸어 업힌 사람은 업어 주고 업은 사람은 업힌다.

6 정해진 시간 동안 활동을 한다.

놀이의 팁 Tip

1 서로 만나 가위바위보를 한 뒤, 진 쪽의 두 사람이 이긴 쪽의 두 사람을 각각 업어 주는 식으로 방법에 변화를 줄 수 있습니다.

2 고학년은 동성끼리 짝을 맺도록 합니다.

3 친구를 업고 열 걸음 걸은 뒤 만나는 친구들과 가위바위보를 하는 식으로 방식을 바꾸면 긴장 감이 고조되어 더 재미있습니다.

4 서로 업어 주기 힘들어하는 경우가 있습니다. 그럴 때는 뒤에서 어깨를 잡거나 매달리는 방법 을 채택할 수도 있습니다.

1-38 왕(여왕)을 잡아라

● 1~3학년 ★★★☆☆　　● 4~6학년 ★★★★★　　● 청소년 ★★★☆☆

카드에 어떤 숫자가 써 있느냐에 따라 잡을 수 있는 상대가 다르다! 상대편도 나도 잡을 수 있는 사람이 정해져 있답니다. 각자가 부여받은 카드에 맞게 술래잡기를 해보세요. 잡히면 포로수용소로 직행! 하지만 포기는 금물. 첩보원이 몰래 침투하여 살려줄 수도 있답니다.

여왕(왕)	첩보원	1	2
[8, 5, 11, 14]	[6, 7, 9]	[13, 여왕(왕)]	[4, 11]
3	4	5	6
[9, 14]	[14, 6]	[2, 9]	[3, 10]
7	8	9	10
[1, 8]	[1, 여왕(왕)]	[12, 2]	[첩보원, 3]
11	12	13	14
[10, 4]	[7, 12]	[11, 첩보원]	[5, 13]

1 아이들을 남학생, 여학생 두 모둠으로 나눈다.

2 모둠별로 카드를 나누어 준다.

3 카드 위쪽에 쓰인 숫자는 자기 자신이 잡히는 상대방 숫자를, 아래쪽에 적힌 숫자는 내가 잡을 수 있는 숫자에 해당된다.

3 시간을 정하고 상대편을 잡으러 다닌다.

4 잡히면 "하나 둘 셋!" 하고 외치면서 서로 카드를 내민다.

5 잡히는 숫자가 걸린 학생은 포로수용소에 들어가고, 서로 해당된 숫자가 없으면 다른 사람을 잡으러 간다.

6 첩보원 카드를 가진 학생은 포로수용소에서 사람을 몰래 살려 줄 수 있다 (첩보원 카드를 지닌 학생은 포로수용소에 몰래 접근해서 같은 편 친구를 터치해서 살려 낼 수 있다).

7 여왕 또는 왕이 잡히는 편이 진다. 여왕이나 왕이 아직 살아 있더라도 정해진 시간이 지나면 포로수용소 안에 들어간 인원수로 승패를 가른다.

놀이의 팁 Tip

1 상대를 건드리면 그 즉시 자리에 멈추어 서로 카드를 내밀기로 규칙을 정합니다.

2 위험한 곳으로 가지 않도록 놀이 장소를 제한해 보세요.

3 모둠별로 전략을 짜서 경기하면 놀이의 재미가 커집니다.

4 잡힌 경우 아쉬워하며 카드를 내밀었는데 오히려 상대편을 잡아 버리는 반전이 아주 재미있는 경기입니다.

1-39 외로운 김 서방

● 1~6학년 ★★★★★ ● 청소년 ★★★★☆

너와 나는 외로운 김 서방? 서로 얼굴을 가까이 하면 웃음이 절로
나오는 놀이입니다. 무표정한 얼굴로 "외로운 김 서방"이라고 주
문을 외워 보세요. 웃음을 참으면서 상대를 웃겨야 하는 경기, 먼
저 웃으면 진다! 옆에서 지켜보기만 해도 폭소가 터지는 놀이입
니다.

1 두 명이 짝이 된다.

2 한 뼘 정도 거리를 유지한 채 무표정한 얼굴로 서로 마주 본다.

3 상대방의 눈동자를 바라본다(다른 곳을 보면 안 된다).

4 한 손가락을 펴서 상대의 볼에 갖다 댄다.

5 "외로운 김 서방, 외로운 김 서방" 주문을 외우면서 손가락 하나를 상대의 볼과 내 볼에 갖다 댄다.

6 먼저 웃거나 시선을 다른 곳으로 돌리면 진다.

놀이의 팁 Tip

1 웃지 않기 위해서 주문을 외우지 않는 경우가 있습니다. 함께 주문을 외우도록 해주세요.

2 계속 승부가 나지 않으면 얼굴 근육을 움직이거나 남은 한 손을 이용해 얼굴을 변형(?)시켜 웃음을 유발할 수 있습니다.

3 모둠별 대표 한 사람씩 토너먼트를 해보세요.

4 아이들을 한 줄로 세워 놓고 선생님이 아이들과 대결하는 것도 즐겁습니다.

5 교실 밖에서도 해보세요.

1-40 왼발을 들고 콩콩콩

● 1~6학년 ★★★★★　　● 청소년 ★★★☆☆

. . . .

깨금발로 콩콩 뛰면서 노래를 부르다가, 가위바위보를 해서 기다
란 기차를 만드는 놀이입니다. 기차의 맨 앞자리를 차지하기 위
한 가위바위보 자존심 대결! 음악을 틀어 놓으면 더욱 흥이 난답
니다. 경기 중간에 기차놀이도 곁들이면서 아이들을 신 나게 북
돋워 보세요.

1 자유롭게 돌아다닌다.

2 선생님이 신호를 주면 모두 노래를 한다("왼발을 들고 콩콩콩, 오른발을 들고 콩콩콩, 뒤로 갔다 앞으로 갔다 가위바위보!!").

3 가까이에 있는 친구와 가위바위보를 한 뒤, 진 사람은 이긴 사람 어깨 또는 허리를 잡는다.

4 이제는 두 명이 한 편이 되어 자유롭게 돌아다닌다.

5 선생님의 신호에 다시 노래하고 가위바위보를 한다. 진 편은 이긴 편 뒤에 어깨 또는 허리를 잡고 선다.

6 이번에는 네 명이 한 편이 되어 자유롭게 돌아다닌다.

7 놀이를 계속 진행하면서 모두 한 줄을 만들어 본다.

놀이의 팁 Tip

1 노래를 하면서 가사에 맞게 몸을 움직여 봅니다.

2 이성끼리는 어깨나 허리를 잡지 않으려 할 때도 있습니다. 미리 상황을 알려 주고, 어떻게 하면 좋을지 의견을 나누어 규칙을 정해 놓고 시작하면 좋습니다.

3 음악이 커질 때는 신 나게 돌아다니다가 음악이 멈추면 노래하고 가위바위보를 하도록 약속해 보세요. 선생님이 크게 말하지 않아도 자연스럽게 놀이가 진행됩니다.

4 청소년은 "왼발을 들고~"라는 노래 없이 음악이 멈추면 바로 가위바위보를 하도록 진행해 주세요.

1-41 이등변삼각형

● 1~6학년 ★★★★★ ● 청소년 ★★★★☆

. . . .

이등변삼각형을 배운 아이들이라면, 이 놀이 하나로 반 친구들을
죄다 땀 흘리게 만들 수 있습니다. 자신이 선택한 두 꼭짓점이 움
직이면 나도 움직일 수밖에 없는, 도저히 움직이지 않고는 버틸
수 없는 놀이입니다.

1 교실 곳곳에 자유롭게 선다.

2 자기 자신이 꼭지각이 되고, 다른 두 꼭짓점에 해당되는 두 명을 마음속으로 고른다.

3 선생님 신호에 맞추어 다른 두 친구와 계속 같은 거리가 유지되도록 몸을 움직인다.

4 일정한 시간이 지나면 전체가 멈추고, 두 친구와 나와의 거리와 각도가 이등변삼각형 모양이 되었는지 확인한다.

놀이의 팁 Tip

1 이등변삼각형은 두 변의 길이가 같은 삼각형입니다. 일정한 시간이 지나면 멈추게 하고, 이등변삼각형이 되었는지 긴 줄이나 줄자로 확인해 볼 수 있습니다.

2 진행하는 선생님은 이등변삼각형 크기를 조절할 수 있습니다.

3 '창과 방패(1-50)' 놀이를 먼저 적용해 보고, 응용 놀이로 진행해도 좋습니다.

4 수업 심화 과정으로 사용할 수 있습니다.

1-42 인터뷰 놀이

● 1~6학년 ★★★★★ ● 청소년 ★★★★☆

새로운 개념의 스무고개 놀이입니다. 수업에 응용할 수도 있고, 짬나는 시간에 아이들을 집중하도록 만들 수도 있습니다. 술래를 인터뷰하는 것으로도 즐거운 놀이가 됩니다. 아이들에게 최대한 기지를 발휘해 술래를 인터뷰하게 하고, 술래는 자신의 이름을 되찾도록 진행해 보세요.

1 술래를 뽑는다.

2 술래가 밖에 나가 있는 사이에 칠판에 단어를 하나 적는다. 이때 단어는 동물, 음식, 인물, 식물, 물건 등 어느 것이라도 좋다.

3 술래는 칠판에 적혀 있는 단어가 되어 서 있되 자신이 무엇이 된 것인지는 모른다.

4 아이들은 술래에게 질문을 하면서 약간의 힌트를 준다. 만약 칠판의 단어가 '낙지'라면 "머리가 벗겨졌는데 기분이 어떠세요?", "몸이 정말 유연하시네요", "먹힐 때는 어떤 느낌이세요?", "가끔 빨간색에 찍힘을 당하기도 하지요?" 같은 질문을 한다.

5 술래는 아이들이 말하는 인터뷰 내용을 듣고 질문이 열 개를 넘어가기 전에 단어를 맞힌다.

놀이의 팁 Tip

1 처음 선택하는 단어는 아이들이 즐거워할 단어로 골라 보세요.

2 때로는 선생님 이름, 친구 이름을 써도 좋고, 술래의 이름으로 해도 좋습니다.

3 쉬운 단어에서 시작해서 어려운 단어로 발전시켜 보세요.

4 똥, 오줌 같은 단어를 이용해 놀이를 하면 술래가 기분 나빠 할 수도 있습니다. 놀이 시작 전에 금지할 단어를 정하는 것이 좋습니다.

5 놀이에 익숙해지면 술래가 해당 질문에 재치 있게 대답하도록 합니다.

1-43 쥐와 고양이 _1탄

● 1~6학년 ★★★★★   ● 청소년 ★★★★★

. . . .

어느새 고양이가 쥐가 되고, 쥐가 고양이가 되는 놀이입니다. 정
신없이 도망가다 보면 다른 고양이가 다가오기도 합니다. 그래서
정신을 바짝 차려야 하는 긴장감 넘치는 술래잡기입니다. 술래가
되면 큰 소리로 "야옹!" 하고 쥐를 잡으러 다녀 보세요.

1 술래를 한 명 뽑는다.

2 술래는 고양이가 되고 다른 아이들은 모두 쥐가 된다.

3 술래는 큰 소리로 "야옹!"이라 외치고 쥐를 잡으러 간다.

4 고양이가 쥐를 잡으면 쥐는 고양이가 되고 고양이는 쥐가 된다.

5 고양이가 되면 모두가 들을 수 있을 정도로 크게 "야옹!" 하고 외치고 쥐를 잡으러 간다.

놀이의 팁 Tip

1 도망가는 비명 소리에 "야옹!" 소리가 들리지 않을 때도 있으므로 제자리에서 크게 뛰면서 손을 높이 들고 "야옹!" 하도록 몸동작을 정해 줍니다.

2 쥐가 고양이가 되면 조금 전 자신을 잡았던 고양이는 잡을 수 없도록 해주세요.

3 너무 좁지도, 넓지도 않은 곳에서 합니다.

4 놀이 전에 주변을 살피고 다칠 물건은 없는지 다칠 만한 곳은 없는지 살핍니다.

1-44 쥐와 고양이 _2탄

● 1~6학년 ★★★★★　● 청소년 ★★★★☆

. . . .

아이들을 두 모둠 정도로 나누어서 활동하기에 좋은 술래잡기입
니다. 울타리가 된 친구들은 두 발을 바닥에 꼭 붙인 상태에서 고
양이를 막아야 합니다. 담벼락이 무너지면 낭패! 놀이가 진행될
수록 요령과 비책이 늘어 가는 잡기 놀이랍니다.

1 책상을 뒤로 밀고 교실에 공간을 확보한다.

2 모두 손을 잡고 서서, 쥐가 사는 집을 동그랗게 만든다.

3 쥐는 원 안에, 고양이는 원 밖에 자리 잡는다.

4 선생님의 신호에 맞추어 고양이가 쥐를 잡으러 간다.

5 집의 울타리에 해당하는 친구들은 손을 올렸다 내렸다 하면서 고양이를 막아 쥐를 보호한다.

6 고양이는 순발력을 이용해 쥐가 사는 집에 들어갔다 나오기를 반복하면서 쥐를 잡는다.

놀이의 팁 Tip

1 집의 울타리가 된 친구들은 제자리에서 움직이지 못하게 합니다.

2 고양이와 쥐 역할은 돌아가면서 하는 것이 좋습니다.

3 뛰어다녀야 하기 때문에 주변에 다칠 물건이 없는지 미리 확인하세요.

1-45 쥐와 고양이 _3탄

● 1~6학년 ★★★★★   ● 청소년 ★★★★★

공간이 그리 넓지 않은 곳이라면 '한 줄 쥐잡기 놀이'로 재미있는 시간을 즐겨 보세요. 쥐가 어디에 앉느냐에 따라 새로운 쥐가 생겨납니다. 선생님이 먼저 "야옹!!!" 하고 외치며 쥐를 잡으러 달려가 보세요.

1 술래를 한 명 뽑는다.

2 술래는 고양이가 되고 다른 아이들은 쥐가 된다.

3 쥐는 서너 명이 한 모둠이 되어 한 줄로 바닥에 앉는다.

4 술래는 큰 소리로 "야옹!"이라 외치고 쥐를 잡으러 간다.

5 쥐는 고양이에게 잡힐 것 같으면 앉아 있는 줄의 앞 또는 뒤에 앉는다.

6 쥐가 줄의 앞에 앉으면 맨 뒤의 친구가, 뒤에 앉으면 맨 앞의 친구가 새로운 쥐가 된다.

7 고양이가 쥐를 잡으면, 쥐는 고양이가 되고 고양이는 쥐가 된다.

8 고양이가 되면 모두가 들을 수 있을 정도로 크게 "야옹!"이라 외치고 쥐를 잡으러 간다.

놀이의 팁 Tip

1 고양이나 쥐 모두 한 줄로 앉아 있는 모둠을 뛰어넘거나 밟지 않도록 미리 주의를 주세요.

2 뛰어다녀야 하기 때문에 주변에 다칠 물건이 없는지 미리 확인합니다.

3 언제 누가 쥐가 될지 모르기 때문에 쥐와 고양이를 잘 관찰하도록 합니다.

4 선생님도 안에 들어가 함께 놀아 보세요.

1-46 즉석 공장

● 1~6학년 ★★★★★　　● 청소년 ★★★☆☆

준비물 하나 없이도 곧장 시작할 수 있는 멋진 물건 찾기 놀이를 소개합니다. 동전, 학용품, 가방 등 여러 물건을 뒤지고 찾아서 앞으로 가져오면서 승리의 함성 또는 패배의 탄식을 지르는 아이들을 상상해 보세요.

1 모둠별로 앉는다.

2 선생님이 특정 물건을 이야기한다(예를 들어 수학책 한 권, 연필 두 자루, 필통 한 개 하는 식으로 아이들이 금세 찾을 수 있는 것으로 정한다).

3 모둠은 가방이나 책상 속에서 선생님이 이야기한 물건을 재빨리 찾아서 앞으로 가져온다.

4 몇 번의 진행을 한 뒤 소집단으로 나누어 점수를 계산한다.

놀이의 팁 Tip

1 처음 시작할 때는 교과서, 공책, 연필, 필통 등 쉽게 찾을 수 있는 학용품으로 합니다.

2 돈을 이용해도 재미있습니다(만 원 한 장, 천 원 한 장, 백 원짜리 동전 세 개 등).

3 신고 있는 양말이나 실내화 등을 요구하면 교실이 비명으로 가득해진답니다.

4 점수가 낮다고 잘못한 것이 아니라 물건이 가까이에 없어서 그런 것이라고 격려해 주세요.

1-47 진주와 조개

● 1~6학년 ★★★★★ ● 청소년 ★★★★★

· · · · · · · · · · ·

아이들의 몸을 움직이고 땀나게 하는 장점이 있는 놀이입니다.
전 학년의 사랑을 듬뿍 받고, 어른들도 아주 재미있게 즐기는 놀
이입니다. 몸을 가볍게 움직이고 다양한 짝을 만나야 하는 상황
이라면 진주와 조개 놀이를 함께 해보세요.

1 술래를 한 명 정하고, 나머지는 세 명씩 짝을 짓는다.

2 짝이 된 세 아이 중 한 명은 진주가 되고 다른 두 명은 조개가 된다.

3 조개는 진주를 감싸고 서 있고, 진주는 두 손을 반짝거리며 선다.

4 술래는 '진주, 조개, 불가사리' 중 한 가지를 말한다.

5 술래가 "진주!"라고 외치면 진주들은 조개 밖으로 나와 다른 조개를 찾아 간다.

6 술래가 "조개!"라고 외치면 조개는 흩어져 다른 진주를 찾아 조개를 만든다.

7 술래가 "불가사리!"라고 외치면 모두가 흩어져 새로운 조개와 진주를 만든다.

8 짝을 짓지 못하고 남은 한 명이 술래가 된다.

놀이의 팁 Tip

1 자리를 자연스럽게 바꾸는 활동입니다. 학기 초에 하면 좋습니다.

2 짝이 맞지 않으면 선생님이 들어가 함께 해주세요.

3 서로 가까운 친구끼리 짝이 되려는 경우가 있습니다. 평소에 친하지 않았던 친구와 이번에 만 날 기회를 가져 보자고 먼저 제안합니다.

4 동작이 느려 자꾸만 같은 짝이 되는 아이가 있다면 선생님이 근처에 있다가 지나가는 한 친구 를 이용해 역할을 만들어 주세요.

1-48 집어! _1탄

● 1~6학년 ★★★★★　　● 청소년 ★★★★★

. . . .

새롭게 짝을 바꾸었을 때 선생님이 이 놀이를 진행하면 좋습니다. 처음 만나는 집단이 있다면, 그리고 둘씩 앉아 있다면 이 놀이는 정말 많은 웃음을 가져다줍니다. 물건을 집는 순발력이 굉장히 중요한 놀이입니다.

1 짝과 서로 마주 본다.

2 책상과 책상 사이에 필통이나 지우개 등 손으로 집을 수 있는 크기의 물건을 놓는다.

3 팔짱 낀 상태 또는 무릎 위에 손을 올려 놓은 채로 물건을 바라본다.

4 선생님은 "집을까, 말까, 집을까, 말까"를 반복하다 "집어!"라고 말한다.

5 "집어!"라는 소리에 물건을 먼저 집으면 이긴다.

놀이의 팁 Tip

1 물건은 손으로 집었을 때 다칠 위험이 없는 것으로 정합니다.

2 선생님은 "집을까, 말까"를 말하면서 강약을 조절하거나 "집어"라는 말 대신 "지푸라기", "지붕", "집신벌레" 등 비슷한 말로 혼란을 주세요. 긴장은 높아지고 웃음은 더욱 커집니다.

3 벌칙이 꼭 필요한 것은 아니지만 이긴 사람이 진 사람 어깨를 툭툭 치며 "다음부터 잘해라~"라고 이야기하거나, 진 사람이 이긴 사람에게 배꼽에 손을 올리면서 공손히 "열심히 하겠습니다"라고 말할 기회를 주어도 좋습니다.

1-49 집어! _2탄

● 1~6학년 ★★★★★　　● 청소년 ★★★★★

두 모둠으로 나누어 이기고 지면서 상대편의 순발력을 가늠할 수 있는 놀이입니다. 진행하는 선생님의 강약에 따라 나도 모르게 손이 불쑥 나가는 즐거움! 교실 안이 짧은 시간 웃음바다로 바뀐답니다.

1 아이들을 두 모둠으로 나눈다.

2 서로 마주 보게 한 뒤, 책상을 놓고 손으로 집을 물건 하나를 놓는다.

3 맨 앞사람은 뒷짐을 진 채 책상에 놓인 물건을 바라본다.

4 선생님이 "집을까, 말까, 집을까, 말까"를 반복하다 "집어!!"라고 외치면 먼저 물건을 집는 쪽이 이긴다.

5 진 사람은 이긴 편 맨 뒤로 간다.

6 놀이를 반복한다.

놀이의 팁 Tip

1 한쪽 모둠이 모두 사라질 때까지 진행해도 좋습니다.

2 "집을까, 말까"를 말할 때 강약을 조절해 보세요.

3 손으로 집을 물건은 푹신한 천으로 만든 주사위나 인형 등이 좋습니다. 다치지 않을 물건으로 해주세요.

4 "집어!"라는 말이 아닌데도 물건에 손이 닿았다면 진 것으로 해주세요.

1-50 창과 방패

● 1~2학년 ★★★☆☆ ● 3~6학년 ★★★★★ ● 청소년 ★★★★★

아이들과 활동하면서 몸을 계속 움직여 열기를 올리고 싶을 때 하면 좋은 놀이입니다. 날아오는 창에 해당되는 친구를 생각하고 방패를 확인해 가면서 계속 움직여야 하므로, 짧은 시간에도 역동적인 움직임이 자동으로 만들어집니다.

1 공간을 만들어 놓고 자유롭게 선다.

2 서 있는 친구들 중 '창'에 해당하는 친구 한 명과 '방패'에 해당하는 친구 한 명을 마음속으로 고른다.

3 선생님의 신호가 떨어지면 창이 방패 뒤로 숨어 보이지 않도록, 창과 방패와 내가 일직선이 되도록 이동한다.

4 일정 시간 뒤 멈추고 방패에 해당된 친구가 창에 해당된 사람을 잘 가리고 있는지 확인해 본다.

놀이의 팁 Tip

1 창과 방패를 정할 때는 눈빛이나 동작으로 미리 알려 주지 않도록 합니다.

2 창은 동성 친구, 방패는 이성 친구 중에서 고르게 하면 더 큰 역동을 만들 수 있습니다.

3 모르는 친구들로 창과 방패를 만들어 보는 것도 좋습니다.

4 막상 놀이가 시작되면 방패에 해당되는 친구 바로 뒤에 서 있을 수 있습니다. 방패와 최소 1미터 이상 떨어져 있어야 한다는 규칙을 추가해 보세요.

5 간혹 한 줄로 모두 움직이거나 서 있을 수도 있으나, 이는 자연스러운 놀이 장면입니다.

1-51 친구 이름 빙고

● 1~2학년 ★★★☆☆   ● 3~6학년 ★★★★★   ● 청소년 ★★★★☆

학기 초에 친구의 이름을 익히고 외울 수 있는 놀이입니다. 이름만 부르는 것보다는 자기소개를 간단히 할 수 있는 시간을 마련해 주면 더 의미 있는 놀이가 됩니다. 매번 숫자나 단어를 가지고 빙고 게임을 했다면, 이번에는 친구 이름을 가지고 빙고 판을 채워 보세요.

1 가로, 세로 다섯 칸짜리 빙고판을 준비한 뒤 아이들에게 나누어 준다.

2 저마다 돌아다니면서 이름을 물어보고 빈 칸을 채운다.

3 빈 칸을 채웠으면 자리에 돌아가 앉는다.

4 선생님 또는 전체 가위바위보로 뽑힌 한 명이 한 사람의 이름을 부른다.

5 이름을 불린 아이는 간단히 자기소개를 한 뒤 다른 친구의 이름을 부른다.

6 같은 방법으로 계속 진행하다가 가로나 세로, 대각선으로 세 줄을 먼저 채운 사람이 빙고를 외친다.

놀이의 팁

1 어느 정도 시간이 지나면 반 친구의 이름을 몰라 멀뚱히 서 있는 아이가 있습니다. 선생님이 학급 명단을 준비했다가 보여 주도록 해주세요.

2 빙고 한 명이 나왔다고 해서 놀이를 멈추지 말고 계속 진행합니다.

3 놀이가 끝날 때까지 이름이 불리지 못한 학생은 선생님이 이름을 불러 주고 자기소개를 할 기회를 마련해 주세요.

1-52 텔레파시 박수

● 1~6학년 ★★★★★　● 청소년 ★★★★☆

아이들은 박수 놀이에 자연스럽게 참여합니다. 텔레파시 박수 놀이는 굉장한 집중력이 필요합니다. 정해진 목표까지 박수를 치면서 집중하고, 성공한 뒤에는 그 기쁨을 같이 나누게 되지요. 박수를 치면서 생기는 리듬에 어깨가 절로 흔들리는 놀이입니다.

1 두 명이 마주 보고 선다.

2 말을 하지 않고 혼자 박수를 한 번 치고 이어서 짝과 함께 박수 한 번을 친다. 이후 순서대로 혼자 박수 두 번, 짝과 함께 두 번, 혼자 박수 세 번, 짝과 함께 박수 세 번…… 이런 식으로 10까지 틀리지 않고 박수를 짝과 함께 친다.

놀이의 팁 Tip

1 처음에는 천천히 하다가 점점 속도를 빨리 해보세요.

2 처음에는 두 명이 하다가 네 명이, 그 다음에는 한 분단이, 나중에는 반 전체가 함께 할 수 있습니다.

3 학부모님과 자녀와 함께 하는 프로그램에서 활용해 보세요.

4 틀리면 처음부터 다시 하는데, 조금 전보다 더 천천히 하도록 합니다.

1-53 토끼와 거북이

● 1~6학년 ★★★★★　　● 청소년 ★★★☆☆

. . . .

"토끼와 거북이"라는 말에 맞추어 상대의 손바닥을 때리거나 피할 수 있는 놀이입니다. 선생님이 들려주는 이야기에 집중하면서 교실은 한바탕 웃음과 장난기로 가득 찹니다. 짝과 서로 마주 보고 손을 교차해 놓은 뒤 심호흡과 함께 시작합니다.

1 두 명이 짝이 되어 거북이와 토끼 역할을 정한다.

2 짝과 마주 본 상태에서 손바닥을 마주 보게 벌려 상대 손과 교대로 놓는다.

3 선생님의 이야기를 듣다가 '거북이'가 나오면 거북이 역할을 맡은 사람이 상대의 손등과 손바닥을 때린다. 반대로 '토끼'가 나오면 토끼가 거북이의 손등과 손바닥을 때린다. 상대가 때릴 때는 잽싸게 피할 수 있다.

4 이야기가 끝날 때까지 진행한다.

놀이의 팁 Tip

1 아래의 대본처럼 한쪽 단어에 치우쳐 이야기를 들려주면 웃음이 더 커집니다.

옛날 옛날에 토끼와 거북이가 살고 있었습니다. 토끼는 거북이와 달리기를 하고 싶어서 거북이 집에 찾아갔습니다. 하지만 거북이는 자고 있었지요. 그래서 토끼는 거북이를 크게 불렀습니다.

"거북아, 거북아, 거북아!!"

하지만 거북이는 일어나지 않았습니다. 다시 한 번 더 거북이를 불렀지요.

"거북아, 거북아, 거북아, 거북아!!!!!"

하지만 거북이는 일어나지 않았습니다. 그 모습을 본 엄마 거북이와 아빠 거북이는 토끼를 도와서 함께 깨우기 시작했지요.

2 상대 손등과 손바닥을 때릴 때에는 너무 세게 때리지 않도록 합니다.

3 때릴 때는 박수를 치는 것처럼 합니다. 피한 손을 쫓아가 때리지 않도록 합니다.

1-54 토끼와 여우

● 1~6학년 ★★★★★　● 청소년 ★★★★★

. . . .

교실에서도 멋진 술래잡기를 할 수 있습니다. 현장 체험 학습 때 짬 시간이 생기면 아이들과 즐길 수 있는 맞춤한 놀이랍니다. 짝과 손을 잡고 토끼 굴을 만들고, 여우를 피해서 줄행랑치고, 엉덩이로 동료 토끼를 밀어내는 스릴 만점, 웃음 만발한 놀이입니다.

1 공간을 확보하고, 토끼와 여우를 한 명씩 뽑는다.

2 나머지 아이들은 두 사람이 한 편이 되어 손을 잡고 토끼 굴이 된다.

3 선생님의 신호에 따라 토끼는 도망가고, 여우는 토끼를 잡으러 뛰어간다.

4 여우가 토끼를 잡으면 여우는 토끼가 되고, 토끼는 여우가 된다.

5 새로운 여우는 숫자를 1부터 5까지 크게 센 뒤, 토끼를 잡으러 간다.

6 토끼는 여우에게 잡히지 않으려면 토끼 굴에 숨을 수 있는데, 토끼 굴로 들어가면 대신 굴에 있던 한 명을 엉덩이로 밀어내야 한다.

7 엉덩이로 밀려 나온 아이는 새로운 토끼가 된다.

놀이의 팁 Tip

1 놀이를 설명할 때 토끼가 토끼 굴에 들어가 다른 한 친구를 엉덩이로 밀어내는 동작을 시범으로 보여 주세요.

2 놀이를 어느 정도 진행한 뒤에는 토끼를 받아들이기도 하고 거부할 수도 있는 규칙을 하나 만들어 적용하거나 토끼 굴이 조금씩 움직여 다닐 수 있게 바꿀 수도 있습니다.

3 놀이 전에 다치지 않도록 주변을 살펴봅니다.

1-55 한 걸음 술래잡기

● 1~6학년 ★★★★★　● 청소년 ★★★★★

술래잡기는 서로 뛰고 달리면서 상대방의 몸을 잡아야 묘미인데요, 교실에서도 간단히 할 수 있는 방법이 있습니다. 바로 한 걸음 술래잡기! 많이도 필요 없습니다. 한 걸음 움직이는 것만으로도 아이들은 긴장에 빠져들며, 술래가 탄생하니까요.

1 공간을 확보하고 자유롭게 선다.

2 술래를 정하고, 모두 술래로부터 한 걸음 이동한다.

3 술래가 한 걸음을 움직이면 다른 사람들도 한 걸음 움직일 수 있다.

4 술래는 큰 걸음으로 한 걸음씩 걸어가서 친구를 붙잡는다.

5 술래에게 붙잡힌 사람이 술래가 되고, 손을 번쩍 든다.

6 술래를 확인하고 모두 한 걸음 움직이면 다시 술래잡기가 진행된다.

놀이의 팁 Tip

1 바로 전에 술래를 했던 친구는 바로 뒤따라 잡을 수 없도록 해주세요.

2 꼭 술래와 함께 한 걸음을 움직이도록 당부해 주세요.

3 선생님도 참여하면 더욱 재미있습니다.

4 공간이 넓으면 '두 걸음 술래잡기'로 응용해도 좋습니다.

5 '강시처럼 한 걸음 술래잡기'로 응용할 수도 있습니다.

1-56 혼자 왔어요, 둘이 왔어요!

● 1~3학년 ★★★☆☆　　● 4~6학년 ★★★★★　　● 청소년 ★★★★★

여러 친구와 함께 즐길 수 있는 놀이입니다. 둥그렇게 앉아서 차례에 맞게 만세를 하거나 일어나야 합니다. 잠깐이라도 한눈을 팔면 걸리는, 집중력이 필요한 놀이입니다.

1 모두 둥그렇게 앉는다.

2 한 명이 일어나면서 크게 "혼자 왔어요!"라고 외치고 앉는다.

3 오른쪽 두 사람이 함께 손을 잡고 일어나면서 "둘이 왔어요!"라고 외치고 앉는다.

4 오른쪽 세 사람이 함께 손을 잡고 일어나면서 "셋이 왔어요!"라고 외치고 앉는다.

5 역순과 수순을 반복하며 "둘이 왔어요", "혼자 왔어요", "둘이 왔어요", "셋이 왔어요" 순서로 놀이를 진행한다.

6 자기 차례에 정해진 순서를 하지 못하면 걸린다.

놀이의 팁 Tip

1 처음에는 자리에 앉아서 만세를 하는 것으로 시작합니다.

2 나중에는 한쪽 무릎을 꿇고 있다가 자기 차례에 벌떡 일어나도록 응용할 수 있습니다.

3 반 전체가 하면 좋고, 더 많은 인원이 참여해도 충분합니다.

4 처음에는 '1-2-3-2-1-2-3-2-1……' 순서로 하지만 인원이 많다면 '1-2-3-4-3-2-1-2-3-4-3-2-1-1-2……' 순으로 할 수 있습니다.

1-57 1 -2 -3 -4 -5

● 1~6학년 ★★★★★　● 청소년 ★★★★★
. . . .

1부터 5까지 각 숫자에 해당하는 속도와 규칙을 정하고 선생님
이 말하는 숫자에 맞게 몸을 움직이는 활동입니다. 어떤 숫자가
나올지 알 수 없으므로 진행자의 목소리에 집중해야 하고, 몸이
숫자에 따라 즉각 반응해야 하므로 매우 신명이 나지요.

1 움직임 방법을 아래와 같이 정한다.

2 '1'은 보통 걸음으로 걷는다.

3 '2'는 빠른 걸음으로 걷는다.

4 '3'은 느린 화면처럼 걷는다.

5 '4'는 빨리 달린다.

6 '5'는 멈춘다.

7 선생님은 "4!!!!", "1!!!!!" 등으로 숫자를 크게 바꿔 가며 외치고, 참여하는 아이들은 숫자에 맞춰 움직인다.

놀이의 팁 Tip

1 시작할 때는 선생님이 숫자를 외치면서 진행하지만 나중에는 아이들이 돌아가면서 숫자를 말하게 하세요.

2 여러 표현 활동의 워밍업으로 사용해도 좋습니다.

3 처음에는 숫자와 숫자 사이의 간격을 길게 말하다가, 점점 숫자와 숫자 사이의 간격을 짧게 하면 더욱 긴장감 넘치고 동작이 활기차집니다.

4 활동하는 동안 음악을 적절하게 활용해도 좋습니다.

1-58 Up-Down

● 1~3학년 ★★★★☆   ● 4~6학년 ★★★★★   ● 청소년 ★★★★☆

선생님이 생각한 숫자를 아이들이 추측해서 맞혀 보는 놀이입니다. 수업 짬 시간에 해도 좋고, 수업과 연계해서 사용할 수도 있습니다. 아이들의 호기심과 집중을 높일 수 있는, 간단하면서도 효과 있는 놀이입니다.

1 종이 한 장에 1부터 100 사이의 숫자 중 하나를 적는다.

2 숫자가 적힌 종이를 보이지 않게 두고 아이들에게 맞히도록 한다.

3 한 명이 손을 들고 숫자를 말한다.

4 말한 숫자가 적혀 있는 숫자보다 큰 수면 "다운"이라 답하고, 작은 수면 "업"이라 답한다.

5 아이들은 "업", "다운"을 잘 듣고 적혀 있는 숫자를 맞힌다.

6 정답을 말한 친구가 그 다음 숫자를 적고 놀이를 진행한다.

놀이의 팁 Tip

1 처음에는 선생님이 놀이를 주도하지만, 나중에는 학생에게 진행하도록 합니다.

2 익숙해지면 세 자릿수로 진행해 보세요.

3 엄지손가락을 위로 향해 '업'을 나타내고, 아래로 향해 '다운'을 보여 줄 수 있습니다.

4 수업 동기 유발로 사용할 수 있습니다.

감동과 행복을
만드는 교실 놀이

239

2부
서로 믿음으로 놀아요

믿음과 협동에 대해 생각할 기회를 주는 놀이를 소개합니다.
친구를 의지하고 도우면서, 즐거움을 넘어서는 관계를 쌓을 수 있습니다.
서로에게 긍정적인 영향을 주는 믿음과 신뢰에 관한 놀이.
상대를 더 깊이 끌어안고, 나를 더 많이 맡길 수 있는 시간을 만끽해 보세요.
감각과 관련된 여러 놀이도 포함되어 있습니다.

2-01 걷기 카운팅

● 1~3학년 ★★★☆☆ ● 4~6학년 ★★★★★ ● 청소년 ★★★★☆

· · · · · · · · · · ·

모둠에 모인 아이들 전부가 한마음이 되어야 가능한, 간단하지만 고도의 집중력이 필요한 놀이입니다. 잠시라도 정신을 팔면 안 될 정도로 까다로운 경기이지만, 집중만 잘한다면 매우 흥미진진한 시합이 되지요. 놀이가 계속될수록 아이들도 한마음이 되는 것을 확인할 수 있답니다.

1 둘 또는 네 개의 모둠으로 나누어 서로 어깨를 잡고 둥그렇게 선다.

2 선생님이 "카운팅 00"라는 말로 특정 숫자를 지정해 준다.

3 모두 어깨를 잡은 상태에서 발걸음을 세어 보면서 발을 움직이는데 만약 "카운팅 3"이라는 명령어가 떨어졌다면 '1-2-3-2-1' 걸음 순서대로 걷는다. 카운트는 한 발씩 이동하는 것이 1회이다.

4 걷기의 방향은 앞, 뒤, 앞, 뒤로 번갈아 하되, 마지막 움직인 발이 다음번 숫자 규칙에서도 먼저 출발하도록 순서를 정한다.

5 첫 시작은 오른발부터 나간다.

6 이런 식으로 갔던 발이 다시 되돌아오면서 숫자 규칙에 맞게 걷는다(예를 들어 "카운팅 3"이라면 오른발 앞으로 한 걸음(1) → 오른발 뒤로 한 걸음, 왼발 뒤로 한 걸음(2) → 왼발 앞으로 한 걸음, 오른발 앞으로 한 걸음, 왼발 앞으로 한 걸음(3) → 왼발 뒤로 한 걸음, 오른발 뒤로 한 걸음(2) → 오른발 앞으로 한 걸음(1)).

놀이의 팁 Tip

1 처음에는 숫자를 부르면서 걷도록 하고, 나중에는 마음속으로 숫자를 세도록 합니다.

2 작은 숫자에서 큰 숫자로 차차 늘립니다.

3 음악을 틀어 놓고 박자에 맞춰서 움직이면 더 재미있게 즐길 수 있습니다.

2-02 공중 부양 화장지

● 1~3학년 ★★★★☆　● 4~6학년 ★★★★★　● 청소년 ★★★★☆

모둠이 함께 즐기는 활동입니다. 친구와 더불어 자연스럽게 웃고 소리 지르며 한 가지에 집중하게 됩니다. 화장지 한 조각도 아이들에게는 마냥 신나는 놀잇감이 될 수 있다는 사실! 함께 입을 한데 모아 공중에 화장지를 띄워 보세요.

1 네 명이 한 모둠이 된다(때와 장소에 따라 다르게 편성한다).

2 화장지 한 장을 빼 각 모둠에게 나누어 준다.

3 두 겹의 화장지를 분리한 뒤, 한 겹을 1/2 또는 1/4로 조각낸다.

4 선생님이 신호를 하면 네 명이 하나 되어 화장지를 공중으로 띄우고 입으로 분다.

5 가장 오랫동안 떠 있는 모둠이 이긴다.

놀이의 팁 Tip

1 놀이를 하기 전에 각 모둠별로 연습 시간을 주어 각자 잘할 수 있는 요령을 찾게 합니다.

2 화장지 한 장을 그대로 쓰면 입으로 불기가 힘드니 한 겹만 조각내서 사용합니다.

3 천장을 바라보며 놀이를 하기 때문에 교실 벽에 부딪치거나 걸려 넘어질 수 있습니다. 활동하기 전에 장애물을 먼저 파악한 뒤 다치지 않을 장소에서 해보세요.

4 거위털이나 오리털로 하면 공중에 떠 있는 시간이 길고 더 가벼워 훨씬 재미있습니다.

2-03 관절의 점

● 1~3학년 ★★★★★　● 4~6학년 ★★★☆☆　● 청소년 ★★★☆☆

. . . .

선생님이 제시한 숫자만큼 관절을 바닥에 대보는 놀이입니다. 어떻게 해야 그 숫자에 맞출 수 있을지 함께 고민하고 협동하여 임무를 완성합니다. 관절의 점이 줄어들면 친구를 안거나 업기도 해야 하는 놀이! 몸도 쓰고 머리도 쓸 수 있는 재미난 관절 찾기 놀이를 소개합니다.

1 놀이하기 전에 뼈와 뼈가 맞닿아 움직일 수 있는 부분이 관절이라는 것을 알려 준다.

2 관절이 바닥에 닿는 곳이 관절의 점이 된다고 약속한다.

3 개인 놀이로 시작하여 선생님이 지시하는 수만큼 관절을 바닥에 댄다.

4 예를 들어 선생님이 '3'을 외치면 몸을 자유자재로 움직여 관절이 세 군데 바닥에 닿도록 한다.

5 활동은 모둠별로 함께 하며 선생님이 지시하는 수에 맞게 모둠 전 구성원이 하나 되어 관절의 점 개수를 만든다.

놀이의 팁 Tip

1 활동하기 전에 우리 몸의 관절이 무엇이고, 또 어디에 있는지 꼭 이해시켜 주세요. 몸에 있는 관절을 친구와 함께 찾아보아도 좋습니다.

2 개인 활동을 할 때는 관절의 개수를 늘려 갑니다. 관절의 점이 많아질수록 어려워집니다.

3 모둠 활동에서는 관절의 수를 줄여 갑니다. 모둠의 구성원이 관절의 점 개수를 만들어야 하므로, 관절의 점이 줄어들수록 어려워집니다.

4 놀이를 한두 차례 하고 나서 활동이 잘된 모둠을 학생들에게 보여 주면 이해가 빨라지고 놀이가 더욱 즐거워집니다.

2-04 내 짝을 찾아라!

● 1~6학년 ★★★★★   ● 청소년 ★★★★★

· · · · · · · · · · · · ·

안대로 눈을 가리면 평소와는 다른 감각이 살아납니다. 그 느낌을 이용한 놀이입니다. 깜깜한 어둠 속에서 손바닥 감각을 최대한 살려 내 짝을 찾아가는 여정. 친구의 손가락 마디와 체온까지 기억해야 하므로 촉각을 있는 힘껏 이용해야 합니다.

1 놀이할 공간을 만든다.

2 두 사람이 짝이 되어 30초~1분 정도 서로의 손을 자세히 만져 본다.

3 시간이 지나면 자유롭게 흩어져 선 다음 안대로 눈을 가린다.

4 선생님의 신호와 함께 침묵 속에서 짝을 찾으러 천천히 다닌다.

5 만약 짝을 찾으면 서로 손을 꼭 잡고, 바닥에 앉는다.

6 정해진 시간이 지나면 안대를 벗고 앞의 짝을 확인한다.

7 활동이 끝나고 소감을 나눈다.

놀이의 팁 Tip

1 내 짝의 손을 만질 때 눈을 감고 만져 보게 하면 나중에 더 잘 찾게 됩니다.

2 침묵 속에서 활동을 진행합니다. 그렇지 않으면 목소리로 찾는 놀이가 됩니다.

3 다치지 않도록 천천히 이동합니다.

4 공간 중앙에 선생님이 선 다음 "이쪽이 중앙입니다!"라는 목소리를 들려주고 짝을 찾지 못한 경우 선생님 목소리가 들리는 쪽으로 모이라고 합니다.

5 안전 요원에 해당되는 학생 몇 명을 정하고 하면 좋습니다.

2-05 내 코는 개코

● 1~6학년 ★★★★★　　● 청소년 ★★★★★

· · · · · · · · · · ·

냄새로 친구를 찾아보는 개코 놀이입니다. 평소 잘 쓰지 않았던 후각을 이용해 친구를 찾아보는 것이지요. 안대로 눈을 가리고 친구의 손바닥 냄새를 맡은 뒤 뒤섞여 있는 친구들 속에서 냄새를 맡았던 친구를 찾아야 합니다. 어둠 속에서 움직여야 하므로 오감의 집중이 자연스럽게 돋보이는 놀이입니다.

1 술래를 한 명 뽑는다. 그리고 그의 짝을 한 명 더 뽑는다.

2 술래는 친구의 손바닥 냄새를 주의 깊게 맡는다.

3 술래의 눈을 가린 뒤, 두세 명 정도의 친구를 불러낸다.

4 술래를 뺀 나머지 학생을 섞은 뒤, 한 명씩 술래 앞에 차례로 손바닥을 갖다 댄다.

5 술래는 자신의 짝이 몇 번째인지 맞혀 본다.

놀이의 팁 Tip

1 처음에는 선생님이 아이들 몇 명과 함께 시범을 보인 뒤 모둠별로 하도록 합니다. 모두 경험해 보는 것이 중요합니다.

2 의욕이 앞서 손바닥을 코에 너무 가깝게 대는 경우가 있습니다. 1센티미터 정도 앞에 대도록 합니다.

3 조용한 가운데 하도록 합니다. 그렇지 않으면 다른 감각이 활성화됩니다.

4 처음에는 평소 샴푸나 화장품 냄새가 강한 아이를 의도적으로 골라 시범을 보이면 100퍼센트 성공합니다.

5 끝나고 나서 소감을 꼭 나누어 보세요.

2-06 눈먼 자동차 _1탄

● 1~6학년 ★★★★★ ● 청소년 ★★★★★

자연스럽게 마음을 열어 주면서 재미까지 몇 배로 얻게 되는 감 각 놀이입니다. 아무것도 보이지 않은 상태에서 친구의 손동작에 따라 움직이고 또 집중해야 하므로 스릴이 넘칩니다. 친구와의 믿음이 평소보다 몇 배로 더 필요한, 두려움과 긴장이 가득한 놀 이입니다.

1 두 사람이 짝이 된다.

2 한 사람은 자동차, 다른 한 사람은 운전기사가 되어 자동차 뒤에 선다.

3 자동차가 된 사람은 눈을 가리고 운전기사는 손으로 자동차가 된 친구의 등을 두드려 운전을 한다.

4 어깨와 어깨 사이를 두드리면 앞으로 간다.

5 왼쪽 어깨를 두드리면 왼쪽으로, 오른쪽 어깨를 두드리면 오른쪽으로 간다.

6 머리를 두드리면 후진, 양 어깨를 꽉 잡으면 브레이크라고 약속한다.

7 선생님의 신호에 맞추어 운전을 한다.

8 정해진 시간이 지나면 역할을 바꿔서 경험한다.

놀이의 팁 Tip

1 자동차에게 믿음을 줄 수 있는 운전자가 되도록 알려 주고, 자동차는 운전자를 믿어야 한다고 알려 줍니다.

2 재미에 빠져 운전을 제대로 하지 못하고 사고를 내는 운전자가 있을 수 있습니다. 앞을 잘 확인 하도록 합니다.

3 자동차가 이동할 때는 너무 속력을 내지 않도록 합니다. 활동하다 보면 아이들이 흥분하여 자 연스레 눈을 뜨게 되므로, 될 수 있으면 안대로 눈을 가려 주세요.

4 눈을 가리는 것과 연계하여 불안감과 관련된 이야기를 나눌 수 있습니다.

5 자동차는 팔짱을 껴서 '범퍼'를 만들도록 합니다.

2-07 눈먼 자동차 _ 2탄 : 스포츠카

● 1~6학년 ★★★★★ ● 청소년 ★★★★★

음악과 비명이 어우러져 교실을 가득 메우는 놀이입니다. 활동이 끝나고 나면 아이들은 롤러코스터보다 짜릿했다고 이야기합니다. 하지만 경기할 때에는 정신을 똑바로 차려야 해요. 캄캄한 어둠 속에서, 자동차의 속도감을 느껴 보세요.

1 두 사람이 짝이 된다.

2 한 사람은 자동차가 되어 눈을 가리고 다른 한 사람은 운전기사가 된다.

3 운전기사는 자동차가 된 친구의 양 어깨를 잡고 가볍게 달린다.

4 자동차가 된 친구는 운전기사가 이끄는 대로 몸을 맡기고 함께 달린다.

5 선생님의 신호에 따라 속도를 느리게 했다가 빨리 해본다.

6 일정한 시간이 지나면 서로 역할을 바꾸어 체험한다.

놀이의 팁 Tip

1 자동차가 되면 몸이 굳어집니다. 너무 속도를 높이지 않도록 하세요.

2 활동하기 전에 다칠 장소가 없도록 확인하고, 너무 많은 인원이 하지 않도록 합니다.

3 두 팔을 잘 감싼 뒤 범퍼를 만들게 하고, 사람들이 없는 쪽을 향해서 가볍게 달리도록 합니다.

4 너무 빨리 달리지 않도록 합니다. 눈을 감은 상태에서는 가볍게 달리는 것도 큰 느낌으로 다가
옵니다.

5 음악을 틀어 놓고 활동해 보세요. 다양한 음악을 즐길 수 있고 분위기도 달라집니다.

6 놀이 도중 무서워하는 학생이 있다면 살짝 빼 주세요.

7 놀이가 끝난 뒤 느낌을 나누어 봅니다.

2-08 눈치 게임

● 1~6학년 ★★★★★   ● 청소년 ★★★★★

. . . .

욕심을 부리기보다는 서로를 믿고 마음의 여유를 발휘해야 하는 놀이입니다. 한 명씩 숫자를 말해서 10에 도달하기가 쉽지 않다는 것을 매번 확인하게 됩니다. 온 마음을 집중해서 아이들과 '10'까지 도전해 보고 익숙해지면 큰 수에 도전해 보세요.

1 특정한 숫자를 정한다. 교실에서는 대개 '10' 정도면 적당하다.

2 1부터 정한 숫자까지 한 명씩 벌떡 일어나면서 숫자를 세어 나가는데, 이때 한 숫자를 동시에 두 명 이상이 말하면 탈락이다.

3 정한 숫자에 아직 도달하지 않았는데 아이들이 모두 탈락했다면, 다시 처음부터 숫자를 세고 몇 번 만에 정해진 숫자에 도달하는지 확인한다.

놀이의 팁 Tip

1 텔레비전 예능 프로그램에서는 벌칙을 주거나 술래를 정할 때 이 게임을 하지만, 교실에서는 서로 믿음과 배려, 인내 등을 중시하도록 게임의 규칙을 설명합니다.

2 일어나기 힘든 공간이라면 손을 번쩍 들면서 숫자를 말하도록 합니다.

3 꼭 같은 숫자만 말하는 학생이 있습니다. 했던 숫자는 다시 말할 수 없도록 하는 규칙을 정하는 것도 좋습니다.

4 '열 번 안에 정해진 숫자 10까지 도달하기' 같은 목표를 정하는 것도 좋습니다.

5 끝나고 난 뒤 느낌을 나눕니다.

2-09 눈치 보기

● 1~6학년 ★★★★★ ● 청소년 ★★★★☆

모두가 하나 되었다는 것을 확인할 수 있는 효과 만점의 놀이입니다. 걷기만 하면 되는데 자연스럽게 누군가의 눈치를 봐야 합니다. 누군가 움직이면 나도 움직여야 합니다. 시간이 지나면 모두가 동시에 움직였다가 멈추어 한 덩어리가 되는 것을 확인해 보세요.

1 활동할 공간을 확보한다.

2 편하게 공간 이곳저곳을 걸어 다닌다.

3 그러다 누군가가 멈추면 동시에 멈춘다.

4 모두가 다 멈추고 난 뒤, 누군가가 움직이면 다시 돌아다닌다.

5 또 누군가가 멈추면 동시에 멈추고, 움직이면 함께 움직이면서 동작을 일치시켜 본다.

놀이의 팁 Tip

1 처음에는 천천히 걷도록 합니다. 어느 정도 요령이 생길 때 즈음 자연스럽게 빨라지는 모습을 보게 됩니다.

2 걷다가 멈출 때는 동작까지 멈춰야 합니다.

3 걷다가 멈추기를 반복하다 보면 몇 걸음 걷기도 전에 멈춰 버리는 경우도 있습니다. 움직임이 시작된 뒤 어느 정도 시간이 지나면 멈추도록 규칙을 정합니다.

4 절반 정도는 지켜보게 합니다. 보는 아이들 입에서 탄성이 나옵니다.

5 음악과 함께 즐겨도 좋습니다.

6 활동이 끝난 뒤 소감을 나눕니다.

2-10 데굴데굴

● 1~6학년 ★★★★★　● 청소년 ★★★☆☆

. . . .

친구를 몸으로 운반하는 색다른 경험을 해봅니다. 커다란 바윗돌을 움직일 때 통나무를 이용했던 것처럼, 몸을 이용해 친구를 운반하고 자기도 운반되는(?) 매우 특별한 놀이입니다.

놀이 방법 _How to play_

1 매트가 있으면 바닥에 깔아 놓는다.

2 모두 통나무처럼 한 줄로 누워 있고, 맨 마지막 한 명은 그 위에 눕는다.

3 신호에 맞추어 몸을 굴려 친구를 이동시킨다.

4 끝까지 오면 바닥에 눕고, 그 다음 친구가 위로 올라가서 돌아가며 경험을 한다.

놀이의 팁 Tip

1 이성 친구보다는 동성 친구끼리 해보세요.

2 바닥이 지저분하다면 억지로 시키지 마세요. 효과가 반감됩니다.

3 다치지 않도록 활동 전에 미리 당부합니다.

4 두 모둠으로 나누어 대결할 수 있습니다.

5 활동이 끝나면 느낌을 나누는 시간을 갖습니다.

2-11 매듭을 풀어라

● 1~2학년 ★★★★☆   ● 3~6학년 ★★★★★   ● 청소년 ★★★★★

. . . .

어려운 과제를 해결하면서 모두 하나 됨을 느낄 수 있는 기본 활동입니다. 친구들의 손이 모두 꼬인 상태에서 어떻게 풀어낼 수 있는지 함께 머리를 싸매고 아이디어를 나누어 보세요. 반 전체가 꼬인 손을 풀게 되면 남는 것은 환호성뿐!

1 네 명이 한 모둠이 되어 선다(꼭 네 명일 필요는 없고 두 명 이상이면 된다).

2 왼 손바닥을 하늘로, 오른 손바닥을 아래로 향하게 하여 팔을 X자 모양으로 꼰다.

3 왼손으로는 오른쪽 사람 오른손을 잡고, 오른손으로는 왼쪽 사람 왼손을 잡는다.

4 서로 몸을 움직여서 모둠 구성원 전부가 원의 안쪽을 바라보도록 꼬인 손을 푼다.

놀이의 팁 Tip

1 왼손, 오른손의 잡는 법을 꼭 통일시켜 주세요.

2 매듭을 풀 때 잘 되지 않는 아이들을 보면 도와주고 싶은 마음이 듭니다. 하지만 믿고 기다려 주세요. 시간만 충분히 주면 아이들은 자연스럽게 꼬인 손을 풀어내는 멋진 모습을 보여 줍니다.

3 처음 시작할 때는 두 명, 다음에는 네 명, 여덟 명으로 차차 늘려 갑니다. 남자와 여자, 반 전체로 놀이를 발전시킬 수 있습니다.

4 모두 밖을 보도록 한 바퀴씩 돈 뒤, 두 사람이 손으로 만든 터널로 모두 다 빠져나오면 매듭이 풀립니다.

5 놀이가 끝난 뒤 느낌을 물어보세요.

2-12 미행 놀이

● 1~2학년 ★★★☆☆　　● 3~6학년 ★★★★★　　● 청소년 ★★★★★

누군가 내 뒤를 따라온다면 어떤 느낌일까? 친한 친구의 몇 발짝
뒤에서, 때로는 친해지고 싶은 친구의 몇 발짝 뒤에서, 아니면 지
켜 주고 싶은 친구 몇 발짝 뒤에서 따라가다 보면 평소와 다른 느
낌과 생각을 하게 되는 놀이입니다. 평소와 다른 놀이 경험을 줄
수 있는 특별한 뒤 밟기! 미행 놀이를 소개합니다.

1 공간을 확보한 뒤에 자유롭게 선다.

2 마음속으로 친구 한 명을 정한다.

3 선생님의 신호에 따라 그 친구가 갔던 길을 몇 걸음 뒤에서 몰래 따라간다.

4 일정한 시간이 지난 뒤 누가 나를 따라왔는지 이야기해 본다.

5 다음으로 자신이 누구를 따라다녔는지 밝히고 느낌을 나눈다.

6 상대를 바꾸어 계속 진행한다.

놀이의 팁 Tip

1 처음에는 탐정이 단서를 쫓듯 친구를 따라다니지만, 단계가 진행될수록 설레는 마음으로 따라 간다든지 지켜 주고 싶은 마음으로 따라간다든지 하는 등으로 의미를 깊고 아늑하게 만들어 봅니다.

2 선생님이 몇 걸음 뒤에서 따라가는지 기준을 만들어 줍니다. 이를테면 마음속으로 정한 친구 의 다섯 걸음 뒤에서 따라가라고 규칙을 정했다가, 놀이에 익숙해지면 걸음 수를 줄이거나 늘 립니다.

3 스파이가 주인공으로 나오는 영화 음악을 틀어 놓고 하면 놀이가 더 흥미로워집니다.

2-13 믿음의 원 _1탄

● 1~2학년 ★★★☆☆　● 3~6학년 ★★★★★　● 청소년 ★★★★★

아이들의 관계 개선에 효과가 있는 놀이입니다. 처음 체험을 할 때는 두려워하다가도 원 안에서 굉장히 편안하고 따뜻한 느낌을 받게 됩니다. 긍정적인 효과도 있을 뿐더러 타인에 대한 책임에 대해서도 이야기를 나눌 기회가 되는, 의미 있는 놀이입니다.

1 다섯~열 명 정도로 모둠이 되어 둥그렇게, 가깝게 모여 둘러선다.

2 가운데에 한 명이 들어가 팔짱을 낀 뒤 눈을 감고 꼼짝 않는다.

3 가운데에 선 친구가 뒤로 쓰러지면 주변에 모여 있던 친구들이 받아 원상태로 또는 다른 쪽으로 살짝 밀어 준다.

4 친구가 밀려간 쪽에서 다시 친구를 받아 주고, 다른 쪽으로 살짝 밀어 준다.

5 이런 방법으로 가운데에 선 친구는 쓰러지지 않고 오뚝이처럼 왔다 갔다 한다. 활동을 마치면 가운데에 서 있던 친구의 소감을 듣는다.

놀이의 팁 Tip

1 모둠이 되어 설 때는 한 발을 앞으로 하고, 다른 한 발은 뒤로 위치해 중심을 잘 잡도록 합니다.

2 원을 너무 크게 만들기보다는 좁게 만들고, 손을 앞으로 뻗은 상태에서 친구의 몸을 받아 완충 효과를 늘려 줍니다.

3 밀어낼 때는 너무 세게 밀지 않도록 합니다.

4 원 안에 들어가 있는 사람은 무릎을 구부리지 않도록, 온몸이 하나의 기둥이 된 것처럼 뻣뻣하게 쓰러지라고 당부합니다.

5 안대를 쓰고 경험하면 더 좋습니다.

6 모든 아이가 돌아가면서 경험하도록 해주세요.

2-14 믿음의 원 _2탄 : 원으로 버티기

● 1~2학년 ★★★☆☆   ● 3~6학년 ★★★★★   ● 청소년 ★★★★★

. . . .

서로 같은 힘으로 의지하고, 원형을 유지하는 놀이입니다. 힘의
균형이 중요하고 상대를 믿는 것 또한 굉장히 중요합니다. 원의
크기가 커질수록 원을 유지하기가 어려워지고 더 많은 힘이 필요
하지요.

1 열 명 정도가 한 모둠이 되어 둥그렇게, 가깝게 모여 둘러선다.

2 발을 살짝 벌리고 꼿꼿이 선 상태에서 하나, 둘, 셋 신호에 맞추어 몸을 앞으로 기울인다.

3 몸을 기울이면 옆에 있는 사람들의 어깨가 모두 닿게 되고, 그러면 그 상태로 일정한 힘을 유지한 채 원으로 설 수 있다.

4 성공하면 조금 더 큰 원을 만들어, 같은 방식으로 앞으로 몸을 기울이며 원을 유지한다.

놀이의 팁 Tip

1 모두가 같은 손 모양을 하도록 합니다. 차렷을 하고 해보세요. 팔짱을 끼면 넘어질 때 반응 속도가 느려질 수 있으니 팔을 옆에 붙이고 합니다.

2 원이 조금 더 커지면 발을 조금 더 벌리고 섭니다.

3 동시에 원 안으로 쓰러지는 것이 중요합니다.

4 다치지 않도록 활동 전에 미리 주의 사항을 말해 주세요.

2-15 바뀐 곳 찾기 _1탄

● 1~6학년 ★★★★★   ● 청소년 ★★★★★

. . . .

친구를 자세히 관찰해야 하는 놀이입니다. 마음을 열고 머리끝에
서부터 발끝까지 있는 그대로 친구를 바라봅니다. 관찰하면서 친
구의 변화된 부분에 온 마음을 집중해 보세요. 오감 중 시각을 발
휘해야 합니다. 시범을 보이는 친구는 마음껏 재치를 발휘해서
어디를 바꿀지 고민해야 하지요.

1 두 사람이 짝이 되어 서로 마주 본다.

2 30초 정도 앞 친구를 머리끝에서 발끝까지 최대한 집중해서 본다.

3 서로 뒤돌아선다.

4 1분 정도 각자 자신의 모습 중 세 군데를 바꾼다(빼서 입었던 옷을 바지춤 안으로 넣기, 단추를 하나 풀기 등).

5 선생님이 신호를 하면 뒤로 돌아, 친구의 바뀐 모습 세 군데를 찾는다.

놀이의 팁 Tip

1 저학년은 서로를 관찰할 시간을 좀 더 주고, 고학년은 시간을 줄여서 해봅니다.

2 놀이를 시작할 때는 선생님이 직접 모델이 되어 시범을 보여 주세요. 아이들은 선생님을 10초 정도 관찰한 뒤 책상에 엎드리고 선생님은 그 사이 세 군데를 바꾸어 아이들에게 찾게 합니다.

3 보이지 않는 곳을 변화시키면 찾을 수 없습니다. 눈에 보이는 곳을 바꾸게 하세요.

4 동시에 놀이를 진행해도 되지만, 한 명이 바꾸고 다른 한 명이 찾아본 뒤 다시 역할을 바꿔서 진행해도 됩니다.

2-16 바뀐 곳 찾기 _ 2탄 : 탐정 놀이

● 1~6학년 ★★★★★　● 청소년 ★★★★★

. . . .

평소 가지고 다니는 학용품을 이용해서 즐기는 놀이입니다. 오감
가운데 시각에 집중해야 하지만, 무엇보다 기억력이 매우 중요한
놀이랍니다. 쉬는 시간에 친구와 간단히 할 수 있습니다.

1 네 명 또는 두 명이 한 모둠이 된다.

2 물건을 대여섯 개 늘어놓는다.

3 한 명은 눈을 가리고 나머지 사람들이 물건을 배열한다.

4 눈을 뜨고 3~5초 정도 물건을 응시하고 다시 눈을 감는다.

5 나머지 사람들이 물건을 다시 배열한다.

6 눈을 감은 아이는 다시 눈을 뜨고 처음 순서대로 물건을 배열하여 맞힌다.

7 돌아가면서 눈을 감고 배열 순서를 맞혀 본다.

놀이의 팁 Tip

1 두 명이 할 때는 서너 개의 물건이 적당합니다.

2 네 명 이상이 참여할 때는 네 개 정도의 물건에서 조금씩 물건 개수를 늘립니다.

3 한 명이 문제를 내고 나머지 아이들이 맞히는 것도 좋고, 여러 명이 문제를 내고 한 명이 맞히는 식으로 진행해도 좋습니다.

4 물건의 배열 순서뿐만 아니라 위치 등을 이용해도 좋습니다(필통 위의 지우개, 우유 아래 연필 등).

2-17 바뀐 곳 찾기 _3탄 : 사람 순서 찾기

● 1~6학년 ★★★★★ ● 청소년 ★★★★★

선생님의 진행 아래 아이들이 같이 참여하여 즐길 수 있는 놀이입니다. 친구를 배열하고 순서만 바꾸는 데에도 굉장한 집중력과 기억력이 필요하지요. 수업하다가 지루하다면 잠시 짬 시간을 내어 활용할 수 있습니다.

1 술래를 한 명 뽑는다.

2 칠판 앞으로 다섯 명을 뽑아 세운다.

3 술래에게 다섯 명을 10초 정도 쳐다보게 한다.

4 술래가 뒤를 돌면 다섯 명이 서 있는 자리를 마음대로 바꾼다.

5 술래는 기억을 더듬어 다섯 명을 처음 위치로 이동시킨다.

놀이의 팁 Tip

1 다섯 명으로 놀이를 시작했다가, 인원을 점점 늘려 가면 굉장히 난이도 높은 놀이가 됩니다.

2 선생님이 아이들의 위치를 바꿀 수도 있지만, 아이들 스스로 섞도록 하면 더 재미있습니다.

3 안대로 눈을 가리고 해도 좋습니다.

4 보는 시간을 10초에서 8초, 5초로 줄여 갈 수 있습니다.

5 끝나고 나서 느낌을 나누어 보세요.

2-18 바뀐 곳 찾기 _4탄 : 바뀐 자리 찾기

● 1~6학년 ★★★★★　● 청소년 ★★★★★

· · · · · · · · · ·

반 전체가 함께 즐길 수 있고, 선생님도 참여할 수 있는 놀이입니다. 교실 자리가 바뀐 뒤에 하면 더욱 재미있는 활동이 됩니다. 평소 무심히 지나쳤던 친구들을 관찰할 수 있는 기회가 되지요. 앞의 여러 놀이를 경험한 뒤에 해보는 것도 좋습니다.

1 술래를 한 명 뽑는다.

2 앞에 나와서 교실 전체를 바라보고 친구 위치를 잘 기억해 보라고 한다.

3 잠깐 복도에 나가 있도록 한 뒤, 두 명의 자리를 서로 바꿔 앉도록 한다.

4 술래가 들어오면 자리가 바뀐 친구 두 명을 찾는다.

5 돌아가면서 술래를 맡아 해본다.

놀이의 팁 Tip

1 선생님이 두 명을 고른 뒤 자리를 바꿔서 설명해 줍니다.

2 새로운 술래가 선출되면 그 전의 술래가 자리를 바꿀 수 있는 기회를 주는 것도 좋습니다.

3 처음에는 두 명을 바꿔 보지만, 세 명을 바꾸는 등으로 아주 조금 숫자를 늘려도 됩니다. 때로는 교실 속 물건을 바꾸는 것으로 응용할 수 있습니다. 자리를 많이 바꾸게 되면 술래의 인원도 늘려서 해보세요. 술래끼리 토의해서 찾으면 더욱 흥미롭습니다.

2-19 박수 도미노

● 1~2학년 ★★★☆☆   ● 3~6학년 ★★★★★   ● 청소년 ★★★★★

박자에 맞추어 반 전체가 반복하여 '돌림 박수'를 치는 놀이입니다. 처음에는 천천히 시작했다가 점점 빨라지고, 속도가 높아지면서 놀이에 더욱 집중하게 됩니다. 인원 전체가 돌림으로 박수를 완성했을 때는 감동의 물결이 밀려오지요. 마음을 모아서 함께 박수를 칠 기회를 만들어 주세요.

1 전체가 둥그렇게 둘러앉는다.

2 두 손을 앞으로 내밀고 박수 칠 준비를 한다.

3 고개를 왼쪽으로 돌리고 옆 친구의 손을 바라본다.

4 선생님이 제시하는 박자에 맞게 앉은 순서대로 박수로 박자를 친다.

5 박자의 흐름이 깨지지 않도록 자기 차례에 박수로 박자를 친 뒤, 계속 그 박자를 반복한다. 돌림노래를 부르듯이, 박수로 돌림 박자를 친다고 생각하면 쉽다(기차가 달리는 느낌으로 '짝-짝-짝-짝……' 계속 연결해서).

6 몇 번의 시행착오를 거치고 전체가 성공하게 되면 박수의 길이를 최대한 이어 본다.

놀이의 팁 Tip

1 처음에는 선생님이 박자를 입으로 말하며 아이들을 한 명씩 지목해 주면서 진행합니다.

2 박자가 빨라지는 것은 자연스러운 일입니다. 하지만 시작할 때는 천천히 하도록 합니다.

3 나중에 박자가 빨라지고 박수 소리가 이어지면 도미노 넘어지는 소리와 비슷하게 일정하게 진행할 수 있도록 합니다.

4 처음에는 한 바퀴를 목표로 연습해 보세요.

2-20 발끝에 힘을 줘!

● 1~6학년 ★★★★★　● 청소년 ★★★★★

서로를 의지해 같은 힘으로 일어서는 놀이입니다. 사람이 많아질
수록 적절한 힘의 분배와 손을 잡는 위치의 변화가 굉장히 중요
해, 협동과 믿음이 무엇보다 필요합니다. 어떻게 하면 성공할 수
있을지 고민해 보고, 여러 번 시행착오를 거친 뒤 방법을 찾아내
성공하는 순간! 환호성은 온전히 아이들의 것이 되지요.

1 네 명이 한 모둠이 된다.

2 모두 발끝을 바닥에 모으고 앉는다.

3 옆 사람과 손 또는 팔목을 잡고 동시에 일어난다.

4 인원수를 늘리면서 활동을 계속한다.

놀이의 팁 Tip

1 시작할 때는 두 명이 했다가 점점 네 명, 여덟 명으로 인원을 늘려 보세요. 그러나 너무 많은 인원이 참여하면 놀이가 힘이 듭니다.

2 손을 잡고 일어나기에는 팔 힘이 아직 부족합니다. 인원이 늘어나면 한 사람 건너뛰어서 손을 잡도록 합니다.

3 가끔은 손 잡기보다 더욱 깊숙하게 팔을 넣어 서로의 팔목을 붙잡도록 합니다.

4 실패하더라도 자연스러운 것으로 봐주고, 어떻게 하면 성공할 수 있을지 방법을 찾아보라고 해주세요.

5 잘되는 모둠을 예로 보여 주고 비법을 찾게 하는 것도 좋습니다.

6 믿음과 힘의 균형에 대해 이야기를 나누어도 좋습니다.

2-21 발을 줄여라!

● 1~6학년 ★★★★★   ● 청소년 ★★★★★

아주 단순하지만 효과 만점인 놀이를 소개합니다. 서로 몸을 붙
이고 있다가 정해진 수에 맞도록 바닥에서 몸을 뗍니다. 숫자가
줄어들수록 신체 접촉이 생기고 서로 뒤엉켜야 하는 놀이입니다.
책상을 밀고 모둠끼리 자리 잡도록 한 뒤, 놀이를 진행해 보세요.

놀이 방법 How to play

1   네 명이 한 모둠이 된다.

2   엉덩이와 손, 발을 전부 바닥에 붙인다(네 명이 각각 다섯 군데를 바닥에 대는
    것이므로 총 스무 군데가 바닥에 닿는다). 모두 몸이 붙어서 서로 연결되어 있어
    야 한다.

3   선생님이 숫자를 말하면, 그 수만큼 몸을 바닥에 대고 나머지 부분은 바닥
    에서 뗀다. 이때 서로 연결된 몸이 떨어지지 않아야 한다.

4   선생님은 숫자를 천천히 줄여 가면서 서로 붙고, 버티도록 한다.

놀이의 팁 Tip

1   놀이를 시작할 때는 수를 빠르게 줄여 가다가 네 개부터 하나씩 줄여 갈 때는 아이들에게 시간
    을 많이 줍니다. 서로 머리를 짜내 가장 탄탄하게 버틸 수 있는 몸 구조물을 만들도록 합니다.

2   서로 몸을 꼭 붙이도록 하고, 업거나 안을 수도 있다고 알려 줍니다.

3   선생님이 말하는 숫자에 맞게 바닥에 몸을 댄 상태에서 5초 정도 버티게 합니다.

4   '두 군데'가 남을 때까지 줄이기를 해보세요.

5   놀이의 특성상 남학생 편과 여학생 편으로 나누어 합니다.

2-22 사람 인(人) 만들기

● 1~6학년 ★★★★★　● 청소년 ★★★★★

서로 의지하면서 힘의 균형을 맞추어 몸을 버티는 놀이입니다. 간격이 벌어질수록 서로 등을 대고 버티는 모습이 사람 인(人) 모양을 닮아 갑니다. 상대와 호흡을 맞추고 상대를 믿어야 가능하지요. 힘의 세기와 몸집 크기, 키 높이를 잘 생각해서 균형을 잡아 보세요.

1 두 사람이 짝이 된다.

2 서로 등을 맞대고 선 자세로 동시에 앞으로 한 발짝 움직인다.

3 그 상태에서 10초 정도 버틴다.

4 성공하면 앞으로 각각 한 발짝씩 더 이동한 상태에서 등을 대고 버틴다.

5 할 수 있는 만큼 각자 앞으로 간 뒤 서로 등을 대고 버틴다.

놀이의 팁 Tip

1 상대방의 힘에 맞게 나도 힘을 주어야 균형을 유지할 수 있다고 알려 주세요.

2 너무 무리하지 않을 정도까지 간격을 벌리도록 합니다.

3 간격을 벌릴 때에는 너무 큰 걸음을 떼지 않도록 합니다.

4 공간이 좁다면 앉았다 일어나는 방법으로 방법을 바꾸어도 좋습니다.

2-23 사랑한다 친구야

● 1~6학년 ★★★★★   ● 청소년 ★★★★★

. . . .

안대가 몇 개 있다면, 의미 있고 재미있는 놀이를 진행할 수 있습니다. 평소에 단짝 친구끼리 해도 좋고, 수업 중 동기 유발로 활용할 수도 있습니다. 서로 마주 본 뒤, 친구가 있는 쪽으로 걸어가는 아주 단순한 놀이입니다. 하지만 만나기가 쉽지 않지요.

1 공간이 확보되면 두 명을 뽑는다.

2 교실 가장자리에서 서로를 마주 본 뒤, 친구가 어디에 있는지 눈으로 확인한다.

3 안대를 쓰고 친구가 있는 곳으로 걸어가 서로 손을 잡으면 성공한다.

4 '제자리에서 두 바퀴 돈 뒤 친구 찾으러 가기', '뒤로 가면서 친구를 찾아보기' 등 조금씩 변형하여 단계를 높인다.

놀이의 팁 Tip

1 모두 참여하는 '내 짝을 찾아라!(2-04)' 놀이를 하기 전에 준비 게임으로 사용할 수 있습니다.

2 너무 많이 제자리에서 돌게 하면 중심을 잃고 넘어져 다칠 수 있습니다. 두 바퀴만으로도 충분합니다.

3 위험한 곳 앞에는 안전 요원에 해당되는 학생을 세워 두면 좋습니다.

4 친구를 못 찾고 헤매고 있다면 박수를 세 번 칠 기회를 주세요.

5 두 쌍을 섞어 놓고 각자의 짝을 찾게 하면 더 재미있는 상황이 벌어집니다.

2-24 서로 의지하고 받쳐 주기

● 1~2학년 ★★★☆☆　● 3~6학년 ★★★★☆　● 청소년 ★★★★☆

· · · · · · · · · · ·

두 명이 손을 맞대고 균형을 유지하면서 같은 힘을 주는 놀이입니다. '사람 인(人) 만들기(2-22)' 놀이의 반대 개념이라고 할 수 있습니다. 서로 힘을 주면서 상대의 눈을 바라볼 수 있는 활동입니다. 키와 몸무게, 힘이 비슷한 친구끼리 활동할 수 있도록 해주세요.

1 두 명이 서로 마주 보고 한 걸음 간격으로 선다.

2 서로 손을 맞대고 팔을 펴서 앞으로 민다.

3 팔의 간격에 맞게 뒤로 한 걸음 정도 물러난다.

4 각자 팔에 힘을 주면서 서로 밀어내서 그 거리만큼 뒤로 물러난다.

5 뒤로 갈 수 있는 만큼 물러난 뒤, 서로 손을 맞잡고 힘의 균형 상태를 유지해 본다.

놀이의 팁 Tip

1 장난스럽게 하면 다칠 위험이 있습니다. 안전하게 활동해야 한다고 주의 사항을 알리고 믿음과 힘의 균형에 대해 의미를 부여해 주세요.

2 깍지를 낀 상태로 하면 넘어질 경우 손이 제대로 빠지지 않을 수 있습니다. 손바닥과 손바닥을 맞대고 하게 해주세요.

3 너무 욕심을 부리면 앞으로 넘어지면서 박치기를 할 수도 있습니다.

4 같은 힘으로 서로의 손을 맞잡고 일정한 균형 상태를 유지하도록 합니다.

2-25 손가락 끝으로

● 1~6학년 ★★★★★　● 청소년 ★★★★★

. . . .

믿음과 배려에 대한 이야기를 나눌 수 있는 놀이입니다. 친구와
나를 연결해 주는 손끝을 느끼게 하고, 친구를 믿고 의지하도록
활동을 지도할 수 있습니다. 눈을 가리는 순간 모든 감각이 손끝
으로 모이며 놀라운 집중력이 발휘된답니다. 멋진 음악을 틀어
놓고 친구와 손끝 여행을 떠나 보세요.

1 두 명이 짝이 된다.

2 한 명은 안대로 눈을 가린다.

3 손끝만 댄 상태에서 눈을 가린 사람은 손끝에 최대한 감각을 집중한다.

4 선생님의 신호가 떨어지면 눈을 가린 친구는 이끄는 친구의 손끝을 따라 움직인다.

5 정해진 시간이 지나면 서로 역할을 바꾸어 본다.

놀이의 팁 Tip

1 처음에는 손가락을 걸고 움직이면서 준비 운동을 한 뒤 손끝으로 옮겨 가도 좋습니다.

2 조용한 가운데에서 활동합니다.

3 음악의 종류에 따라 활동의 분위기가 달라지곤 합니다. 차분하고 신비로운 분위기의 음악을 선택해 보세요.

4 손끝으로 이동하는 것뿐만 아니라 위, 아래 등 여러 방향으로도 이끌어 봅니다.

5 이끄는 친구는 빨리 움직이기보다는 천천히 상대를 배려하면서 이동합니다.

6 끝나고 나서 느낌을 나눕니다.

2-26 쓰러지는 친구 받기

● 1~3학년 ★★★☆☆　● 4~6학년 ★★★★★　● 청소년 ★★★★★

뒤로 넘어질 때는 나를 받아 주는 친구를 굳건히 믿어야 합니다.
받아 주는 친구는 든든한 팔로 재빨리 받아 줌으로써 친구에게
믿음을 심어 주어야 하고요. 끝나고 난 뒤 친구와 느낌을 나누는
시간이 무엇보다 중요합니다.

1 두 명씩 짝을 짓는다.

2 한 명은 뒤로 넘어지는 역할, 다른 한 명은 받아 주는 역할을 맡는다.

3 넘어지는 사람은 통나무가 된 느낌으로 무릎, 허리, 등이 꺾이지 않도록 꼿꼿한 상태에서 뒤로 쓰러진다.

4 받아 주는 사람은 한 발을 앞으로, 한 발은 뒤로 뺀 상태에서 두 손을 앞으로 뻗고, 쓰러지는 친구를 완충 장치처럼 받아 준 뒤 앞으로 밀어 준다.

5 성공하면 조금 간격을 벌린 뒤 다시 시도한다.

6 역할을 바꾸어 경험한다.

놀이의 팁 Tip

1 몸집과 힘의 크기가 맞는 친구끼리 짝이 되도록 합니다.

2 뒤로 쓰러질 때 불안감으로 무릎이 꺾이거나, 한 발이 뒤로 가서 멈춰 버리는 경우가 있습니다. 친구를 믿으라고 해주세요.

3 받는 사람은 손을 뻗어서 앞사람 등 바로 뒤에 손을 갖다 댑니다. 쓰러질 때 바로 손이 등에 닿도록 하여 쓰러지는 친구에게 안정감을 줍니다. 친구를 받은 뒤에는 반동을 이용해 앞으로 다시 밀어 줍니다.

4 혹시 넘어졌을 때 다칠 만한 물건이 없는 곳에서 합니다.

5 안대를 이용해도 되지만 눈을 감고 해도 충분합니다.

2-27 우리는 하나

● 1~2학년 ★★★☆☆　　● 3~6학년 ★★★★★　　● 청소년 ★★★★☆

. . . .

참여한 아이들을 하나로 연결할 수 있는 놀이입니다. 친구는 내 무릎에 앉고, 나는 친구의 무릎에 앉으면서 편안한 상태를 유지해야 하지요. 매우 어렵기는 하지만, 성공하는 순간 큰 의미를 가져오는 활동입니다. 친구를 믿는 여러 놀이의 종착점이라 할 수 있습니다.

1 둥그렇게 선다.

2 발끝이 앞 친구의 실내화 뒤꿈치에 닿도록 몸을 밀착한다.

3 선생님의 신호에 따라 뒤 친구의 허벅지 위에 앉는다.

4 힘을 빼고 편안하게 앉은 상태를 몇 초 유지한다.

놀이의 팁 Tip

1 원을 만들어 설 때, 간격을 좁히기 위해 빙빙 도는 경우가 있습니다. 원 안쪽으로 한 발짝씩 들어오게 합니다.

2 원을 만들 때는 발을 보면 좋습니다. 실내화가 다닥다닥 붙어서 예쁜 원을 만들고 있으면 매우 잘됩니다.

3 친구를 믿지 못해서, 아니면 피해를 줄까 봐 혼자 힘을 잔뜩 주고 땀을 흘리는 아이가 있습니다. 힘이 분산되어서 서로 편안하게 앉을 수 있다고 알려 주세요.

4 편안한 상태가 잘 유지되면 '오른발, 왼발, 오른발 왼발' 이렇게 몇 걸음 앞으로, 때로는 뒤로 걸어 보면서 더 깊은 활동으로 나갈 수 있습니다.

5 활동이 끝나면 느낌을 나누어 보세요.

2-28 움직이는 동그라미

● 1~6학년 ★★★★★　　● 청소년 ★★★★★

원의 중심에 해당되는 친구와 적절한 거리를 유지하면서 몸을 움직이는 놀이입니다. 역동적이면서 동시에 움직여야 하므로 협동심도 필요하지요. 원의 중심에 서서 친구들을 이리저리 움직여보세요. 음악에 맞추어 한다면 더 흥미로운 놀이가 된답니다.

1 열 명이 한 모둠이 되어 둥그렇게 선다.

2 한 명을 정해서 원의 중심에 서도록 한다.

3 원의 가장자리에 해당된 사람은 원의 중심과 거리를 잘 확인한다.

4 원의 중심에 해당되는 사람은 천천히 움직인다.

5 원의 둘레에 해당하는 나머지 사람들은 같은 거리를 유지하면서 함께 움직인다.

6 돌아가면서 원의 중심 역할을 한다.

놀이의 팁

1 원의 중심 역할을 할 때는 천천히 움직였다가 속도를 점점 높여 봅니다.

2 원의 크기를 작게, 크게 만들어서 활동할 수 있습니다. 장소에 따라 응용해 보세요.

3 음악을 틀어 놓고 음악의 느낌에 맞게 움직이도록 합니다.

4 열 명 정도의 모둠으로 시작했다면 나중에 반 전체가 원이 되어 봅니다. 훨씬 역동적이고 재미있습니다.

2-29 의자는 어디에?

● 1~6학년 ★★★★★   ● 청소년 ★★★★☆

공간 지각 능력과 감각 기관을 모두 사용해야 하는 놀이입니다.
의자가 있는 곳을 파악한 뒤 눈을 감은 채 그곳까지 도착해 앉아
야 합니다. 거리가 멀어질수록 성공 확률이 떨어지므로, 넓은 공
간에서 하는 게 훨씬 흥미롭습니다. 신중하게 방향과 거리를 계
산하여 나의 감각을 믿는 놀이!

1 적절한 인원으로 모둠을 나누고 각 모둠에 의자와 안대를 준다.

2 출발선을 정해 놓고 적절한 거리를 두어 의자를 놓는다.

3 출발선과 의자와의 거리, 방향을 잘 기억한 뒤에 안대로 눈을 가리고 의자가 있는 곳을 가늠해 찾아가 앉는다.

4 의자의 위치를 바꿔 가면서 차례로 활동한다.

놀이의 팁 Tip

1 출발하기 전 몇 걸음 걸어갈 것인지 외치고 활동하게 해도 됩니다.

2 때로는 의자까지 걸어간 뒤, 출발선으로 돌아와 안대를 쓰고 의자를 찾아가게 해도 좋습니다.

3 안대가 없으면 눈을 감고 해도 좋지만, 안대가 있다면 더 큰 집중력으로 활동할 수 있습니다.

4 공간이 넓어지면 더욱 어려워집니다. 소강당 등에서도 활동해 보세요.

5 모둠이 적어지고 기다리는 학생이 많다면 소란스러워집니다. 모둠을 늘려서 여러 번 경험할 수 있도록 해주세요.

2-30 이구동성

● 1~6학년 ★★★★★ ● 청소년 ★★★★★

학교 옥상에서 한 글자씩 여러 명이 외치는 것을 운동장에 선 아이들이 듣고 맞혀 보는 활동을 교실로 옮겨 온 것입니다. 수업 중에 나온 단어, 사자성어, 영화 제목, 인기 연예인 등 아이들이 좋아할 만한 것으로 응용하면 더욱 친밀감을 형성할 수 있습니다.

········· 놀이 방법 How to play

1 네다섯 명이 한 모둠이 된다.

2 모둠 인원수에 맞는 음절의 단어를 토의해서 정한다.

3 각자 한 음절씩 나누어 발음하기로 결정한다.

4 앞으로 나가서 진행자가 "하나 둘 셋" 하면 동시에 한 음절씩 말한다.

5 앉아 있는 친구들은 이구동성으로 말한 단어를 맞혀 본다.

놀이의 팁 Tip

1 동시에 말하도록 해야 합니다. 그러기 위해서 앉아 있는 친구들이 "하나, 둘, 셋!!!" 구호를 외쳐 주면 좋습니다.

2 처음에는 네 명이 시작했다가 다섯 명, 여섯 명까지 늘려도 좋습니다.

3 모두가 들을 수 있도록 큰 소리로 외칩니다.

4 선생님이 단어를 각 모둠에 제시해도 좋지만 아이들에게 단어를 생각하게 하고 토의할 기회를 주면 좋습니다.

2-31 장애물 통과

● 1~2학년 ★★★☆☆　● 3~6학년 ★★★★★　● 청소년 ★★★★★

둘씩 짝이 되어 다양한 장애물을 만들어 보고, 돌아가면서 그곳을 통과해 나가는 스릴 만점 놀이입니다. 교실에 빈 공간이 있다면 짝꿍끼리 마주 보게 한 뒤에 다양한 장애물을 만들도록 해보세요. 친구를 궁지에 몰아넣을 장애물을 고안하느라 아이들은 번득이는 아이디어와 창의력을 발휘하게 된답니다.

1 두 명이 짝이 되고, 어떤 장애물을 만들지 생각해 본다.

2 장애물을 만들고 연습한 뒤에는 장애물들을 연결하여 반 전체가 장애물 터널을 만든다.

3 맨 끝에 있는 사람부터 장애물 터널을 통과한다.

4 다 통과한 뒤에는 다시 장애물을 만들어 연결한다.

5 친구들이 돌아가면서 모두 장애물을 통과할 때까지 놀이를 진행한다.

놀이의 팁 Tip

1 가끔 장애물을 통과하는 친구를 진짜로 때리는 경우가 있습니다. 활동 전에 주의를 줍니다.

2 장애물이 되었을 때 친구가 다칠 것 같으면 재빨리 멈추라고 약속합니다.

3 장애물을 요령껏 피해 가는 친구를 경험하면 동작을 바꾸는 경우도 있습니다. 처음 정한 동작은 바꿀 수 없도록 정합니다.

4 장애물은 사람이 빠져나갈 수 있을 정도의 간격과 속도를 생각해서 만듭니다.

2-32 친구야, 우릴 믿어 봐!

● 1~4학년 ★☆☆☆☆　● 5~6학년 ★★★★☆　● 청소년 ★★★★★

믿음과 배려, 집중을 한꺼번에 경험할 수 있는 놀이입니다. 친구의 안전과 소중한 체험을 위해 모두가 집중하고 특별한 의식을 치르듯 경건하게 활동합니다. 여러 믿음 놀이 가운데에서 가장 고난위도이면서 강렬한 느낌으로 남는 활동입니다.

1 한 사람은 바닥에 눈을 감고 눕고 다른 여러 사람은 그 친구의 주변을 둘러싼 뒤 한쪽 무릎을 꿇고 앉는다.

2 두 손을 누워 있는 친구의 몸 아래에 조심스럽게 넣는다.

3 신호에 맞추어 누워 있는 친구의 몸을 무릎 높이까지 올린다.

4 무릎을 펴면서 친구의 몸을 허리까지 올린다.

5 허리를 펴고 일어나 친구의 몸이 기울어지지 않도록 조심스럽게 어깨 높이까지 올린다.

6 몇 걸음 이동한 뒤 반대로 조심스럽게 바닥에 내려놓는다.

7 돌아가면서 차례로 바닥에 누워 몸이 들리는 것을 경험한다.

놀이의 팁 Tip

1 다치지 않게 조심히 활동하도록 당부합니다.

2 친구의 몸을 꽉 잡는 것이 아니라 받쳐 주듯이 부드럽게 올려야 합니다. 몸이 들리는 친구에게는 친구들이 바닥과 같은 역할을 한다고 안내합니다.

3 팔이나 다리를 받쳐 주는 사람은 무게가 가벼워서 한순간 번쩍 들어 올리는 경우가 있습니다. 머리 쪽이 아래, 다리가 위로 가는 순간 누워 있는 사람은 굉장히 불안해집니다. 힘의 균형과 몸의 수평을 유지하여 한쪽으로 기울어지지 않게 들도록 주의를 주세요.

4 누워 있는 사람이 거부하면 몸을 허리나 어깨 높이까지만 경험하게 하고, 과감히 용기를 낸 친구라면 손을 위로 뻗어 천장을 향해 높이 들어 올려 봅니다.

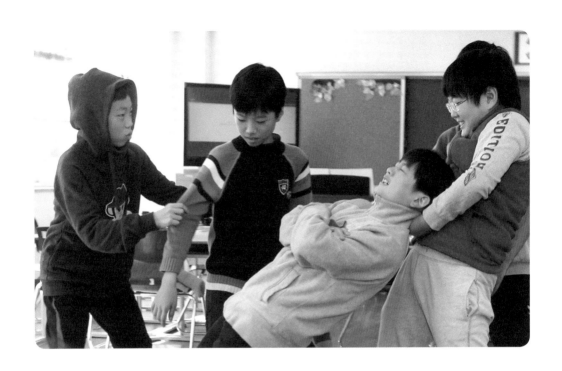

2-33 통나무 들어 올리기

● 1~4학년 ★★☆☆☆ ● 5~6학년 ★★★★☆ ● 청소년 ★★★★★

몸을 뻣뻣한 통나무로 만들고 친구가 나를 일으켜 세워 보는 활동입니다. 간단한 요령만으로 친구를 들어 올릴 수 있는데, 서로를 믿어야 가능한 놀이랍니다. 저학년보다는 고학년에 어울리고, 전체가 하기보다는 다른 활동을 진행하기 전 몇 명이 워밍업으로 하는 것이 좋습니다.

1 두 명이 짝이 된다.

2 한 명은 통나무가 되고, 한 명은 들어 올리는 사람이 된다.

3 통나무에 해당되는 사람은 바닥에 눕고, 다른 사람은 누운 사람의 머리맡에 앉는다.

4 앉아 있는 사람은 누운 친구의 목 아래에 손을 넣어 깍지를 낀다.

5 누워 있는 사람은 무릎, 허리, 목 등에 힘을 주고 몸을 뻣뻣한 통나무처럼 만든다.

6 앉은 사람은 순간적으로 힘을 주고 일어나면서 친구를 일으켜 세운다.

놀이의 팁 Tip

1 체격이 비슷한 친구끼리 짝을 짓도록 합니다.

2 잘못하면 목을 다칠 수도 있습니다. 다치지 않도록 조심할 것을 미리 당부합니다.

3 잘되는 한두 명의 아이를 뽑아 시범을 보여 준 뒤 전체 활동을 시작합니다.

4 몸을 뻣뻣하게 만드는 통나무의 역할이 중요합니다. 힘을 주지 않으면 허리가 꺾여 앉는 모습이 연출됩니다.

5 들어 올릴 때는 중간에 손을 놓으면 절대 안 됩니다. 일어날 때 힘을 주면서 재빨리, 끝까지 들어 올리도록 합니다.

2-34 파도타기

● 1~4학년 ★★☆☆☆　● 5~6학년 ★★★★☆　● 청소년 ★★★★★

몸을 이완시키고 긴장이나 두려움을 풀어 주는 데 도움이 되는
놀이입니다. 한 사람은 다른 한 사람을 믿어야 하고, 또 상대방이
다치지 않도록 책임지고 몸을 움직여야 하므로 고도의 집중력과
체력이 필요합니다. 파도 위를 떠다니는 배처럼 흔들리고 출렁이
는 느낌을 즐겨 보세요.

1 키가 비슷한 사람끼리 짝을 지어 등을 맞댄다.

2 한 사람은 상대의 허리에 엉덩이를 댄 채로 상대에게 몸을 맡긴다.

3 상대는 그가 등에 누울 수 있도록 점점 바닥에 엎드린다.

4 완전히 엎드리고 나면 천천히 위아래로 움직여, 위에 있는 사람이 파도 위에 떠 있는 것처럼 느끼도록 한다.

5 몇 분이 지나면 역할을 바꾼다.

놀이의 팁 Tip

1 뒤에서 발을 잡는 학생은 균형을 유지하는 역할을 합니다. 너무 꽉 잡고 있으면 넘어지려고 할 때 발을 움직일 수 없어서 다칠 수 있습니다.

2 아래에서 몸을 움직이는 사람은 친구가 다치지 않도록 해야 합니다. 중간에 힘을 갑자기 빼 버리면 위의 친구가 불안해하고 다칠 수 있음을 알리고 주의를 당부합니다.

3 돌아가면서 체험하는데, 만약 이 활동을 꺼리는 학생이 있다면 억지로 경험하게 하지 않습니다.

4 여러 명이 둘러싼 상태에서 경험하도록 하는 것도 안전하고 좋습니다.

2-35 하나의 선

● 1~6학년 ★★★★★   ● 청소년 ★★★★★

. . . .

활동 중간중간에 쉬어 가는 놀이로 할 수도 있고, 워밍업 게임으로도 적합한 놀이입니다. 공간을 탐색하는 재미가 있으며 반 전체에 의미를 부여할 수 있는 놀이입니다. 운동이 부족하다고 느낄 때, 아이들이 따분해 보일 때, 이곳저곳으로 껑충 뛰어다니다가 하나로 연결되는 짜릿함을 느끼게 해주세요.

1 공간을 확보하고 자유롭게 선다.

2 선생님이 "하나, 둘, 셋" 하고 외치면 모두가 자신이 원하는 방향으로 한 걸음 크게 뛴다.

3 각자 서 있는 공간을 확인하고 비어 있는 곳과 사람들이 모여 있는 곳을 확인한다.

4 다시 신호와 함께 원하는 방향으로 한 걸음 크게 뛴다.

5 공간을 확인해 보고 모두가 공간에 꽉 차게 서 있으면 손을 길게 뻗어 누군가와 연결한다.

6 활동을 몇 차례 한 뒤 전부 하나로 연결되었는지 확인한다.

놀이의 팁 Tip

1 한 발짝 뛸 때는 누가 어디로 뛸지 모르기 때문에 부딪치는 경우가 있습니다. 너무 세게 뛰지 않도록 합니다.

2 비어 있는 공간으로 뛰게 하거나, 한 번도 만나지 못한 친구 쪽으로 뛰기 등 다양하게 지시어를 변형하여 여러 방향으로 뛰도록 유도합니다.

3 모두 한 곳에 몰려 있으면 비어 있는 또 다른 공간이 생깁니다. 공간에 균일하게 꽉 차도록 뛰게 합니다.

4 하나의 선으로 연결되면 만세를 부르거나 함성을 질러 하나가 됨을 강조하면 좋습니다.

2-36 한곳을 바라봐!

● 1~6학년 ★★★★★ ● 청소년 ★★★★★

텔레파시 놀이 가운데 하나입니다. 두 사람이 같은 곳을 바라볼
확률은 얼마일까요? 마음이 척 맞아야 성공! 고개만 돌리는 아주
간단한 방식이지만, 까르르 재미있게 여럿이 즐길 수 있답니다.

1 두 명이 짝이 짓는다.

2 몸이 닿지 않도록 등을 맞대고 서거나 앉는다.

3 선생님의 신호에 따라 각자 오른쪽 또는 왼쪽을 바라본다.

4 3회 또는 5회 했을 때 짝과 같은 방향을 바라보는 횟수가 몇 번이나 되는지 확인한다.

5 소감을 나누고 짝을 바꾸어 가며 진행한다.

놀이의 팁 Tip

1 100퍼센트 같은 곳을 바라본 친구들은 손을 들고 만세를 외치게 해보세요. 소감을 들어 보아도 좋습니다.

2 자꾸 실패한다면 서로 안아 주면서 "미안하다 친구야!"라고 이야기해도 좋습니다.

3 성공하면 "사랑한다 친구야!" 하면서 안아 줍니다.

4 부모와 자녀, 선생님과 제자, 이성 친구끼리 등 다양하게 짝을 지어 해보세요.

2-37 흡혈귀를 피해라! _1단

● 1~2학년 ★★★☆☆　　● 3~6학년 ★★★★★　　● 청소년 ★★★★★

. . . .

긴장감 속에서 청각에 집중하는 놀이입니다. 흡혈귀의 음산한 소
리를 피해 마지막까지 살아남아 보세요. 피할 때는 다치지 않도
록 조심히 움직입니다. 무섭지 않게 응용할 수 있는 방법을 찾아
서 다양하게 활용해 보세요.

1 놀이할 공간을 확보한다.

2 아이들에게 안대를 나누어 준다.

3 술래를 정한 뒤 모두 안대로 눈을 가린다. 술래는 흡혈귀가 된다.

4 선생님이 신호를 하면 다 함께 천천히 움직인다.

5 흡혈귀가 된 술래는 두 손을 모으고 손가락을 앞으로 향한 뒤, "스스스스스스……" 소리를 내며 움직인다.

6 흡혈귀에게 찔린 사람은 "으악!" 소리와 함께 흡혈귀로 변하고 "스스스스……" 소리를 내며 움직인다.

7 정해진 시간이 지나면 모두 멈춘 뒤, 살아남은 사람을 확인한다.

놀이의 팁 Tip

1 "스스스스스스……" 소리를 최대한 크고 무섭게 내 봅니다.

2 소리가 너무 무섭게 느껴져 교실 한쪽에 붙어 있거나 움직이지 않고 굳어 있는 사람이 있습니다. 계속 움직여야 한다고 알려 주세요.

3 흡혈귀가 흡혈귀에게 찔리면 "하하하" 하고 웃으면서 다시 사람으로 돌아오는 규칙을 정할 수도 있습니다.

4 반드시 안대를 쓰도록 합니다.

5 너무 무서워하는 아이는 놀이에서 빼 주세요.

2-38 흡혈귀를 피해라! _2단

● 1~2학년 ★★★☆☆　　● 3~6학년 ★★★★★　　● 청소년 ★★★★★

교실에서 가장 안전한 장소는 어디일까요? 흡혈귀들을 피해서
살아남는 생존 게임으로 촉각이 강조되는 감각 놀이입니다. 흡혈
귀가 내 쪽으로 점점 다가올 때 가슴은 콩닥콩닥, 긴장감은 최고
조에 이릅니다. 흡혈귀가 흡혈귀를 잡게 되면 교실 안은 배꼽이
빠질 정도로 웃음이 넘친답니다.

1 흡혈귀를 다섯 명 정도 뽑는다.

2 흡혈귀로 뽑힌 아이들은 안대로 눈을 가린 뒤 칠판에 한쪽 손을 붙이고 약 30초 정도 기다린다.

3 나머지 아이들은 교실 곳곳으로 흩어져 흡혈귀에게 잡히지 않을 만한 곳에 자리를 잡는다.

4 선생님이 신호를 하면 흡혈귀 학생은 천천히 교실 이곳저곳을 더듬으며 생존자를 찾아 다닌다.

5 흡혈귀의 손에 닿은 아이들은 흡혈귀가 처음에 출발했던 칠판으로 가서 손을 붙이고 선다.

6 살아남은 학생이 다섯 명 정도 남았을 때 흡혈귀는 눈을 뜨고 생존한 친구가 어디에 숨어 있었는지 확인한다.

7 살아남은 학생은 새로운 흡혈귀가 된다.

놀이의 팁 Tip

1 흡혈귀가 걸어 다니다가 다치지 않도록 교실을 잘 정비합니다.

2 아이들은 숨는 데 적절한 장소를 찾다가 과열되기도 합니다. 아이들이 흥분하지 않도록 주의를 주세요.

3 시작하기 전에 위험한 장소를 일러 주고 그곳은 피할 것을 당부합니다.

4 안대로 눈을 확실히 가리도록 해주세요. 슬쩍슬쩍 훔쳐보면 정말로 재미없는 놀이가 됩니다.

감동과 행복을
만드는 교실 놀이

239

3부
교실 속 물건을 이용해 놀아요

교실에 있는 물건을 이용해 재미있는 시간을 보낼 수 있습니다.
체육, 영어 등 교과 전담 선생님들께 잠깐 빌릴 수 있는 수업 물품을 이용해도
즐겁고 스릴 만점인 놀이를 즐길 수 있지요.
서로 대결하며 경쟁하는 놀이도 있고, 기초 체력을 길러 주는 놀이도 있답니다.
교실에서 다양한 방법으로 놀아 보세요.

3-01 개와 뼈다귀

● 1~6학년 ★★★★★ ● 청소년 ★★★★☆

뼈다귀를 훔치러 오는 떠돌이 개들을 총으로 쏴서 자리로 보내는 놀이입니다. 안대로 눈을 가리고 온 감각을 청력에 집중해서 뼈다귀를 지키도록 해야 합니다. 참여하는 사람도 놀이 상황을 지켜보는 사람도 점점 긴장하며 몰입합니다. 뼈다귀를 빼앗기 위해 숨죽이고 살금살금 기어가는 묘미를 즐겨 보세요.

········· 놀이 방법 *How to play*

1 교실에 활동할 공간을 확보하고 한쪽 벽에 모두 앉은 뒤 사냥꾼을 뽑는다.

2 다른 쪽 벽에 의자를 하나 놓고, 그곳에 사냥꾼에 해당되는 사람이 눈을 가리고 앉는다.

3 의자 밑에 (교실 속 물건 중 하나를 이용해) 뼈다귀에 해당하는 물건을 놓는다.

4 앉아 있는 사람 중 한 명이 떠돌이 개가 되어 뼈다귀를 가지러 살금살금 기어간다.

5 사냥꾼은 소리가 나는 쪽을 가리키며 크게 "빵" 하고 외친다.

6 사냥꾼 손이 떠돌이 개를 가려내면 실패로 간주하고 자리로 돌아간다.

7 사냥꾼의 총을 피해 몰래 뼈다귀를 차지한 떠돌이 개가 다음번 사냥꾼 역할을 한다.

놀이의 팁 Tip

1 한 사람이 떠돌이 개가 되어 뼈다귀를 가지러 출발하면, 다른 사람은 출발할 수 없습니다.

2 사냥꾼은 한 사람당 세 발 정도만 총을 쏘도록 약속합니다.

3 서너 명이 동시에 떠돌이 개가 되어 출발하도록 응용해도 됩니다.

4 사냥꾼이 "빵!" 하고 총을 겨눌 때 손동작이 너무 빠르면 누구를 지목했는지 정확히 판단할 수 없습니다. "빵!" 하고 한 곳을 몇 초간 가리키도록 약속합니다.

5 사냥꾼이 집중할 수 있도록 조용한 가운데에 놀이하도록 합니다.

3-02 공기놀이 릴레이

● 1~6학년 ★★★★★　● 청소년 ★★★★★

· · · · · · · · · · · ·

고학년이 되어도 의외로 공깃돌을 잘 잡지 못하는 아이들이 있습니다. 공기놀이를 응용하여 모둠 경기를 하면 반 전체의 실력을 가늠할 수도 있고, 릴레이 경기에 변수가 생겨 뜻밖의 재미를 맛볼 수 있습니다. 교실에서 공깃돌 다섯 개로 모두 즐길 수 있는 놀이를 소개합니다.

놀이 방법 How to play

1 교실에 활동할 공간을 확보하고 아이들을 두 모둠으로 나눈다.

2 한쪽에 출발선을 정하고, 다른 쪽에 책상 두 개를 놓고 그 위에 공깃돌을 다섯 개씩 놓는다.

3 선생님의 신호와 함께 출발해서 공기놀이 1단을 한 뒤 성공하면 돌아와서 다음 친구를 터치한다.

4 만약 실패하면 성공할 때까지 계속한다.

5 돌아가며 1단을 성공해서 모두가 먼저 들어오면 이긴다.

놀이의 팁 Tip

1 1단 외에 여러 단계를 적절히 혼용할 수 있습니다.

2 공기놀이를 잘 못하는 아이도 있습니다. 다섯 번 정도 도전해서 실패하면 잘하는 흑기사가 대신 해줄 수 있도록 변칙을 두면 재미있습니다.

3 놀이하기 전에 미리 공기놀이를 연습하도록 합니다.

3-03 공기의 도움으로

● 1~6학년 ★★★★★　　● 청소년 ★★★★★

· · · · · · · · · · · · ·

휴지 한 장만으로도 재미있는 릴레이 경기를 할 수 있습니다. 공기의 저항을 이용해서 화장지를 고정시키면서 또 속도감도 즐길 수 있지요. 전 학년이 모여 진행하는 학년 체육 시간이나 강당 체육 시간에 아주 흥겹게 놀 수 있답니다. 교실이나 강당에서 마음껏 즐겨 보세요.

1 아이들을 두 모둠으로 나눈다.

2 맨 앞사람에게 화장지를 한 장 주고 머리 또는 가슴 위에 놓도록 한다.

3 선생님의 신호에 맞추어 화장지가 떨어지지 않도록 빨리 반환점을 돌아서 온다. 이때 화장지에 손을 대면 안 된다.

4 돌아오면 다음 사람에게 화장지를 건네주고 맨 뒤로 들어간다.

5 화장지가 떨어지면 출발점으로 돌아와서 다시 반환점을 돈다.

6 모두 반환점을 돌아 들어온 편이 이긴다.

놀이의 팁 Tip

1 화장지를 목으로 누르거나 침으로 발라서 붙이는 등 편법을 쓰면 안 된다고 미리 약속합니다.

2 빨리 달릴수록 공기의 저항으로 화장지가 떨어지지 않는다고 미리 이야기해 주면 좋습니다.

3 구기는 것보다 넓게 펴는 것이 좋다고 알려 주세요.

4 사각 화장지도 재미있지만 두루마리 화장지를 여러 칸 뜯어 길게 늘어뜨린 다음 놀이를 진행해도 재미있습니다.

3-04 과자와 젓가락

● 1~6학년 ★★★★★   ● 청소년 ★★★★★

· · · · · · · · · · ·

교실에 과자가 있다는 사실 하나만으로도 아이들은 마냥 들뜹니다. 재료를 준비하는 데 힘이 들긴 하지만 사정이 허락한다면 한 번쯤 해볼 만한 활동입니다. 신중하고 정확한 젓가락질도 중요하지만 어떻게 과자를 나누어 먹을지, 과자를 얼마나 확보할지도 매우 중요한 요소라 아이들이 매우 열중하여 몰입한답니다.

1 아이들을 둘 또는 세 개 모둠으로 나눈다.

2 모두 젓가락을 들고 한 줄로 앉는다.

3 맨 앞사람 앞에 과자가 담긴 그릇을 놓는다.

4 맨 뒷사람에게도 그릇을 하나 준다.

5 선생님의 신호에 따라 맨 앞사람이 젓가락으로 과자를 집어 뒤로 넘긴다.

6 뒷사람은 앞사람의 과자를 집어 자신의 뒤로 또 넘긴다.

7 맨 뒷사람은 앞에서 전달되는 과자를 그릇에 담는다. 정해진 시간이 지나면 그릇에 담긴 과자를 나누어 먹는다.

놀이의 팁 Tip

1 과자를 여러 종류로 준비하면 크기가 달라서 젓가락질도 달라집니다.

2 과자가 떨어지지 않도록 빨리 하는 것보다 신중하게 하도록 합니다.

3 과자가 떨어진 개수만큼 과자 그릇에서 뺀다는 등으로 미리 약속을 하면 떨어지는 과자가 확 줄어듭니다.

4 과자를 나누어 먹을 때 어떻게 하면 사이 좋게 먹을지 토의해 보는 것도 좋습니다.

3-05 교과서 탑 쌓기

● 1~6학년 ★★★★★   ● 청소년 ★★★★★

교과서로 놀 수 있는 방법은 굉장히 많습니다. 서로 의견을 나누고 집중하여 균형 잡힌 탑 쌓기! 아이들끼리 의사소통이 중요하며 멋진 아이디어도 필요한 놀이입니다. 두근거림 속에 환호로 가득 차는 교과서 탑 쌓기 놀이에 도전해 보세요.

1 책상을 밀어 놓고 교실에 공간을 만든다.

2 네 명 정도가 한 모둠이 되어 각각 교과서 다섯 권을 들고 모인다.

3 서로 논의해서 교과서를 가지고 높은 탑을 쌓을 수 있는 방법을 찾는다.

4 정해진 시간 동안 힘을 모아 조형물을 만든다.

5 약속한 시간이 끝나면 교과서 탑 높이를 비교해 본다.

놀이의 팁 Tip

1 처음부터 놀이를 진행하기보다는 탑을 쌓아 보는 연습, 서로 토의할 시간을 충분히 줍니다.

2 모둠별 탑을 쌓기 위해 사용하는 교과서 권수를 1인당 다섯 권 정도로 통일합니다.

3 탑이 무너지면 포기하는 아이들이 한두 명씩 나옵니다. 할 수 있다고 다독여 주세요.

4 놀이가 끝나고 책을 무너뜨릴 때 다치지 않도록 조심합니다.

5 책에 이름을 쓰지 않으면 찾을 때 혼동됩니다. 이름이 적힌 책으로 활동합니다.

3-06 교과서를 펼쳐라!

● 1~6학년 ★★★★★ ● 청소년 ★★★★★

교과서를 펼치는 것만으로도 재미있는 놀이가 됩니다. 때로는 잡지책으로 해도 즐겁지요. 펼친 쪽을 보고 정해진 주제에 맞게 서로 비교해 보는 놀이입니다. 단순하면서도 즐거운 교과서 놀이! 우리가 몰랐던 교과서의 세계를 만날 수 있습니다.

1 교과서를 한 권씩 들고 짝끼리 마주 본다.

2 선생님이 한 가지 주제를 말한다. "사람이 더 많은 곳이 이깁니다", "사진이 있는 쪽이 이깁니다", "그림이 있으면 이깁니다" 등으로 주제는 그때그때 바꾼다.

3 선생님이 신호하면 교과서를 아무 쪽이나 펼친다.

4 선생님이 말한 주제에 맞는 쪽이 이긴다.

놀이의 팁 Tip

1 사회책, 사회과 탐구로 하면 여러 주제로 진행할 수 있습니다.

2 사람이 많은 곳, 사진이 큰 곳, 글씨가 큰 곳 등 여러 주제를 정해 보세요.

3 잡지책으로 하면 더 재미있습니다.

3-07 까꿍 놀이

● 1~6학년 ★★★★★   ● 청소년 ★★★★★

천 뒤에 숨어 있다가 갑자기 튀어나오는 친구의 이름을 먼저 말
하는 놀이입니다. 누가 나타날지 몰라서 은근히 재미있고, 친구
이름을 알면서도 갑자기 입이 굳어 말하지 못하거나 혀가 꼬여
이상하게 부르는 부작용(?)이 속출하기도 하지요. 까꿍 하나로 교
실이 웃음바다가 되는 유쾌한 놀이! 천 두 장으로 해보세요.

1 아이들을 두 모둠으로 나눈다.

2 각 모둠에 천을 한 장씩 주고 천 뒤에 보이지 않게 한 명이 앉는다.

3 선생님이 신호를 하면 천 뒤에 앉아 있던 사람은 벌떡 일어나 상대를 바라 본다.

4 먼저 상대의 이름을 부른 편이 이긴다.

5 돌아가면서 천 뒤에 앉아 놀이를 경험한다.

놀이의 팁 Tip

1 천은 약 2미터 정도의 길이가 좋습니다.

2 천 뒤에 있는 사람이 보이지 않도록 주의합니다.

3 동시에 이름을 부른 경우 목소리가 더 큰 사람이 이긴다는 규칙을 추가해도 좋습니다.

3-08 꼬리잡기

● 1~6학년 ★★★★★　　● 청소년 ★★★★★

협동이 중요한 놀이입니다. 모두 허리를 잡고 길게 선 뒤 상대편
맨 뒷사람의 꼬리를 잡는 놀이입니다. 잡고 잡히면서 아이들이
웃고 땀 흘리는, 고전적인 놀이랍니다.

놀이 방법 _How to play_

1 네 명씩 두 모둠을 만든다.

2 모둠의 구성원은 서로 허리를 잡는다.

3 맨 뒤에 선 사람은 신문지나 천으로 꼬리를 만들어 붙인다.

4 선생님이 신호하면 맨 앞사람이 상대편의 꼬리를 잡으러 뛰어다닌다.

5 줄이 중간에 끊어지거나 꼬리를 잡히면 진다.

놀이의 팁 Tip

1 넘어져서 다치지 않도록 미리 장소를 확인합니다.

2 천이나 신문지로 꼬리를 만들 수 없다면, 뒷사람을 잡는 것으로 규칙을 정합니다.

3 상대방이 다치지 않도록 미리 주의를 줍니다.

4 교실 밖이나 야외에서 하면 더 좋습니다. 공간이 넓어지면 인원수를 늘려서 해보세요.

3-09 꼬리 쟁탈전

● 1~6학년 ★★★★★   ● 청소년 ★★★★☆

. . . .

교실에 신문지가 많으면 할 수 있는 놀이입니다. 앞 시간에 신문
지를 활용한 활동을 했다면 꼬리잡기나 꼬리 쟁탈전으로 연결시
켜서 활동해 보세요. 신문지를 말아 허리춤에 달고 친구의 꼬리
를 잡으려고 달리다 보면 어느새 자기 꼬리가 잡히는 역전의 놀
이! 공간을 확보하고 다치지 않게 즐겨 보세요.

1 신문을 접어 꼬리를 만든다.

2 만든 꼬리를 바지 또는 주머니에 고정시킨다.

3 교실을 돌아다니다가 정해진 신호에 따라 친구의 꼬리를 빼앗는다.

4 자신의 꼬리를 빼앗기면 놀이 장소에서 빠져나온다.

5 일정 시간이 지난 뒤, 남아 있는 친구가 누군지 확인한다.

놀이의 팁 Tip

1 일반 신문의 절반 정도 크기를 사용하면 좋습니다(어린이신문 크기).

2 스테이플러로 신문의 양쪽 끝을 한 번씩 고정하면 간단히 만들 수 있습니다.

3 다치지 않도록 미리 당부합니다.

4 모둠을 나누어 꼬리 쟁탈전을 할 수 있습니다.

5 모둠 놀이를 할 경우에는 대왕 꼬리를 만들어 이것을 빼앗으면 이기는 것으로 규칙을 정하면 좋습니다.

3-10 내가 먼저야

● 1~6학년 ★★★★★　　● 청소년 ★★★★★

'집어! 2탄(1-49)'의 응용 놀이라 할 수 있습니다. 더 많은 움직임과 집중력이 필요합니다. 선생님의 신호와 동시에 물건을 향해 질주하는 아이들의 모습을 기대해 보세요. 과자나 초콜릿 같은 간식거리를 이용하면 느낌이 또 다르겠지요?

1 두 사람이 책상을 가운데에 놓고 다섯 걸음 정도 떨어진 곳에 등을 돌리고
  선다.

2 책상 위에는 손으로 집을 만한 물건을 하나 놓는다.

3 선생님이 신호하면 몸을 돌려 먼저 물건을 집어 드는 사람이 이긴다.

놀이의 팁 Tip

1 물건을 먼저 집은 사람 것을 빼앗아 가지 않도록 당부합니다.

2 공간이 넓으면 간격을 더 벌려서 놀이를 진행해도 좋습니다.

3 물건 대신 작은 과자 한 봉지를 놓고 할 수도 있습니다.

4 한 걸음 뒤에서 시작했다가 조금씩 간격을 벌려 할 수도 있습니다.

3-11 단체 제기차기

● 1~3학년 ★★★☆☆　● 4~6학년 ★★★★☆　● 청소년 ★★★★☆

요즘은 제기를 잘 차는 아이들이 거의 없습니다. 제기차기를 할
수 있는 시간을 따로 마련해 주고 단체 놀이를 진행합니다. 할아
버지, 할머니 때부터 즐겨 하던 놀이라는 것을 알려 주면 아이들
은 더욱 흥미를 가지고 참여합니다. 한 발로 차기, 연속해서 양발
로 차기 등 다양하게 변형해서 의욕을 불어넣어 주세요.

놀이 방법 How to play

1 아이들을 두 모둠으로 나눈다.

2 모둠별로 한 번씩 제기를 돌아가면서 찬다.

3 각자 찬 제기 수를 더한 뒤 다른 모둠의 개수와 비교한다.

4 더 많은 개수를 찬 모둠이 이긴다.

놀이의 팁 Tip

1 제기를 정말 차지 못하는 아이들이 많습니다. 제기가 발에 맞지 않으면 한 번 더 찰 수 있도록 해주세요.

2 제기를 어느 정도 찰 수 있다면 외발로 연속으로 3회 이상 차면 두 배로 인정해 주기, 양발로 4회 이상 차면 세 배로 인정해 주기 등으로 업그레이드할 수 있습니다.

3 활동을 시작하기 전에 연습할 시간을 주세요.

3-12 뒤집어 뒤집어

● 1~6학년 ★★★★★　● 청소년 ★★★★☆

. . . .

수학책 뒤에 있는 카드를 모아서 할 수 있는 놀이입니다. 운동회 때 대형으로 하던 놀이를 교실에서도 간단히 소규모로 할 수 있습니다. 남자와 여자 대결로 할 수도 있고 모둠별로 대결을 할 수도 있답니다.

놀이 방법 How to play

1 교과서 뒤에 있는 카드를 모은다.

2 공간을 확보한 뒤, 아이들을 두 모둠으로 나눈다.

3 카드를 바닥에 골고루 뿌린다.

4 한 편은 카드를 위로, 한 편은 카드를 아래로 뒤집는다.

5 정한 시간이 지난 뒤, 뒤집힘 정도를 파악해 승부를 가른다.

놀이의 팁 Tip

1 같은 모양, 같은 색 카드를 이용해 합니다. 보통 한 수업에서 사용한 카드를 바로 수합하면 좋습니다.

2 카드를 이용한 여러 놀이를 한 뒤에 마지막에 해도 좋습니다.

3 카드를 뒤집어 한쪽에 모아 두거나, 엉덩이로 깔고 앉는 아이도 있습니다. 미리 주의 사항을 이야기해 주세요.

4 카드를 멀리 던지지 않도록 당부합니다.

5 세 번 정도 놀이를 진행해 보세요.

3-13 막대와 함께

● 1~6학년 ★★★★★ ● 청소년 ★★★★★

. . . .

짝과 함께 멋진 표현을 할 수 있는 활동입니다. 손가락과 손가락 사이에 막대를 끼우고, 적당한 힘과 간격을 이용해 막대가 떨어지지 않도록 이동합니다. 신 나는 음악과 함께 즐기면 더욱 좋습니다. 막대를 여러 개 연결해서 여러 사람이 동시에 움직이면 더 다양한 표현과 즐거움을 느낄 수 있습니다.

1 두 명씩 짝을 이룬다.

2 서로 둘째손가락을 내밀어 막대를 지탱한다.

3 음악 소리를 신호로 막대가 떨어지지 않도록 주의하면서 몸을 움직인다.

4 막대가 떨어지면 그 자리에서 막대를 집어 들어 다시 시작한다.

5 정해진 시간 동안 몸을 움직인다.

놀이의 팁 Tip

1 빠른 음악은 아이들을 더욱 즐겁게 합니다.

2 세계의 여러 민속 음악을 돌아가면서 틀어 주면 리듬에 맞추어 몸동작이 달라지는 것을 볼 수 있습니다.

3 두 명씩 했던 활동을 조금씩 늘려서 해보세요. 즐거움과 스릴이 배가 됩니다.

4 막대를 이용해 터널을 만들거나 장애물을 만들어도 좋습니다.

5 막대가 부러지면 끝이 뾰족해 다칠 수 있습니다. 집중해서 활동하도록 주의를 줍니다.

3-14 맨발의 트위스트

● 1~6학년 ★★★★☆ ● 청소년 ★★★★☆

신문지 위에서 신 나게 몸을 흔드는 놀이입니다. 신문지를 바닥에 놓고 열심히 발을 움직여 찢습니다. 음악에 맞추어 춤을 추어도 좋고, 음악은 나 몰라라 막춤을 추어도 좋습니다. 짧은 시간이지만 땀이 날 정도로 몸을 움직여야만 신문지를 찢을 수 있으므로, 아이들이 활동하기에 좋습니다.

1 양말을 벗고 맨발로 선다.

2 신문지 한 장을 바닥에 깐다.

3 음악이 나오면 발로 신 나게 신문지를 찢는다.

4 정해진 시간이 끝나면 신문지를 가장 많이 조각낸 사람이 이긴다.

놀이의 팁 Tip

1 꼭 맨발로 할 필요는 없습니다.

2 아이들이 좋아하는 최신 유행가에 맞춰 하면 더욱 즐겁습니다.

3 신문지를 많이 조각낸 것은 그만큼 열심히 몸을 움직였다는 것이므로 칭찬해 줍니다.

4 신문지 조각을 모아 둘 종이 상자를 미리 준비하면 좋습니다.

5 다른 신문지 활동을 하고 난 뒤 맨 마지막에 하면 좋습니다.

3-15 목걸이 전달하기

● 1~6학년 ★★★★★ ● 청소년 ★★★★☆

. . . .

이 놀이의 묘미는 손을 이용하지 않고 목걸이를 친구에게 전달하는 데 있습니다. 아이들은 쑥스러워하면서도 즐겁게 활동에 몰입합니다. 신문을 가지고 여러 활동을 한 뒤 마무리로 하면 좋습니다. 친구들끼리 신체 접촉이 자연스레 생기면서 친근감을 느낄수 있답니다.

놀이 방법 How to play

1 아이들을 몇 개의 모둠으로 나눈다.

2 신문지와 접착테이프로 커다란 목걸이를 만든다.

3 목걸이가 완성되면 모둠별로 손을 잡고 한 줄로 선다.

4 선생님이 신호하면 손을 이용하지 않고 목걸이를 정해진 곳까지 전달한다.

5 먼저 목걸이를 전달한 모둠이 이긴다.

놀이의 팁 Tip

1 목걸이가 바닥에 떨어질 때만 손을 이용할 수 있습니다.

2 요령이 생기면 인원을 늘려서 해도 좋습니다.

3 맨 뒤로 전달했다가 앞으로 돌아오도록 규칙을 변경해도 좋습니다. 반의 특성에 맞게 변형하세요.

4 손을 이용하지 않고 목걸이를 전달할 수 있는 방법을 탐색하도록 모둠별로 시간을 줍니다.

3-16 미스코리아처럼

● 1~6학년 ★★★★☆　● 청소년 ★★★★★

미스코리아 참가자들의 이야기와 출전 과정을 그린 다큐멘터리를 본 적이 있습니다. 참가자들이 바르고 똑바로 걷기 위해 책을 머리 위에 올려놓고 걷기 연습을 하는 모습을 볼 수 있었지요. '미스코리아처럼'은 그때 착안한 놀이입니다. 단순하지만 많은 집중력을 발휘해야 하며, 차분한 마음이 매우 중요한 놀이입니다.

1 교과서를 한 권 준비한다.

2 책상을 밀어 놓은 뒤 공간이 생기면 머리 위에 책을 올려놓고 걷는 연습을 한다.

3 어느 정도 시간이 지나면 아이들을 두세 모둠으로 나눈다.

4 교실에 의자를 이용해 반환점을 만들고 릴레이를 한다.

5 반환점을 돌아오다 교과서가 떨어지면 다시 출발점으로 돌아가 다시 출발한다.

6 모둠 아이들이 다 들어온 편이 이긴다.

놀이의 팁 Tip

1 걷는 연습을 할 때와 모둠별 대결을 할 때 경쾌한 음악을 틀어 놓으면 좋습니다.

2 빨리 가는 것보다 침착하게 반환점을 돌아오는 게 이기는 관건이라고 알려 줍니다.

3 같은 모둠의 친구가 교과서를 떨어뜨리더라도 잘할 수 있도록 격려해 주라고 당부합니다.

4 쉬는 시간에 각자 머리에서 떨어지지 않을 책을 한 권 미리 준비하도록 해도 좋습니다.

3-17 바운스 바운스

● 1~6학년 ★★★★☆　● 청소년 ★★★★★

모둠이 풍선 한 개로 하나 될 수 있습니다. 서로 손을 잡고 몸을 이용해 풍선이 떨어지지 않도록 합니다. 모둠 구성원의 호흡과 믿음이 무엇보다 중요한 놀이입니다.

1 교실에 활동할 공간을 확보하고 네 명이 한 모둠이 된다.

2 서로 손을 잡고 둥글게 선 뒤, 몸을 이용해 풍선을 위로 튕겨 올린다.

3 잡은 손이 떨어지거나 풍선이 바닥에 닿으면 멈춘다.

놀이의 팁 Tip

1 조금씩 모둠의 인원수를 늘리며 해보세요.

2 위를 바라보며 활동하는 것이라 책상 모서리에 다칠 수 있습니다. 안전한 곳에서 합니다.

3 맨 처음 풍선을 하늘로 올릴 때만 손을 사용하고 그 다음부터는 머리나 배, 등만을 사용할 수도 있습니다.

4 발을 사용하면 다칠 수 있습니다. 발로 차는 것은 위급할 때 한두 번만 사용하라고 안내하고, 가능한 한 사용하지 않는 것을 규칙으로 합니다.

3-18 빨대와 탁구공

● 1~6학년 ★★★★☆   ● 청소년 ★★★★☆

· · · · · · · · · · ·

빨대로 공기를 내보내 탁구공을 상대방에게 보내는 대결 경기입니다. 작은 공간에서도 재미있게 즐길 수 있는 흥미 만점 놀이로, 탁구공을 더 많이 내오고 빨대가 더 많이 등장하면 더욱 박진감 넘치고 치열해진답니다.

1 두 명이 빨대를 손에 들고, 서로 마주 보고 자리 잡는다.

2 훌라후프를 놓고 가운데에 선을 그어 각자의 구역을 정한 뒤 그 안에 탁구공을 넣는다.

3 선생님이 신호하면 빨대에 바람을 불어 탁구공을 상대방 구역으로 보낸다.

4 정한 시간이 지났을 때 상대 구역으로 탁구공을 보낸 사람이 이긴다.

놀이의 팁 Tip

1 인원수를 늘리고 탁구공을 늘리면서 놀이를 진행해도 좋습니다.

2 탁구공에 침이 많이 묻으므로, 놀이가 끝난 뒤에는 탁구공을 씻어 주세요.

3 너무 많은 사람이 붙어 있지 않도록 대결할 공간을 여러 군데 만들어 주세요.

4 빨대는 돌려 불지 않도록 한 사람당 하나씩 줍니다.

3-19 숟가락과 탁구공 _1탄

● 1~6학년 ★★★★☆ ● 청소년 ★★★★★

숟가락과 탁구공만 가지고 멋진 릴레이 놀이를 할 수 있습니다. 숟가락에서 탁구공이 떨어지지 않도록 조심히 반환점을 돌아와 다음 친구에게 그대로 전달하는 경기입니다. 숟가락에서 숟가락 으로 탁구공을 전달하는 데 굉장한 집중력이 필요하고 침착함을 유지해야 하는, 꽤 진지한 놀이입니다.

1 교실에 활동할 공간을 확보한 뒤 두 모둠으로 나누어 선다.

2 한쪽에 출발선을 정해 놓고 다른 쪽에 의자 등으로 반환점을 만든다.

3 선생님이 신호하면 숟가락에 탁구공을 올리고 조심히 반환점을 돌아온다.

4 출발점으로 돌아오면, 손을 대지 않고 다음 친구의 숟가락에 탁구공을 전달한다.

5 모두 반환점을 돌아오는 편이 이긴다.

놀이의 팁 Tip

1 탁구공이 떨어지면 출발점으로 돌아와 다시 반환점을 돌도록 해주세요.

2 탁구공을 뒷사람에게 전달할 때 숟가락에서 숟가락으로 전달합니다. 이때 떨어지면 앞 친구가 손으로 집어 숟가락에 놓고 다시 뒷사람의 숟가락으로 전달합니다.

3-20 숟가락과 탁구공 _2탄

● 1~6학년 ★★★★☆　● 청소년 ★★★★★

앞의 1탄이 릴레이 경기라면, 2탄은 모두 자리에 앉아서 탁구공을 전달하는 놀이입니다. 더 많은 집중력이 필요하고 모두 매 순간 참여해야 하기 때문에 더욱 즐거운 놀이가 됩니다. 집중해서 숟가락에서 숟가락으로 탁구공을 조심스레 옮겨 보세요.

1 교실에 활동할 공간을 확보하고 아이들을 두 모둠으로 나눈다.

2 숟가락을 하나씩 들고 바닥에 앉는다.

3 맨 앞사람은 선생님이 준 탁구공을 차례로 뒷사람에게 전달한다.

4 맨 뒷사람은 전달받은 탁구공을 모은 뒤, 선생님께 가지고 간다.

5 탁구공을 먼저 모아 가져온 편이 이긴다.

놀이의 팁 Tip

1 탁구공이 바닥에 떨어지면 앞 친구가 다시 숟가락에 얹어 뒷사람에게 전달합니다.

2 숟가락 각도를 잘 유지해야 한다고 알려 주고 연습할 시간을 줍니다.

3 놀이할 때 숟가락을 입에 대거나 딴짓을 하지 않도록 당부합니다.

4 탁구공 개수를 하나씩 늘리면서 선생님이 맨 앞 친구에게 주는 것도 좋습니다.

3-21 숟가락과 탁구공 _3탄

● 1~6학년 ★★★★☆ ● 청소년 ★★★★★

· · · · · · · · · · · · ·

숟가락을 입으로 물고 탁구공을 전달하는 경기입니다. 릴레이 형식으로 진행되며 탁구공을 전달할 때 특히 잘 떨어뜨리므로 집중력을 발휘해야 합니다. 교실 뒤쪽에, 아주 좁은 거리를 확보하는 것만으로도 역동적인 릴레이 놀이가 탄생한답니다.

1 교실에 활동할 공간을 확보한 뒤 아이들을 두 모둠으로 나눈다.

2 출발선을 정하고 반대쪽에 의자 등으로 반환점을 만든다.

3 선생님이 신호하면 숟가락을 입에 물고 탁구공이 떨어지지 않도록 반환점을 돌아온다.

4 출발선에 도착하면 손으로 숟가락 위의 탁구공을 들어 다음 친구 숟가락 위에 올린다.

5 먼저 반환점을 다 돌아온 편이 이긴다.

놀이의 팁 Tip

1 입으로 숟가락을 잘 물지 못하는 아이도 있습니다. 연습하고 각자 요령을 찾을 시간을 줍니다.

2 이 놀이에서는 탁구공이 바통 역할을 합니다. 규칙을 잘 지키도록 당부합니다.

3 탁구공이 바닥에 떨어지면 제자리에서 멈추고 다시 탁구공을 올린 뒤 반환점을 돌아오도록 합니다.

3-22 숨은 단어를 찾아라!

● 1~6학년 ★★★★★   ● 청소년 ★★★☆☆

. . . .

재활용하려고 모아 놓은 신문지로 재미있는 놀이를 할 수 있습니다. 칠판에 적힌 단어를 신문 안에서 찾는 놀이입니다. 모둠이 서로 머리를 맞대고 신문지에서 단어를 찾아 완성합니다. 좋아하는 가수와 존경하는 위인, 재미있는 노래 가사나 개그맨의 유행어 등 어떤 것도 다 찾을 수 있답니다.

1 신문지를 한 장씩 나누어 갖는다.

2 필통에서 연필, 형광펜 등 필기도구를 하나씩 준비한다.

3 선생님이 단어를 제시하면 모둠 구성원이 각자의 신문에서 한 글자씩 찾아 모둠 전체가 낱말을 조합해 단어를 완성한다.

놀이의 팁 Tip

1 쉬운 단어에서 시작했다가 점차 어려운 단어로 나아갑니다. '사과', '나무' 같은 일반명사에서 '깐따삐야', '소크라테스' 등 어려운 고유명사로 넘어가면 놀이에 속도감이 붙습니다.

2 같은 방법으로 짧은 단어에서 긴 단어로 진행할 수도 있습니다. '종이', '선생님' 같은 단어에서 시작했다가 '둥근 해가 떴습니다', '아침 바람 찬 바람에 울고 가는 저 기러기' 같은 문장으로 하면 더 재미있습니다.

3 반 아이들의 이름을 찾아보거나 학교 이름을 조합해서 만들어 보세요.

3-23 스모 닭싸움

● 1~6학년 ★★★★★ ● 청소년 ★★★★★

청색 테이프 하나로 교실에 작은 경기장을 만들 수 있습니다. 2
미터 남짓의 작은 공간이지만 아이들은 신 나게 닭싸움을 요령껏
할 수 있지요. 상대를 밀어내거나 넘어뜨리기 위한 닭들의 한판
승부! 보는 아이들도 저마다 응원을 하면서 하나가 됩니다.

1 바닥에 청색 접착테이프를 이용해 2미터×2미터 크기의 정사각형 경기장을 만든다.

2 다치지 않도록 약간의 거리를 두고 모두 앉는다.

3 두 명이 경기장 안으로 들어가 닭싸움을 한다.

4 경기장 밖으로 밀려 나가거나 바닥에 넘어지면 진다.

5 돌아가면서 사각 링 안에서 닭싸움을 한다.

놀이의 팁 Tip

1 청색 테이프를 절반으로 나누어 붙이면 절약할 수 있습니다.

2 네다섯 명이 동시에 들어가서 마지막 한 명이 살아남는 서바이벌 형태로 진행할 수 있습니다.

3 다칠 수 있으므로 경기장을 만들 때는 주변을 잘 살피세요.

4 경기를 보는 친구들에게 응원할 기회를 주면 훨씬 재미있는 시간이 됩니다.

3-24 스피드 컵 릴레이

● 1~6학년 ★★★★★ ● 청소년 ★★★★★

스피드 컵을 빨리 쌓고 원위치 시키는 놀이입니다. 마음이 급할수록 컵이 쌓이는 대신 우르르 공든 컵이 무너지는 경기! 아이들에게 빨리 하는 것보다 정확하게 하는 것이 중요하다는 교훈을 전달할 수 있습니다.

1 교실에 활동할 공간을 확보한 뒤 아이들을 두 모둠으로 나눈다.

2 출발선을 정한 뒤 반대쪽에 책상 두 개를 놓고 스피드 컵 여섯 개를 겹쳐 놓는다.

3 선생님이 신호하면 맨 앞사람이 달려가 컵을 쌓아 놓고 돌아온다(맨 아래 세 개, 그 위 두 개, 맨 위에 한 개).

4 다음 사람은 쌓여 있는 컵을 겹쳐 하나로 만든다.

5 다음 사람은 다시 컵을 쌓고 돌아온다.

6 먼저 들어온 편이 이긴다.

놀이의 팁 Tip

1 컵을 쌓거나 다시 하나로 놓는 것을 잘 계산해서 서 있는 순서를 바꿀 수 있도록 정비 시간을 줍니다.

2 컵을 쌓다 실패하더라도 모두가 최선을 다하고 있다고 이야기해 주세요.

3 스피드 컵은 학교 앞 문구점에서, 바닥에 구멍이 뚫려 있는 것으로 고릅니다.

4 여러 놀이를 함께 섞어 다양한 조합의 릴레이 경기를 만들 수 있습니다.

3-25 신문지 격파

● 1~6학년 ★★★★★　　● 청소년 ★★★★★

아이들은 부수고 찢는 활동을 무척 좋아합니다. 교실 구석에 쌓여 있는 신문지를 이용해 찢고 구멍 내면서 즐겁게 시간을 보내보세요. 마음껏 찢고 격파하는 사이, 어느새 활짝 웃고 있는 아이들을 발견할 수 있답니다.

1 세 명이 한 모둠이 된다.

2 모둠별로 신문지를 다섯 장씩 나누어 갖는다.

3 두 명은 신문을 팽팽하게 잡고 한 명은 신문지를 격파한다.

4 격파할 때는 손가락 끝으로 한다.

5 돌아가면서 한다.

놀이의 팁 Tip

1 신문지를 잡는 사람은 될 수 있으면 팽팽하게 잡아당기도록 합니다.

2 손가락 두 개로 시작했다가 손가락 전부를 사용하도록 발전시켜도 좋습니다.

3 큰 신문지 말고 쪼개진 작은 신문지도 이용해 보세요. 더 작아질수록 찢기 어렵다는 것을 경험할 수 있습니다.

4 끝나고 나면 큰 조각부터 차곡차곡 모아 가져오도록 합니다.

3-26 신문지 길게 늘이기

● 1~6학년 ★★★★★　● 청소년 ★★★★★

· · · · · · · · · · · · ·

조용히 앉아 모두 신문지를 가늘게 찢는 데 집중합니다. 한 장의 신문을 길게 만들기 위해 끈기와 인내를 갖고 도전하지요. 기다랗게 찢은 신문지를 바닥에 펼쳐 놓고 누구 것이 더 긴지 비교해 보는 시간도 흥미롭습니다.

놀이 방법 How to play

1 신문지를 한 장씩 나누어 갖는다.

2 선생님이 신호하면 신문지가 끊어지지 않도록 주의하면서 길게 찢는다.

3 정해진 시간이 지나면 길게 찢은 신문을 교실 뒤쪽이나 복도에서 서로 견주어 본다.

놀이의 팁 Tip

1 신문지 세로 방향은 잘 찢기는데 가로는 잘 찢어지지 않습니다. 어떻게 찢으면 좋을지 고민해 봅니다.

2 신문지가 중간에 끊어지면 포기하는 아이들이 있습니다. 신문지를 새로 가지고 가서 다시 하라고 격려해 주세요.

3 가위를 가지고 길게 자르기로 응용해도 좋습니다.

4 활동이 끝나면 재활용 종이 상자에 잘 모으도록 합니다.

3-27 신문지 눈싸움 _1탄

● 1~6학년 ★★★★★　● 청소년 ★★★★★

신문지만 있으면 아무리 더운 여름에도 눈싸움을 마음껏 할 수 있습니다. 책상을 밀어 놓고 신문지를 들고 모여서 신문지 뭉치를 만들면 된답니다. 신문지 뭉치를 던지다 보면 어느새 땀범벅이 되지요. 선생님도 아이들이 던지는 신문지 눈에 맞아 보세요. 아이들 못지않게 즐거움에 빠질 수 있습니다.

1 교실에 활동할 공간을 확보한 뒤 신문지를 고루 나누어 갖는다.

2 신문지를 절반으로 나누어 한 손에 쥘 수 있을 정도로 뭉친다.

3 두 모둠으로 나누어 교실 양쪽에 선다.

4 선생님이 신호하면 신문지 눈덩이를 던진다.

5 경쾌한 음악과 함께 활동한다.

놀이의 팁 Tip

1 활동하기 전에 다칠 만한 곳은 없는지 위험한 물건은 없는지 미리 확인합니다.

2 가운데에 책상으로 경계를 만들어 놓으세요. 상대방 코앞에서 던지면 다칠 수 있습니다.

3 신문지 몇 장을 모아서 커다란 눈송이를 만들어 아이들 속으로 던지면 또 다른 역동이 생겨 훨씬 재미납니다.

3-28 신문지 눈싸움 _ 2탄

● 1~6학년 ★★★★★ ● 청소년 ★★★★★

아이들도 스트레스가 있습니다. 놀이하기 전에 아이들이 받았던 스트레스에 대해 이야기를 나누고 신문지 덩이를 던지라고 해보세요. 마음껏 소리도 지르고, 스트레스를 날리듯 온몸으로 힘을 쓰고 나면 아이들은 한결 가볍고 경쾌해진답니다.

1 두 모둠으로 나누어 신문지를 한두 장씩 갖는다.

2 교실에 빈 공간을 확보하고 책상 등을 이용해 두 영역으로 나눈다.

3 신문지를 뭉쳐 신문지 덩이를 만든다.

4 스트레스에 대해 간단히 이야기를 나누고, 신문지 덩이를 스트레스로 부르 기로 약속한다.

5 선생님이 신호하면 상대방 영역에 신문지를 던진다.

6 정해진 시간 뒤, 어느 쪽에 더 많은 신문지 덩이가 있는지 헤아린다.

놀이의 팁 Tip

1 신문지 덩이를 던질 때, "꺼져!", "싫어!!"와 같이 스트레스가 해소될 만한 말을 내뱉게 하는 것 이 좋습니다.

2 신문지를 모아서 한 번에 던지는 경우가 있습니다. 크게 방해되지 않는다면 허용해 주세요.

3 날아오는 신문지를 손으로 쳐내 상대 진영으로 보내도 됩니다.

4 활동이 끝난 뒤에는 신문지를 넓게 펴서 어느 편이 더 높게 쌓나 겨루는 식으로 정리를 위한 활 동을 하면 좋습니다.

5 경쾌한 음악과 함께 즐기면 더 좋습니다.

3-29 신문지 눈싸움 _3탄

● 1~6학년 ★★★★★   ● 청소년 ★★★★★

· · · · · · · · · · ·

2학기 중간고사나 기말고사가 끝난 뒤에 했을 때 큰 효과를 보았던 놀이입니다. 때로는 집단 상담이나 심리 치료 프로그램에서 유용하게 쓰이기도 했지요. 자신들을 옥죄고 갑갑하게 했던 시험지를 찢는 것만으로도, 아이들은 스트레스를 날릴 충분한 이유와 즐거움을 찾는답니다.

1 신문지와 몇 달 동안 보았던 시험지를 교실 바닥에 깐다.

2 시험 때문에 답답했던 기억과, 자신을 답답하게 만드는 사람을 떠올린다.

3 고민과 답답함을 전부 시험지와 신문지에 담아 찢기로 한다.

4 선생님이 신호하면 시험지와 신문지를 박박 찢는다.

5 정해진 시간 동안 신문지를 찢고 던져 본 뒤에 느낌을 나눈다.

놀이의 팁 Tip

1 아이들은 시험지를 찢는 행위를 무척 좋아하고 즐깁니다. 시험지를 찢는 것 자체가 아이들에 게는 강렬한 기억으로 남습니다.

2 활동이 끝나면 찢어진 종이를 커다란 봉지에 모았다가 미술 시간에 재료로 쓰면 좋습니다.

3 경쾌한 음악과 함께 활동하면 더욱 좋습니다.

4 활동이 끝난 뒤에는 잠깐 눈을 감게 하고, 시험이 힘든 것이지만 이겨 낼 수 있다는 자기 주문 을 걸 시간을 주세요.

5 100점짜리 시험지는 찢기 싫어하는 경우가 있습니다. 아이가 아쉬워하는 점수의 시험지는 보 관하도록 해주세요.

3-30 신문지 투호

● 1~2학년 ★★★☆☆　● 3~6학년 ★★★★★　● 청소년 ★★★★★

신문지를 돌돌 말아서 앞쪽에 접착테이프를 붙이면 투호 놀이를
할 수 있습니다. 분리수거할 종이 상자 몇 개만 있다면 교실은 순
식간에 전통 투호 놀이장으로 변신! 멋지게 변신한 신문지 화살
로 승부를 가려 보세요.

1 교실에 활동할 공간을 확보하고 네 명씩 모둠을 짓는다.

2 신문지를 돌돌 말아서 기다랗게 만든다.

3 앞쪽 3분의 1정도를 접은 뒤 접착테이프로 붙인다.

4 적당한 곳에 선을 긋고 적절한 거리에 종이 상자를 둔다.

5 모둠 전체의 신문지 화살을 한 사람이 들고 종이 상자에 하나씩 던져 넣는다.

6 모둠 구성원이 돌아가면서 활동한다.

놀이의 팁 Tip

1 신문을 헐렁하게 감지 말고 단단하게 말아서 접착테이프로 마지막 모서리를 붙입니다.

2 앞부분이 약간 무거워야 투호 놀이가 잘됩니다.

3 아주 가까운 곳에서 투호 놀이를 진행했다가 점차 거리를 멀리 합니다.

4 각 모둠별 대표를 선발해 대결을 펼쳐도 좋습니다.

3-31 신문지와 풍선

● 1~6학년 ★★★★★　● 청소년 ★★★★☆

신문지 위에 풍선을 올리고 반환점을 돌아오는 릴레이 경기입니다. 어떻게 해야 팽팽하게 잡아당긴 신문지 위의 풍선이 떨어지지 않도록 달릴 수 있을까요? 함께 호흡을 맞추고, 생각하고, 몸을 움직이면서 많은 의미를 주고받을 수 있는 놀이입니다.

1 교실에 활동할 공간을 확보한 뒤 아이들을 두 모둠으로 나눈다.

2 출발점과 반환점을 정하고 각 모둠은 두 줄로 선다.

3 신문지 한 장을 팽팽하게 잡아당긴 뒤, 그 위에 풍선을 하나 놓는다.

4 풍선이 떨어지지 않도록 반환점을 돌아온 뒤 다음 사람들에게 풍선을 전달한다.

5 풍선을 받으면 같은 방법으로 반환점을 돌아온다.

6 모든 인원이 반환점을 돌아 들어온 편이 이긴다.

놀이의 팁 Tip

1 신문지를 꼭 팽팽하게 잡아당깁니다.

2 풍선이 바닥에 떨어지면 출발점으로 돌아와 다시 시작합니다.

3 반환점을 돌아와 풍선을 전달할 때는 손을 대지 않고 신문지 위에서 신문지 위로 풍선을 전달합니다.

4 처음에는 신문지를 펼쳐서 경기를 하고 나중에는 한 번 접어서 진행합니다.

3-32 실내화 탑 쌓기

● 1~6학년 ★★★★★　● 청소년 ★★★☆☆

. . . .

어떻게 실내화를 쌓느냐에 따라 때로는 예술 작품이 될 수도 있고, 탄탄한 조형물이 될 수도 있습니다. 아이들과 협동심과 균형에 대해 이야기를 나누는 데 도움이 되는 활동이지요. 신고 있던 실내화를 벗어 친구와 함께 멋진 탑을 쌓다 보면 발 냄새는 어느새 사라지고 웃음이 남게 됩니다.

········· 놀이 방법 How to play

1 아이들을 네 명에서 여덟 명씩 모둠으로 나눈다.

2 실내화를 벗어 책상 위에 모은다.

3 선생님이 신호하면 실내화를 쌓는다.

4 정해진 시간 안에 실내화를 가장 높이 쌓는 모둠이 이긴다.

놀이의 팁 Tip

1 시간이 지난 뒤에는 실내화에 손이 가지 않도록 하고, 긴 자로 높이를 재는 것이 좋습니다.

2 적은 인원으로 쌓기를 시작했다면 사람을 늘리면서 해도 좋습니다. 나중에는 남학생과 여학생의 대결로 발전시켜 보세요.

3 잔디밭 등 야외에서는 신발을 이용하세요.

4 실내화 높이 쌓기에서 멋진 조형물을 만드는 활동으로 발전시킬 수 있습니다.

5 실내화가 깨끗한 월요일에 해보세요.

3-33 실내화를 받아라!

● 1~6학년 ★★★★★　　● 청소년 ★★★☆☆

어렸을 때 바구니를 머리에 이고 신발을 던져 바구니 안에 넣던 기억이 납니다. 부모님 세대에서는 고무신을 등 뒤의 지게에 던져 넣었지요. 아이들에게는 메고 있는 가방에 던져 넣도록 했습니다. 의외로 쉽게 받을 수 없는 고난위도의 놀이에 교실은 금세 웃음바다가 되고 말지요.

1 교실에 활동할 공간을 확보한 뒤 서로 간격을 벌리고 선다.

2 가방을 둘러메고 입구를 벌린다.

3 실내화가 쉽게 벗겨지도록 뒤꿈치를 내놓거나 뒤축을 접어 신는다.

4 실내화를 머리 위로 던지고 가방으로 받는다.

놀이의 팁 Tip

1 실내화를 앞으로 던지는 게 아니라 머리 위쪽으로 던지도록 해주세요.

2 너무 힘을 주면 천장에 닿거나 형광등이 깨질 수 있으니 미리 주의 사항을 알려 줍니다.

3 실내화가 깨끗한 날 진행해 주세요.

4 너무 좁은 곳에서 하면 다칠 수 있습니다. 활동할 공간을 확보해 주세요.

3-34 알까기

● 1~6학년 ★★★★★   ● 청소년 ★★★★★

전국에 알까기 열풍이 불었던 적이 있었죠? 교실 속에 있는 공깃돌, 바둑알, 장기알로 알까기 방법을 알려 주세요. 놀이에 집중하는 모습, 환호하면서 책상을 치며 웃는 아이들을 볼 수 있습니다.

1 책상 위에 바둑알을 서로 같은 개수만큼 늘어놓는다.

2 가위바위보로 먼저 공격할 순서를 정한다.

3 차례가 되면 자신의 바둑알을 튕겨 상대방 바둑알을 밖으로 밀어낸다.

4 한쪽 바둑알이 모두 바깥으로 나가면 놀이가 끝나고, 바둑알이 남아 있는 쪽이 이긴다.

놀이의 팁 Tip

1 장기알 또는 공깃돌로 해도 좋습니다. 두 가지 색으로 나누어진 것이라면 모두 가능합니다.

2 선생님이 학생과 함께 하면서 놀이를 보여 주고 쉬는 시간에 하도록 안내해 주면 좋습니다.

3 각 모둠별 알까기 대표를 뽑아 토너먼트를 진행해 보세요.

4 자신 있는 아이는 상대방에게 하나 또는 두 개를 더 놓고 할 수도 있습니다.

5 장기알은 부딪힐 때 이동 방향이 달라져 더욱 재미있습니다.

3-35 어둠 속의 무사

● 1~2학년 ★★★☆☆　● 3~6학년 ★★★★★　● 청소년 ★★★☆☆

캄캄한 어둠 속에서 홀로 검을 들고 청각에 의존해 상대를 찾는 고독한 무사! 신문지 칼로 상대방을 먼저 공격하는 놀이입니다. 앞이 보이지 않으므로 더욱 긴장감이 높아지지요. 마지막까지 살아남은 무사는 누구일까? 숨 막히는 생존 게임이 교실 안에 펼쳐집니다.

1 교실에 활동할 공간을 확보한 뒤 신문지를 한 장씩 나누어 갖는다.

2 신문지를 돌돌 말아 '신문지 칼'을 만든다.

3 눈을 감거나 안대를 쓴다.

4 신문지 칼을 위에서 아래로 내렸다 올리면서 교실을 돌아다닌다.

5 움직이는 소리를 듣고 친구가 있는 쪽으로 가서 상대를 공격한다.

6 신문지에 맞은 사람은 눈을 뜨고 놀이 공간에서 빠져나간다.

7 마지막까지 남은 사람이 누구인지 확인한다.

놀이의 팁 Tip

1 신문지 칼은 꼭 위에서 아래로, 너무 세지 않게 휘두르도록 방법을 통일하고 약속합니다.

2 미리 시범을 보여 주고, 정도가 넘어가면 선생님이 임의로 탈락시키겠다는 강력한 규칙을 적용해 주세요. 그래야 다치지 않습니다.

3 신문지를 너무 단단하게 말면 맞았을 때 꽤 아픕니다. 적당히 말게 해주세요.

4 아이들의 특성상 자꾸 눈을 뜨려고 하므로 안대를 사용하는 게 좋습니다.

5 놀이에서 탈락해 밖으로 나온 아이들이 심판이 되어 지켜보도록 해주세요.

3-36 의자 달리기

● 1~2학년 ★★★☆☆ ● 3~6학년 ★★★★★ ● 청소년 ★★★★☆

의자만 가지고도 교실에서 즐거운 릴레이 경주를 할 수 있습니다. 의자를 주고받으면서 협동심을 발휘하고 우정을 쌓을 수 있지요. 신속하면서도 차분함이 요구되는 경기로 좁은 공간에서도 효율적으로 즐길 수 있습니다.

1 네 명이 한 모둠이 된다.

2 출발점을 정한 뒤 한 줄로 의자에 앉고, 맨 뒤에 빈 의자를 놓는다.

3 맨 뒷자리의 아이가 의자를 앞으로 전달하여, 빈 의자를 맨 앞까지 옮긴다.

4 맨 앞의 아이가 의자를 받아 앞에 놓으면 모두 한 칸씩 앞으로 이동한다.

5 그렇게 생긴 맨 뒤의 빈 의자를 같은 방식으로 앞으로 전달한다.

6 정해진 도착점까지 먼저 도착한 편이 이긴다.

놀이의 팁 Tip

1 의자를 전달할 때는 자리에서 일어나지 않도록 합니다.

2 의자를 바로 앞사람에게 전달할 정도의 힘만 조심스레 사용하도록 안내해 주세요.

3 선생님이 먼저 시범을 보입니다.

4 바닥이 매끄러운 곳에서 하면 훨씬 잘됩니다.

3-37 이사 가기

● 1~6학년 ★★★★★ ● 청소년 ★★★★★

동전 몇 개 있으면 간단하게 할 수 있는 놀이입니다. 책상 위에 사인펜으로 작은 원을 그려 놓고 쉬는 시간에 할 수 있어요. 단순하면서도 승부욕을 자극하는 짝 놀이랍니다.

1 책상 위 가장자리에 같은 크기의 원을 양쪽에 그린다.

2 한 사람은 앞면, 다른 사람은 뒷면으로 같은 수의 동전을 원 안에 넣는다.

3 손가락으로 한 번씩 자신의 동전을 튕긴다.

4 상대방 원 안에 자신의 동전을 모두 옮기면 이긴다.

놀이의 팁 Tip

1 동전을 손가락으로 튕기다 바닥에 떨어지면 자신의 원에서 다시 출발합니다.

2 손가락을 튕겨 중간에 상대방을 밀어낼 수도 있습니다(원 안의 동전은 제외).

3 500원, 100원 등 크기가 다른 동전도 사용해 보세요.

4 쉬는 시간에 아이들에게 할 수 있도록 알려 주세요. 단, 이겼다고 해서 상대의 동전을 모두 가
  져가는 사행성(?) 놀이로 발전하지 않도록 합니다.

3-38 자리만 바꿔

● 1~6학년 ★★★★★　● 청소년 ★★★★★

순발력과 집중력이 필요한 놀이입니다. 긴 막대 하나로 여러 의미를 담아 이야기를 나눌 수 있지요. 막대를 잡고 있다가 옆으로 몸을 재빨리 이동해 옆사람의 막대를 잡아야 합니다. 모두가 성공하면 교실은 그야말로 축제의 아우성이 되지요.

1 열 명이 막대를 바닥에 짚고 둥그렇게 선다.

2 선생님이 신호하면 막대는 그대로 세워 놓고 재빨리 오른쪽 옆 친구의 막대를 잡으러 간다.

3 막대가 쓰러지기 전에 모두가 옆 친구의 막대를 잡는 데 성공했다면 원을 조금 더 크게 만든다.

4 선생님이 신호하면 옆 친구의 막대가 쓰러지기 전에 잡으러 간다.

5 조금씩 원을 크게 만들면서 진행한다.

놀이의 팁 Tip

1 작은 원에서 시작했다가 조금씩 원을 크게 해보세요.

2 막대가 너무 가늘면 부러질 수도 있으니 단단한 막대를 이용합니다.

3 처음에는 선생님이 신호를 주지만 학생들 스스로 "하나 둘 셋!!!!" 구호를 외치는 것도 좋습니다.

4 놀이가 끝난 뒤 느낌을 나누어 보세요.

3-39 재산을 지켜라!

● 1~2학년 ★★★☆☆　● 3~6학년 ★★★★★　● 청소년 ★★★★★

이면지나 수학책 뒤에 붙은 카드를 이용한 놀이입니다. 가위바위보 승부로 재산을 불려 나갈 수도 있고 파산을 할 수도 있습니다. '파산'과 '신용', '개인회생' 등 경제 개념에 대한 이야기를 자연스럽게 해줄 수 있지요. 교과와 결합할 수도 있고 단순하게 놀이로만 접근해도 즐겁게 시간을 보낼 수 있습니다.

1 이면지를 여덟으로 나눈다.

2 여덟 장의 종이는 각자의 재산이 된다.

3 조건을 걸고 선생님 대 학생이 가위바위보를 한다. 조건은 "지면 선생님에 게 종이 한 장을 준다", "이기면 선생님에게 종이를 두 장씩 받아 간다" 등 으로 그때그때 달리할 수 있다.

4 일정한 시간이 지난 뒤 각자의 종이를 확인해 보고 종이가 가장 많은 사람 을 확인한다.

5 종이(카드로 했다면 카드)가 많은 사람이 재물 왕이 된다.

놀이의 팁 Tip

1 '텔레파시 가위바위보'나 '디비디비딥(0-03)' 등을 이용해 다양한 방법으로 놀이를 진행할 수 있습니다.

2 몇 번 종이를 주고받다 보면 종이를 모두 잃어버려 '파산하는' 아이들이 있습니다. 적절할 때 대출을 받을 수 있게 하거나 월급날을 정해 주세요(활동 사이사이 "오늘은 봉급날입니다. 파 산한 친구들은 앞으로 나와 두 장씩 받아갑니다", "대출 받을 친구들은 앞으로 나와 한 장을 가 져가세요" 등으로 응용합니다).

3 선생님은 바구니를 준비해 그곳에 종이를 모아 두었다가 나누어 주는 데 사용하세요.

4 수학 수업이 끝난 뒤 생긴 카드로 하면 더욱 좋습니다.

3-40 젓가락과 공깃돌

● 1~6학년 ★★★★★   ● 청소년 ★★★★★

. . . .

젓가락은 소근육 발달을 도울 뿐 아니라 집중력을 높이고 두뇌 발달을 촉진하는 등 장점이 매우 많은 도구입니다. 교실에서 젓가락을 이용해 시합을 벌여 보세요. 활동 사이사이 젓가락질을 배우며 사고 쳤던(?) 일화, 내 생애 첫 젓가락 이야기 등을 나누며 재미있는 릴레이 경주를 할 수 있답니다.

1 교실에 활동할 공간을 확보하고 두 모둠으로 나누어 선다.

2 출발선을 정하고 반대쪽에 책상을 두 개 놓는다.

3 각 책상에 젓가락 한 벌과 그릇 두 개를 올려놓고 한쪽 그릇에 공깃돌 다섯 개를 넣어 둔다.

4 선생님이 신호하면 맨 앞사람이 뛰어가 젓가락으로 공깃돌 다섯 개를 다른 그릇으로 옮기고 돌아온다.

5 앞사람이 돌아오면 다음 사람이 같은 방법으로 임무를 마치고 돌아온다.

6 모둠 전원이 먼저 돌아온 편이 이긴다.

놀이의 팁 Tip

1 처음 시작할 때는 출발선에서 멀지 않은 곳에 책상을 놓았다가 점차 간격을 벌려서 놀이를 여러 번 진행할 수 있습니다.

2 활동이 끝나고 나서 젓가락질에 얽힌 이야기를 나누면 좋습니다.

3 공깃돌 대신 콩알을 쓰거나 크기가 저마다 다른 물건을 사용해도 좋습니다.

4 주사위를 굴려 나온 개수만큼 공깃돌을 옮기는 형식으로 응용하면 더 흥미롭습니다.

3-41 젓가락과 종이컵

● 1~6학년 ★★★★★　● 청소년 ★★★★☆

젓가락을 입에 물고 종이컵을 전달하는 놀이입니다. 쉬워 보이지만 집중력과 섬세함이 필요합니다. 다양한 크기의 종이컵을 이용해도 좋고 링 모양의 과자를 이용해도 아주 재미있습니다.

1 교실에 활동할 공간을 확보하고 아이들을 두 모둠으로 나눈다.

2 각 모둠은 앞을 바라보고 한 줄로 앉는다.

3 선생님이 신호하면 맨 앞사람이 젓가락을 입에 물고 그 위에 종이컵을 끼운다.

4 손을 대지 않고 뒷사람에게 종이컵을 전달한다.

5 종이컵이 맨 뒷줄까지 먼저 도착한 편이 이긴다.

놀이의 팁 Tip

1 나무젓가락을 쪼개지 않고 하면 좋습니다. 젓가락을 잘 물지 못하는 아이들도 있으니 활동 전에 어떻게 입에 물면 좋을지 생각하게 하고 시범을 보여 주세요.

2 계속 물고 있다가 잘못해서 입을 다칠 수 있습니다. 놀이할 때만 젓가락을 물게 해주세요.

3 종이컵의 개수를 늘리거나 겹쳐서 할 수 있습니다. 때로는 종이컵의 크기를 바꾸어도 재미있습니다.

4 중간에 종이컵이 떨어지면 젓가락에 다시 끼운 뒤 전달합니다.

5 종이컵 대신 링 모양의 과자를 이용해도 좋습니다.

3-42 젖은 종이 떼기

● 1~6학년 ★★★★★ ● 청소년 ★★★★☆

얼굴 근육을 움직여 하는 놀이입니다. 표정이 일그러지고 구겨지므로, 바라보는 사람도 웃고 하는 사람도 웃음을 참지 못하지요. 아주 작은 종잇조각으로도 재미있게 놀 수 있습니다. 친구의 표정이 시시각각 변하는 모습을 함께 지켜보세요. 좁은 공간에서도 얼마든지 즐길 수 있답니다.

1 이면지를 찢는다.

2 교실을 자유롭게 돌아다니다가 두 명씩 짝이 되어 놀이를 진행한다.

3 종이에 물을 묻혀 서로 상대방 얼굴에 붙인다.

4 함께 "시작!"이라고 외친 뒤, 얼굴 근육을 움직여 먼저 종이를 떼어 내면 이긴다.

놀이의 팁 Tip

1 신문지 등 얼굴에 인쇄 흔적이 남는 종이는 피해 주세요.

2 떨어진 종이는 바로 주워서 버리도록 합니다.

3 상대의 얼굴 어디에 붙이느냐가 승리의 관건이므로, 어디에 붙일지 각자 아이디어를 고심하라고 일러 줍니다.

4 종이는 너무 크게 찢지 않도록 하고, 얼굴을 흔들거나 몸을 흔들어 떼는 것은 반칙이라고 미리 당부합니다.

3-43 제기 야구

● 1~3학년 ★★★☆☆　● 4~6학년 ★★★★★　● 청소년 ★★★☆☆

제기차기나 제기 놀이 등 여러 활동을 다 해보았다면, 이번에는 여럿이 함께 즐길 수 있는 제기 야구를 소개해 주세요. 넓은 공간이 필요하지도 않고, 또 야구의 규칙대로 하는 것이라 남자아이들이 특히 좋아합니다. 쉬는 시간에 친구들끼리 즐길 기회를 주면 더욱 좋습니다.

1 교실에 활동할 공간을 확보하고 열 명씩 한 모둠을 이룬다.

2 각 모둠은 공격 팀과 수비 팀으로 나눈다.

3 수비 팀 중 한 명이 투수가 되어 제기를 던지고, 나머지는 제기를 받는 수비수가 된다.

4 공격 팀에서 한 명씩 나와 공격한다. 이때 투수가 던져 주는 제기는 반드시 발로 차야 한다.

5 파울라인은 한 걸음 정도로 정하고, 파울 세 번이면 아웃으로 처리한다.

6 스트라이크 존은 타자가 선 앞쪽의 바닥에 일정한 원을 그려서 정한다.

7 '제기 투수'는 소프트볼의 투수처럼 아래에서 위로 가볍게 제기를 던진다.

8 1, 2, 3루를 정하고 야구의 룰에 따라 경기를 진행한다.

놀이의 팁 Tip

1 공격자가 발로 찬 제기를 수비수가 바로 잡으면 아웃입니다.

2 쓰리아웃이면 공격과 수비를 바꾸고, 제기가 몸에 닿거나 제기를 들고 있는 아이가 진행하는 아이의 몸을 터치하는 경우에도 아웃이 됩니다.

3 제기를 아무리 세게 차도 날아가는 거리에 한계가 있기 때문에 공으로 할 수 없는 상황에 사용하면 좋습니다.

4 야구 게임을 하기 전에 서로 제기를 던지고 발로 차는 연습을 하면 좋습니다.

3-44 주사위 달리기

● 1~6학년 ★★★★★　● 청소년 ★★★★★

. . . .

매번 달리기 잘하는 친구가 이기는 경주를 하다 보면, 다른 아이들은 기운이 빠지겠지요? 달리기에 변수를 만들어 릴레이를 해보세요. 종이나 상자로 커다란 주사위를 두 개 만들어서 강당이나 운동장으로 나가 보세요. 달리기를 못해도 이길 수 있는 달리기 시합! 아이들이 무척 좋아한답니다.

놀이 방법 How to play

1 교실에 활동할 공간을 확보하고 아이들을 두 모둠으로 나눈다.

2 출발선을 정하고 바로 앞에 주사위를 놓고, 반대쪽에 반환점을 만든다.

3 신호가 떨어지면 각 모둠의 맨 앞사람은 주사위를 던지고, 주사위의 눈을 확인한 뒤 주사위를 들고 뛴다.

4 주사위의 눈 수만큼 반환점을 돈 다음 출발점으로 돌아와 주사위를 다음 사람에게 준다.

5 같은 방식으로 모둠의 인원이 계속 경기를 한다.

6 먼저 반환점을 모두 돌아 들어온 편이 이긴다.

놀이의 팁 Tip

1 주사위 수만큼 앉았다 일어서기를 한 뒤에 반환점을 돌아오는 방법으로 응용해도 좋습니다.

2 출발선과 반환점의 거리를 짧게 했다가 차차 거리를 멀게 하면서 진행합니다.

3 주사위가 6이 나오면 탄식이 나오기도 합니다. 누구의 잘못도 아니라는 것을 미리 당부해 둡니다.

3-45 진공청소기

● 1~6학년 ★★★★★　● 청소년 ★★★★★

두루마리 화장지 몇 장과 빨대만 있으면 재미있는 릴레이 놀이를 할 수 있습니다. 빨대로 화장지를 빨아올려 다른 곳으로 옮기는, 색다른 진공청소기가 되는 활동입니다. 놀이 형식이 비슷한 다른 활동과 함께 짝을 지어서 혼합 릴레이로 진행해 보세요. 교실 안이 금세 활기로 가득 차는 것을 느낄 수 있답니다.

1 교실에 활동할 공간을 확보하고 아이들을 두 모둠으로 나눈다.

2 출발선을 정한 뒤 반대쪽에 책상을 놓고 그 위에 작은 그릇을 놓는다.

3 그릇 안에 화장지를 세 장 넣는다.

4 선생님이 신호하면 첫 번째 사람은 뛰어가서 빨대로 화장지를 빨아올려 책상 위로 옮기고 돌아온다.

5 다음 사람은 책상 위에 있는 화장지를 다시 그릇에 넣는다.

6 같은 규칙으로 마지막 사람까지 진행하고 전부 돌아온 편이 이긴다.

놀이의 팁 Tip

1 사각 화장지보다 두루마리 화장지를 한 칸씩 잘라 사용하면 더 좋습니다.

2 너무 열심히 하다 보면 화장지에 침이 묻기도 합니다. 중간중간 화장지를 바꿔 주세요.

3 화장지 두세 장으로 시작했다가 조금씩 개수를 늘려 보세요.

4 빨대는 1인당 한 개씩 사용하고, 작은 것보다는 큰 것을 씁니다.

3-46 짐볼 피구

● 1~3학년 ★★★☆☆ ● 4~6학년 ★★★★★ ● 청소년 ★★★★★

스트레칭 할 때 사용하는 짐볼을 이용해 멋진 피구를 할 수 있습
니다. 공이 크고 탄력이 남달라서 노는 재미가 뛰어난 인기 만점
의 놀이입니다. 체육 시간, 점심시간 등 아이들이 짐볼을 들고 놀
이할 수 있는 시간을 만들어 주세요.

1 원형으로 둘러서서 짐볼 놀이 공간(경기장)을 만든다.

2 두 명이 공격수를 맡고 나머지 아이들은 경기장 안에 들어간다.

3 공격수는 원 밖에서 짐볼을 던진다.

4 짐볼에 맞은 사람은 경기장 밖으로 나와 공격을 한다.

5 마지막까지 남은 두 사람이 새로운 공격수가 되고, 나머지는 경기장으로
  들어가 놀이를 이어 간다.

놀이의 팁 Tip

1 짐볼을 받으면 공격수 중 한 사람을 경기장으로 들어오게 하는 부활권을 써 보세요.

2 짐볼이 크기 때문에 굴리거나 바닥에 튀기며 던지도록 합니다.

3 피하는 사람은 공을 뛰어넘기보다는 양옆으로 피하거나 앉아서 피하도록 합니다.

4 인정사정없이(?) 던지거나 상대의 머리를 맞추는 위험한 행동은 피하도록 당부합니다.

5 원형 형태에서 시작하지만 사각형 구조의 놀이로 진행해도 됩니다.

6 주변에 다칠 만한 곳이 없는지 미리 파악한 뒤 놀이를 진행하고, 선생님이 언제나 옆에 있도록
  합니다.

3-47 쩐의 전쟁

● 1~3학년 ★★★☆☆ ● 4~6학년 ★★★★★ ● 청소년 ★★★★★

수학책 뒤에 있는 카드를 이용한 놀이입니다. 쉬는 시간에 아이들이 노는 것을 보고 방법을 배웠지요. 아이들은 그 당시 유행했던 텔레비전 드라마 제목을 따서 '쩐의 전쟁'이라고 이름 붙이더군요. 수학책 뒤에 붙은 카드를 이렇게 놀이하는 데 사용할 수도 있답니다.

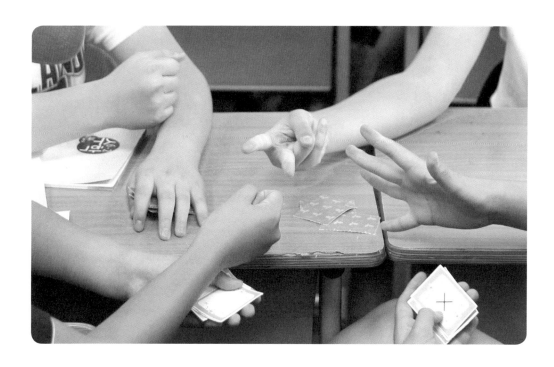

.... 놀이 방법 How to play

1 네 명씩 한 모둠이 된다.

2 각자 카드 한 장을 바닥에 놓고 가위바위보를 한다.

3 이긴 사람은 바닥의 카드를 모두 가지고 간다.

4 같은 방식으로 한 사람이 카드를 모두 차지할 때까지 진행한다.

놀이의 팁

1 인원을 변동해 가면서 해보세요.

2 가위바위보로 할 수도 있지만 '디비디비딥(0-03)'이나 기타 다른 놀이와 결합하여 할 수도 있습니다.

3 놀이가 끝나면 카드를 똑같이 나누어서 다시 시작하도록 합니다.

4 활동이 끝난 카드를 모아서 다른 놀이에도 응용하세요.

3-48 천 씨름

● 1~3학년 ★★★☆☆　● 4~6학년 ★★★★★　● 청소년 ★★★★★

어렸을 때 줄넘기 줄을 가지고 친구들과 씨름 놀이를 한 기억이 있습니다. 허리에 줄을 두르고 상대의 균형을 빼앗으면 그렇게 신 날 수가 없었지요. 이번에는 기다란 천을 써 보았습니다. 교실에 있는 도구 중 유사한 것을 이용해서 즐겨 보세요. 아이들이 웃고 즐길 수 있답니다.

1 두 명이 마주 본다.

2 각자 기다란 천을 왼쪽 옆구리 쪽에서 뒤로 돌리고, 남은 부분을 오른손으로 잡는다.

3 선생님의 신호에 맞추어 천을 당기거나 놓으면서 버틴다.

4 자리에서 발이 떨어지거나 천에서 손이 떨어지면 진다.

놀이의 팁 Tip

1 천 대신 줄넘기 줄을 이용해도 좋습니다.

2 놀이 방법을 알려 주고 쉬는 시간에 적절히 하도록 방법을 일러 줍니다.

3 선생님과 학생 대표가 대결해 보는 것도 좋습니다. 선생님이 슬쩍 져 준다면 아이들의 분위기가 살아납니다.

4 경기 전 상대방과의 거리를 짧게 또는 길게 조절해 가면서 할 수 있습니다.

3-49 초강력 접착제

● 1~6학년 ★★★★★   ● 청소년 ★★★★★

· · · · · · · · · · ·

친구와 가깝게 붙어야 할 수 있는 놀이입니다. 일부러 신체 접촉을 과하게 할 수도 있지만, 힘의 균형이 매우 필요하므로 아이들은 이내 신중해집니다. 몸의 어느 부위로 교과서를 옮기느냐에 따라 흥미가 배가 되는 놀이랍니다.

1 책상을 밀어 공간을 확보하고 아이들을 두세 모둠으로 나눈다.

2 모둠별로 두 명이 한 조가 되어 뺨과 뺨 사이에 교과서를 끼운다.

3 출발과 함께 정해진 반환점을 돌아온다.

4 중간에 교과서가 떨어지면 출발점에서 다시 시작한다.

5 모둠 구성원이 전부 들어오는 편이 이긴다.

놀이의 팁 Tip

1 이성끼리 한 조를 짜도 좋지만 고학년이라면 동성끼리 짝을 지어 줍니다.

2 뺨 사이에 끼웠다가 옆구리와 옆구리, 등과 등, 엉덩이와 엉덩이 등 위치를 바꾸어 가며 응용해 보세요.

3 선생님도 모둠에 들어가 같이 즐기면 좋습니다.

4 음악을 틀어 놓으면 아이들이 더욱 즐겁게 활동할 수 있습니다.

3-50 카드는 내 거

● 1~6학년 ★★★★★　● 청소년 ★★★★★

· · · · · · · · · ·

수학 수업이 끝나고 남은 카드를 활용한 놀이입니다. 카드를 말
끔하게 처리할 수도 있고, 친구들과 한판 승부를 벌일 수도 있는
일석이조의 활동입니다. 경기 규칙은 간단한 가위바위보! 카드를
빼앗고 빼앗기다 보면 짬 시간이 금세 흘러간답니다.

1 수학 교과가 끝나면 각자 카드를 들고 일어선다.

2 가위바위보 경기를 해서 이기면 상대의 카드를 한 장씩 가져온다.

3 시간이 조금 지나면 상대의 카드를 두 장씩 가져오는 등 쉬는 시간의 여유에 따라 가져오는 카드 개수를 늘린다.

4 카드를 다 잃은 친구들은 자기 자리로 돌아간다.

5 마지막 남은 두 명이 앞에서 대결하고 카드 왕을 뽑는다.

놀이의 팁 Tip

1 아이들의 왁자한 비명 소리 때문에 다른 반에 피해를 줄 수 있습니다. 너무 소란스러워진다면 '말없이 하는 놀이'로 바꾸어 보세요. 자칫 말을 할 경우, 상대방에게 카드를 빼앗기는 규칙을 정해도 좋습니다.

2 시간 여유에 따라 상대방의 카드를 한 장에서 두 장, 세 장으로 정할 수 있습니다.

3 경기 시간이 거의 끝나 간다면 마지막 한 번의 승부로 상대방의 남은 카드를 전부 가져오도록 할 수도 있습니다.

4 활동이 끝나면 선생님이 카드를 전부 모아 다른 활동에 사용합니다.

3-51 카드를 기억해

● 1~6학년 ★★★★★　● 청소년 ★★★★★

카드를 뒤집어 놓고 짝이 되는 카드를 찾아내는 기억력 놀이입니다. 같은 형식의 놀이를 컴퓨터 게임에서 한 경우가 많아서 아이들이 요령을 잘 알고 있습니다. 다섯 쌍 정도의 카드로 시작했다가 점점 개수를 늘려 보세요. 난이도가 높아질수록 재미도 불어난답니다.

1 짝과 함께 책상 위에 같은 카드를 다섯 장씩 놓고 뒤섞는다.

2 한 명씩 카드 두 장을 뒤집는데, 같은 그림이면 카드를 가져가고 다른 그림이면 그 자리에 그대로 뒤집어 놓는다.

3 바닥의 카드가 모두 사라지면 가지고 있는 카드가 몇 장인지 세고 더 많은 카드를 지닌 사람이 이긴다.

놀이의 팁 Tip

1 다섯 쌍으로 시작해 점차 카드 개수를 늘려 나가 익숙해지면 열 쌍의 카드로 해봅니다.

2 숫자 카드도 재미있지만, 도형 카드가 놀이하기에는 더 적합합니다.

3 카드를 책상에 뒤집어 놓을 때 두 명 모두 같은 카드를 사용해야 합니다.

4 다양한 짝과 만나서 하도록 해주세요.

3-52 파리채로 내려쳐!

● 1~6학년 ★★★★★ ● 청소년 ★★★★★

파리채 두 개로 '열공'을 할 수 있습니다. 칠판에 단어를 써 놓고
파리채로 하나씩 때려잡으세요. 영어 단어도, 사회나 도덕 교과
에 나오는 핵심 용어도 머리에 쏙쏙 들어온답니다. 정답을 알아
낸 두 친구가 동시에 타탁! 하며 파리채를 두드리는 소리에 아이
들은 하나 되어 웃음을 터트린답니다.

············ 놀이 방법 How to play

1 칠판에 단어를 여러 장 붙인다.

2 두 모둠으로 나누어 대표를 한 명씩 뽑는다.

3 칠판 앞에 파리채를 하나씩 들고 선다.

4 선생님은 칠판에 적힌 단어의 뜻을 설명해 준다. 예를 들어 '고래'에 대해서
　는 "바다에 살고 있습니다. 매우 덩치가 큽니다. 포유류입니다" 등으로 설
　명한다.

5 선생님의 말을 듣다가 정답을 알아차리면 재빨리 파리채로 그 단어를 내리
　친다.

6 정답이 맞으면 카드를 한 장 가져간다.

놀이의 팁 Tip

1 친구 이름을 놓고 게임을 하면, 친구에 대해 좀 더 잘 알 수 있고 이름을 외울 수 있는 기회도
　됩니다.

2 영어 시간에는 영어 단어로, 사회 시간에는 교과의 핵심 단어로 활동해 보세요. 아이들이 훨씬
　잘 기억할 수 있습니다.

3 돌아가면서 대표를 맡아 골고루 경험할 수 있게 합니다.

3-53 풍선 배구

● 1~6학년 ★★★★★ ● 청소년 ★★★★★

비가 오거나 날이 추우면 교실에서 배구를 즐길 수 있습니다. 풍선을 배구공이라 생각하고 마음껏 스파이크를 날려 보세요. 배구공만큼 속도가 나지 않아서 더욱 재미있는 풍선 배구. 한 개로 시작했다가 두 개, 세 개로 풍선이 늘어나면 그만큼 받아내야 할 공이 많아져 리시브하고 토스하는 손이 바빠지기만 합니다.

놀이 방법 How to play

1 교실에 활동할 공간을 확보하고 아이들을 두 모둠으로 나눈다.

2 의자나 책상 등으로 영역을 나눈다.

3 세 번 안에 풍선을 상대방 영역으로 넘기면서 정해진 점수까지 놀이를 진행한다.

놀이의 팁 Tip

1 앉아서 활동하다가 익숙해지면 일어서서 하도록 합니다.

2 몸 어느 곳으로도 풍선을 쳐 올릴 수 있지만, 친구가 다치지 않도록 주의하라고 안내합니다.

3 풍선 하나로 시작했다가 두 개, 세 개로 늘리면 더욱 재미있게 즐길 수 있습니다.

4 에어컨이나 선풍기 바람이 없는 곳에서 합니다.

3-54 화장지 붙이기

● 1~6학년 ★★★★★　　● 청소년 ★★★★☆

영화 〈스윙걸즈〉에는 악기 연습을 위해 화장지를 입으로 불어 버티는 장면이 나옵니다. 아이들과 이 장면을 따라 했더니 교실 안이 온통 웃음바다로 변했습니다. 긴 호흡에 대한 이야기를 나눌수 있고, 호흡 관련 활동으로 진행할 수도 있습니다.

········ 놀이 방법 How to play

1 칠판이나 벽 등에 화장지를 붙이고 선다.

2 선생님이 신호하면 손을 떼고 입으로 불어서 화장지가 바닥에 떨어지지 않
도록 한다.

3 더 오래 버티는 사람이 이긴다.

놀이의 팁

1 화장지는 한 겹만 사용하게 해주세요. 가벼울수록 더 오래 버틸 수 있습니다.

2 아크릴 판에 화장지를 붙이면 반대쪽 친구들이 볼 수 있으므로 더욱 재미있는 놀이가 됩니다.

3 폐활량을 높여 주므로 관악기를 연습하는 친구들에게 유용합니다.

3-55 훌라후프와 실내화

● 1~6학년 ★★★★★ ● 청소년 ★★★★☆

. . . .

신발 멀리 던지기는 누구나 한 번쯤 해보았을 것입니다. 교실에서도 신발 던지기 놀이를 즐길 수 있습니다. 멀리 못 가는 대신 정확성을 기할 수 있는 훌라후프에 실내화 던지기! 책상을 반만 밀어 놓아도 아이들과 충분히 즐길 수 있습니다.

1 교실에 활동할 공간을 확보한 뒤 아이들을 두 모둠으로 나눈다.

2 훌라후프를 바닥에 놓고 몇 걸음 떨어진 곳에 선다.

3 각 모둠에서 한 명씩 손으로 실내화를 던진다.

4 훌라후프 안에 실내화가 더 많이 들어간 모둠이 이긴다.

놀이의 팁 Tip

1 손으로 했다가 발로 바꾸어 해보세요.

2 가까운 거리에서 시작했다면 조금씩 거리를 멀게 합니다.

3 실내화를 다시 가지러 갈 때는 손을 대지 않고 발로만 신고 오기, 다른 사람 실내화 신고 오기 등으로 변형해 진행할 수 있습니다.

4 훌라후프 안에 실내화가 들어가더라도 튕겨져 나올 수 있습니다. 다시 나오는 실내화는 무효 라고 미리 안내해 주세요.

3-56 4인 줄다리기

● 1~6학년 ★★★★★   ● 청소년 ★★★★☆

두 편으로 나누어 양쪽에서 잡아당기는 줄다리기는 가라! 네 방향에서 각각 잡아당기는 줄다리기가 있습니다. 교실에서도 얼마든지 할 수 있는 4인 줄다리기! 인원을 자유자재로 줄이거나 늘리면서 재미있게 즐겨 보세요.

1 교실에 활동할 공간을 확보한 뒤 천 양쪽을 묶어 원을 만든다.

2 한 모둠에 두 명씩 총 네 개 모둠이 경기에 출전한다.

3 각 모둠에서 한 명씩 나와 천의 동서남북 네 귀퉁이를 잡고 사각형 모양으로 선다.

4 각 모둠의 남은 한 명은 각각 사각형의 꼭짓점으로부터 교실의 가장 먼 곳에 위치해 선다.

5 선생님의 신호가 떨어지면 각각 자기편이 있는 방향으로 천을 잡아당긴다.

6 자기편 손바닥에 손이 닿는 모둠이 이긴다.

놀이의 팁 Tip

1 줄다리기에 쓰는 천은 공단이 좋습니다.

2 세 명 또는 다섯 명이 할 수도 있습니다. 세 명이 한다면 천은 삼각형 모양, 다섯 명은 오각형 모양으로 잡으면 됩니다.

3 천을 잡고 있다가 갑자기 손을 놓는 일이 없도록 주의를 줍니다.

4 귀퉁이에 서 있는 아이의 손에 초콜릿을 올려놓으면 놀이 참여도가 달라집니다.

5 다치지 않도록 미리 안내합니다.

감동과 행복을
만드는 교실 놀이

239

4부

즐겁게 표현하며 놀아요

아이들이 즉흥적으로 표현하면서 놀 수 있는 연극 활동을 모았습니다.
감각과 관련된 놀이부터 상상력을 동원해 온몸으로 표현하는 놀이까지,
학교 수업에 적용할 수 있는 다양한 활동을 소개합니다.
자기 자신을 표현하는 데 어색하고 부담을 가졌던 아이들을
자연스럽게 춤추게 만드는 효과 만점의 놀이! 지금 교실에서 만나 보세요.

4-01 ○○에 가자!

● 1~6학년 ★★★★★   ● 청소년 ★★★☆☆

즉흥 표현을 사용하는 놀이입니다. 상황에 어울리는 동작과 아이디어를 짜내 재미있게 즐길 수 있습니다. 아이들이 제안하는 장소에 따라 역할을 맡고 대사를 만드는 시간을 가져 보세요. 다양한 간접 경험을 하는 가운데 드러나는 아이들의 성격을 엿볼 수도 있답니다.

1 교실에 놀이할 공간을 만든다.

2 마음속으로 한 가지 장소를 떠올린다.

3 누군가 "00에 가자"라고 말하면 모두 그 장소에 어울리는 사람이나 물건이 되기로 약속한다. 예를 들어 "시장에 가자"라고 말하면, 시장에서 파는 물건이나 시장에 어울리는 물건이 된다.

4 각자 그 장소에 맞게 활동하고 나면, 선생님이 신호하고, 다음 사람이 "00에 가자"라고 외친다.

5 돌아가면서 여러 장소를 외치고, 그곳에 있는 것처럼 활동한다.

놀이의 팁 Tip

1 활동하지 않고 가만히 지켜보는 사람이 생기면 활동이 위축됩니다. 모두 역할을 맡아 할 수 있도록 합니다.

2 내 역할과 어울리는 사람이 있다면 즉흥적으로 함께 연기하도록 합니다.

3 남이 생각지 못하는 독특한 역할을 생각해 보도록 유도합니다.

4 장소에 대해 미리 이야기를 나누어 보세요(극장, 시장, 공동묘지, 학교, 콘서트장, 공포의 집, 놀이공원, 도서관 등).

4-02 거리의 조각상

● 1~6학년 ★★★★☆　● 청소년 ★★★☆☆

. . . .

복도나 교실에서 멋진 퍼포먼스를 펼칠 수 있는 놀이입니다. 한 가지 주제에 맞게 몸으로 조각상을 만들고, 의미 있는 단체 퍼포 먼스를 해 보일 수도 있지요. 찰흙 놀이, 레고 놀이 등으로 발전시 켜도 좋습니다.

1 활동할 공간을 확보한다

2 한 가지 주제를 정한다(월드컵, 꽃밭, 미술관의 조각들, 올림픽, 우리의 아픔 등).

3 그 주제를 조각상으로 표현한다면 어떻게 하는 게 좋을지 생각한다.

4 주제에 맞게 몸으로 조각상을 만들어 보고, 주제가 더욱 드러나도록 친구들끼리 서로 관찰하고 고친다.

5 다듬어진 조각상을 복도에 전시한다는 개념으로 2~3분 복도에 조각상으로 자리 잡고 퍼포먼스를 보인다.

6 끝나고 난 뒤 소감을 나누어 본다.

놀이의 팁 Tip

1 시작할 때는 1분 퍼포먼스로 접근했다가 조금씩 시간을 늘리는 것이 좋습니다.

2 모두가 참여해야 합니다. 한 사람이 빠지면 너도나도 빠지려 합니다.

3 이 활동으로 얻는 경험과 느낌을 강조해서 진행합니다. 끝난 뒤에는 소감을 나누어요.

4 복도에서 퍼포먼스를 펼친다면 선생님이 근처에 서 계시고, 몇몇 조각상에 '손대지 마시오'라는 피켓을 걸어 그 자체로 퍼포먼스가 되게 해주세요.

4-03 거울 놀이 _ 1탄 : 대왕 거울 놀이

● 1~6학년 ★★★★★　　● 청소년 ★★★★★

표현 활동의 기본이 되는 연극 놀이로 부담 없이 자연스럽게 몸을 움직일 수 있는 방법입니다. 한 명은 사람이 되고 한 명은 거울에 비친 내 모습이 되어 따라 움직이는 단순한 규칙이지만, 활동을 춤으로 발전시킬 수 있고 다양하게 응용할 수 있는 장점이 있습니다.

1 두 사람이 짝을 이룬다.

2 한 사람은 '사람', 다른 한 사람은 '거울에 비친 상'이 된다.

3 선생님이 신호하면 사람은 몸을 이리저리 움직인다.

4 '상'에 해당하는 사람은 사람이 움직이는 대로 똑같이 따라 움직인다.

5 일정한 시간이 지나면 역할을 바꾸어 한다.

놀이의 팁 Tip

1 음악을 사용해 주세요. 음악에 따라 동작이 달라집니다.

2 느린 음악에서 빠른 음악으로 점차 활동에 속도감을 만들어 줍니다.

3 손의 움직임보다는 온몸을 이용해 조금씩 큰 동작을 만들게 합니다.

4 표현이 좋은 아이들의 모습을 보여 주는 것도 좋습니다.

5 내가 춤을 추는 것이 아니라 상대를 춤추게 만들라고 안내하면 효과가 높아집니다.

4-04 거울 놀이 _2탄 : 단체 거울 놀이

● 1~6학년 ★★★★★　● 청소년 ★★★★★

. . . .

반 전체가 따라 하는 활동입니다. 나서기를 즐기고, 표현을 잘하며, 유쾌함이 가득한 아이를 먼저 따라 하게 해보세요. 선생님을 따라 하게 할 때는 특정한 동작을 배우도록 응용해서 사용할 수도 있습니다. 집단 모두를 춤추게 만드는 놀이랍니다.

놀이 방법

1 한 사람이 교탁 앞으로 나와 '사람'이 된다.

2 나머지 아이들은 '거울에 비친 상'이 된다.

3 '사람'은 몸을 이리저리 움직인다.

4 상에 해당하는 아이들은 사람이 움직이는 대로 똑같이 따라 움직인다.

놀이의 팁 Tip

1 아이들 가운데 외향형, 동작이 큰 아이들 위주로 활동을 진행하면 좋습니다.

2 다양한 음악을 사용해 보세요. 아이들의 표현이 달라지는 것을 볼 수 있습니다.

3 춤을 추게 하거나 동작을 따라 하는 활동으로 출발하세요.

4 익숙해지면 특정한 연기를 따라 하거나 마임(무언극)을 모두가 따라 하는 형식으로 응용해 나아갈 수 있습니다.

4-05 고리 탈출

● 1~6학년 ★★★★★ ● 청소년 ★★★★★

몸으로 움직이는 활동을 하기 전에 준비 운동으로 적합한 놀이입니다. 서로 신체 부위를 이용해 고리를 만들고, 상대가 만든 고리를 빠져나옵니다. 친구나 상대와의 관계를 돌아볼 수 있는 기회가 되는 활동으로, 음악을 틀어 놓으면 더 근사한 몸동작이 표현됩니다.

1 두 명이 짝을 이룬다.

2 한 사람이 몸을 둥글게 말아 고리를 만든다.

3 다른 사람은 상대가 만든 고리에 자신의 몸으로 고리를 만든다.

4 처음 고리를 만든 사람은 고리를 풀고 상대방이 만든 고리에 몸이 닿지 않도록 조심히 빠져나온다.

5 그리고 다시 상대방의 몸에 고리를 만든다.

6 이런 방법으로 서로 고리를 만들고 빠져나오기를 반복한다.

놀이의 팁 Tip

1 상대방이 빠져나올 수 있을 정도의 고리를 만들도록 당부합니다.

2 고리를 만들 때는 완벽한 고리가 되지 않아도 됩니다. 고리의 형태로만 만들면 된다고 안내해 주세요.

3 손가락으로 고리를 만들거나, 손 또는 발을 이용해 고리를 만들 수도 있습니다.

4 활동을 할 때는 부드럽고 차분한 음악을 틀어 놓으면 좋습니다.

5 바닥에 눕거나 앉아서 해도 되지만, 무엇보다 조용한 가운데 진지하게 하라고 알려 주세요.

4-06 나는 최고의 허풍쟁이

● 1~3학년 ★★★☆☆　　● 4~6학년 ★★★★★　　● 청소년 ★★★★☆

부담 없이 허풍을 마음껏 떨 수 있는 시간을 만들어 주세요. 내가 되고 싶은 것, 갖고 싶은 것, 만나고 싶은 사람, 하고 싶은 일 등 얼마든지 속을 털어놓을 수 있습니다. 선생님에게는 아이들의 심리도 더불어 살펴볼 수 있는 보너스를 줍니다.

1 발언할 수 있는 특정한 장소를 정한다.

2 희망자는 나와서 허풍을 늘어놓는다.

3 듣고 있던 친구들은 환호와 박수로 호응해 준다.

4 허풍을 다 떨고 나서 마지막에는 "뻥이었어!!"라고 외친다.

5 시간 여유가 된다면 그날 최고의 허풍쟁이를 뽑는다.

놀이의 팁 Tip

1 환호와 박수를 정말 크게 하도록 합니다. 먼저 호응해 주어야 답례를 받을 수 있다는 경험을 얻을 수 있습니다.

2 앞에 나온 친구보다 더 심한 허풍을 떨도록 유도합니다.

3 너무 착해서 허풍 떠는 걸 힘들어 하는 아이도 있습니다. 의무적으로 다 할 필요는 없다고 알려 주세요.

4 활동이 끝나면 좋은 내용의 허풍들은 다 이루어지기를 바란다는 말로 마무리를 지어 보세요.

4-07 나무꾼과 곰

● 1~6학년 ★★★★★　● 청소년 ★★★★☆

. . . .

술래가 곰이 되어 나무꾼을 웃기는 놀이입니다. 놀이를 진행하면서 즉흥 표현을 하게 만드는 요소가 숨겨져 있어 매우 흥미롭습니다. 놀이와 표현을 함께 즐길 수 있는 역할 놀이로 교실을 환하게 만드세요.

1 교실 공간 이곳저곳에 자유롭게 선다.

2 곰이 될 술래를 한 명 뽑고 나머지는 나무꾼이 되어 도끼질을 한다.

3 곰은 복도에 잠시 나가 있다가 불쑥 나타난다.

4 곰을 보면 나무꾼들은 모두 동작을 멈춘다.

5 곰은 나무꾼에게 다가가 소리나 행동으로 나무꾼을 웃게 만든다.

6 나무꾼이 웃으면 곰이 된다. 곰이 되면 처음 곰과 함께 다른 나무꾼을 웃기러 간다.

7 마지막까지 살아남은 나무꾼이 누구인지 알아보거나 정해진 시간 동안 웃음을 참고 서 있는 나무꾼을 확인해 본다.

놀이의 팁 Tip

1 곰은 나무꾼을 만질 수 없습니다.

2 시간이 지나면 한 나무꾼에게 곰 여러 마리가 달라붙는 경우가 생깁니다. 한 나무꾼에게 몇 명 이상 갈 수 없다는 등의 규칙을 만듭니다.

3 곰에게 나무꾼 얼굴에 너무 가깝게 다가가지 않도록 주의를 줍니다.

4 곰이 나타나기 전까지는 연극적인 표현을 하면서 연기를 즐기도록 합니다. 바닥에서 아주 커다란 도끼를 들어 올린 뒤 높은 언덕을 올라가거나, 멋진 나무를 발견했다면 손으로 만져 보는 등 아이들의 연기력이 빛을 발할 수 있게 안내해 주세요.

4-08 나비효과

● 1~2학년 ★★★☆☆　● 3~6학년 ★★★★★　● 청소년 ★★★★★

둥그렇게 선 다음 누군가를 바라보다가, 자신도 모르게 큰 동작을 하고 마는 신기한 연극 놀이입니다. 아주 작은 동작이 점점 커져 큰 동작이 되고, 전체가 움직이게 되는 놀라운 경험을 즐겨 보세요.

1 공간을 확보하고 둥그렇게 선다.

2 모두 고개를 돌려 왼쪽 세 번째 사람을 바라본다.

3 그 사람이 몸을 움직이면 따라 한다.

4 움직임이 점차 커지고 변화하면서, 전체가 큰 동작으로 이어지는 것을 몸으로 경험한다.

놀이의 팁 Tip

1 고개를 돌려 바라보는 사람이 홀수에 해당하는 사람으로 해야 동작이 더 커집니다.

2 바라보고 있던 사람이 취한 동작을 조금씩 크게 따라 하면 빠른 시간에 큰 동작이 나옵니다.

3 나비효과처럼 작은 동작이 큰 동작으로 이어지는 사례를 들려주고, 놀이 후 경험을 나누어 봅니다.

4 경쾌한 음악을 틀어 놓고 즐겨 보세요.

4-09 나는 최면술사

● 1~6학년 ★★★★★ ● 청소년 ★★★★★

한 명은 최면술사가 되고 다른 한 명은 최면에 걸리는 놀이입니다. 내 마음대로 친구를 조종할 수 있다는 사실만으로도 굉장히 신 나는 놀이가 됩니다. 선생님이 특정한 주제를 제시해 멋진 춤을 추거나 나비의 몸짓을 하는 등 화려한 몸동작으로 발전시킬 수도 있습니다.

1 두 명이 짝이 된다.

2 한 명은 최면술사가 되고 다른 한 명은 최면에 걸리는 사람이 된다.

3 최면술사가 된 사람은 상대방 얼굴 한 뼘 정도 떨어진 곳에 손바닥을 펴고 선다.

4 최면에 걸리는 사람은 손바닥에서 자신의 얼굴까지의 거리와 각도가 항상 같도록 몸을 움직인다.

5 일정한 시간이 지나면 역할을 바꾸어 한다.

놀이의 팁 Tip

1 신 나는 음악을 틀어 놓고 활동합니다.

2 때로는 최면술사에게 앞에 있는 친구를 즐겁게 춤추게 하라는 임무를 줄 수 있습니다.

3 너무 과하게 친구를 조종하는 아이들이 있습니다. 활동 전에 적절히 하도록 미리 당부해 주세요. 최면을 걸 때는 동작을 천천히 해야 합니다.

4-10 내 조각상 찾기

● 1~6학년 ★★★★★ ● 청소년 ★★★★★

친구가 몸으로 만든 조각상을 촉감을 통해 잘 기억해야 합니다.
눈을 가린 뒤 친구 몇 명이 나와 비슷한 조각상을 만들면 손의 느
낌으로 내 짝을 찾아야 합니다. '어둠 속의 조각가(4-23)'와 '인간
찰흙 놀이(4-30)'의 발전 놀이로 활용할 수 있습니다.

1 두 사람이 만나면 한 명(A)이 몸을 움직여 근사한 조각상을 만든다.

2 다른 한 사람(B)은 상대방의 모습을 잘 기억한다. 그리고 눈을 감는다.

3 몇 사람이 앞으로 나온 뒤, A 근처에서 여러 모습의 조각상이 되어 선다.

4 B는 앞의 여러 조각상을 만져 본 뒤, 내 짝이 만든 조각상을 찾는다.

5 찾았다고 생각되면 눈을 뜨고 확인한다.

놀이의 팁 Tip

1 눈으로 기억하기로 진행했다가 차차 손으로 기억하는 활동으로 나아가 보세요.

2 안대가 있으면 좋습니다.

3 처음에는 다양한 조각상을 만들고 찾게 했다가, 익숙해지면 A가 만든 조각상에서 한두 군데를
바꾼 조각상을 만들어 그중에서 찾게 하면 더 흥미진진해집니다.

4 조각상을 만들 때는 아주 크고 과감하게 만들도록 안내합니다.

4-11 달라지는 발걸음

● 1~6학년 ★★★★★   ● 청소년 ★★★★☆

. . . .

선생님이 제시하는 주제에 맞게 다양한 발걸음으로 걸어 보는 활
동입니다. 다양한 직업, 다양한 감정을 이용해 진행할 수 있는 연
극 놀이이면서 재미있게 연기 훈련으로 접근할 수도 있습니다. 다
양한 주제와 이야기에 맞추어 즐겁게 걷는 시간을 가져 보세요.

.... 놀이 방법 How to play

1 활동할 공간을 확보한다.

2 교실을 자유롭게 걸어다닌다.

3 '100살 먹은 할아버지처럼 걷기', '화가 난 사람처럼 걷기', '모든 과목 시험을 100점 맞은 학생처럼 걷기', '아주 슬픈 사람처럼 걷기' 등 선생님이 제시하는 주제에 걸맞게 걸어 본다.

놀이의 팁 Tip

1 한 줄로 서서 한 사람씩 걷게 하면 부담스러울 수 있지만, 자유롭게 교실을 돌아다니도록 하면 부담감이 사라집니다. 두 가지 모두 적절하게 사용해 보세요.

2 처음에는 주제만 간단히 던지고 걷게 하다가, 점차 줄거리가 있는 이야기로 발전시켜도 좋습니다(여러분은 길을 걷고 있습니다. → 연기 → 그런데 비가 내리기 시작해서 비를 피하며 빠른 걸음으로 걷습니다. → 연기→ 비는 그쳤지만 이제는 진흙탕 길이 되었습니다. 질퍽거리는 길을 걸어 봅니다).

3 음악을 작게 틀어 놓고 활동하면 더 좋습니다.

4 주변 친구를 살펴보다가 동작이 근사한 친구를 모방해서 활동해도 재미있습니다.

4-12 대장은 어디에?

● 1~6학년 ★★★★★   ● 청소년 ★★★★★

자연스럽게 표현 활동을 할 수 있는 놀이입니다. 동작을 만들어 내고 변형하는 과정에서 창의적인 아이디어가 떠오를 수 있습니다. 모두가 한 사람의 동작을 따라 하는 와중에 동작의 시발이 되는 사람을 찾는 탐색전! 집중력, 추리력, 눈치 모두 빨라야 하고 동작이 더해질수록 웃음도 많아지는 활동입니다.

1 술래를 뽑는다.

2 술래는 복도에 나가 있고, 나머지 아이들 중에서 대장을 뽑는다.

3 모두가 자연스럽게 걷는 와중에 대장은 특정한 동작을 되풀이하며 걷는다.

4 대장 외의 사람은 대장을 바라보지 않으면서 자연스럽게 대장의 동작을 따라 하며 걷는다.

5 술래는 교실로 들어와 아이들 틈에서 대장이 누구인지 찾는다.

6 대장은 술래에게 들키지 않도록 살짝 동작을 바꾸고, 나머지 사람은 대장의 동작을 따라 한다.

7 술래가 대장을 찾으면 새로운 술래를 뽑은 뒤 놀이를 이어 간다.

놀이의 팁 Tip

1 대장 외의 사람은 대장만 바라보는 것이 아니라 주변 친구의 동작의 변화를 보면서 자연스럽게 동작을 바꾸도록 합니다.

2 술래를 가장자리에 세우면 대장을 빨리 찾아내지만, 술래를 가운데에 세우면 대장을 찾기 어려워집니다. 난이도를 적절히 조절해 보세요.

3 대장은 너무 자주 동작을 바꾸지 말고 30초에 한 번씩 바꾸도록 해주세요.

4 마지막에는 선생님이 술래가 되어 보세요.

4-13 도미노 체조

● 1~6학년 ★★★★★ ● 청소년 ★★★★★

동적인 활동을 하기 전에 가볍게 몸을 풀어 주는 놀이입니다. 생각지도 못했던 체조 동작에 웃음보가 터지고, 애매모호한 몸동작에 따라 하는 친구가 애를 먹기도 하는 체조 이어 가기! 평소 사용하는 근육 이외의 근육을 움직일 수 있는 기회가 될 뿐 아니라 표현을 모방하고 창의력을 덧붙이는 유익한 활동이 됩니다.

1 공간을 확보한 뒤에 동그랗게 선다.

2 마음속으로 자신만의 체조 동작을 하나 생각한다.

3 첫 번째 순서에 해당하는 사람은 음악에 맞추어 자신의 동작을 보여 준다.

4 나머지 사람은 그 체조 동작을 따라 한다.

5 돌아가며 자신만의 동작을 보여 주고, 나머지 사람은 이를 따라 한다.

놀이의 팁 Tip

1 경쾌하면서도 박자가 잘 느껴지는 음악과 함께 활동합니다.

2 고학년들은 학생들이 좋아하는 음악을 미리 파악해서 틀어 주세요.

3 남들이 생각지 못한 체조 동작을 생각하게 하는 것이 좋습니다.

4 한 번은 허리 위의 동작으로, 한 번은 허리 아래 동작으로 나누어 하면 두 바퀴를 돌 때까지 활동을 진행할 수 있습니다.

4-14 몸으로 인사하기

● 1~6학년 ★★★★★   ● 청소년 ★★★★★

. . . .

표현 놀이나 연극 활동을 하기 전에 공간을 탐색하는 활동으로
활용할 수 있습니다. 참여하는 사람들과 간단한 인사를 나누고
서로 얼굴을 익히는 데에도 유용한 인사법입니다. 특정한 조건을
만들어 재미있게 인사하도록 만들어 보세요.

놀이 방법 How to play

1 교실에 공간을 확보한 뒤 자유롭게 걷는다.

2 바닥이나 벽에 다칠 만한 곳은 없는지 미리 파악하면서 걷다가 "지나치다 가 00를 만나면 윙크로 인사하세요", "걸어가다 만나는 사람과 하이파이 브를 합니다", "00를 만나면 안녕? 하고 손을 흔들어 줍니다", "오른쪽으로 지나가는 사람과 엉덩이로 인사합니다"와 같이 선생님이 특정한 조건을 말 하면 그대로 행합니다.

놀이의 팁 Tip

1 경쾌한 음악을 틀어 놓고 활동하면 좋습니다.

2 처음에는 만나는 사람과 악수를 하면서 자연스럽게 스킨십을 시작했다가 점차 어렵고 재미있 는 인사로 갑니다. "만나는 사람과 한 번 포옹으로 인사합니다", "만나는 사람과 볼로 인사해 보세요" 등으로 발전할 수 있습니다.

3 앞으로 걸어가다 인사하기, 뒤로 걸어가다 인사하기, 빠른 걸음으로 가다 인사하기 등 다양한 방향으로 활동하게 해보세요.

4-15 몸짓 단어 설명하기

● 1~6학년 ★★★★★ ● 청소년 ★★★★★

. . . .

선생님이 제시한 단어를 친구들에게 몸으로 설명하고, 아이들은
유추하여 정답을 맞히는 놀이입니다. 친구들이 몸으로 개성 있게
표현하는 모습을 보면서 웃고 떠들다가 머리를 맞대고 답을 추측
하는 과정이 꽤 흥미롭습니다. 교과와 연계할 수도 있고, 단어에
서 속담으로까지 확대하여 즐길 수 있습니다.

1 한 모둠을 선정해 교탁 앞으로 불러낸다.

2 선정된 모둠에게만 카드에 적힌 단어를 보여 준다.

3 해당 아이들은 그 단어를 몸으로 설명할 수 있는 방법을 궁리한다.

4 선생님이 신호하면 각자 앉아 있는 친구들에게 몸동작으로 해당 단어를 설명한다.

5 앉아 있던 친구들은 모둠끼리 토의한 뒤 답을 발표한다.

6 정답을 맞힌 모둠이 앞으로 나오고 다음 단어를 설명한다.

놀이의 팁 Tip

1 단어와 관련된 동작을 보여 주도록 합니다. 예를 들어 '수박'이 제시되면 수박을 들고 가는 사람, 수박을 칼로 쪼개는 사람, 수박을 먹는 사람, 수박씨를 뱉는 사람 등 여러 유형의 동작을 보여 주는 것이 좋습니다.

2 모둠 놀이이기 때문에 한 명이 손을 들고 맞히는 것이 아니라 토의를 거쳐 답을 발표하는 것으로 진행합니다.

3 동작을 평소보다 조금 크게(과장되게) 하면 더 재미있다고 알려 주세요.

4 선정할 단어는 수업에서 생긴 카드를 이용해도 좋고, 한 주제를 정해 각자 적어 내게 해도 좋습니다. 예를 들어 '가장 좋아하는 음식', '내가 본 영화' 등 흥미를 끌 만한 주제로 정하세요.

4-16 몸짓 스피드 퀴즈

● 1~6학년 ★★★★★　● 청소년 ★★★★★

몸으로 하는 설명을 듣고 퀴즈를 맞혀라! 서로 릴레이로 돌아가면서 설명하므로 다양한 표현력을 보는 재미가 있고, 엉뚱한 대답에 탄식과 웃음이 절로 나오는 놀이입니다. 스케치북이나 파워포인트를 이용하면 시각적으로도 훨씬 재미난 시간을 즐길 수 있습니다.

1 네다섯 개의 모둠으로 아이들을 나눈다.

2 모둠 수에 맞게 진행할 단어를 준비한다(개구리, 거북이, 노루, 토끼, 호랑이, 염소 등).

3 차례에 맞게 모둠이 앞으로 나와 놀이를 하는데, 한 사람은 교실 뒤에 다른 사람들은 교실 앞에 선다.

4 서 있는 사람들 뒤로 단어를 보여 주면, 앞에 있는 사람은 몸으로 그 단어를 설명한다.

5 답을 맞히면 몸으로 설명한 사람은 들어가고, 다음 사람이 뒤로 가서 설명을 한다.

6 정해진 시간 안에 주어진 단어를 많이 맞힌 모둠이 이긴다.

놀이의 팁 Tip

1 선생님이 미리 단어를 준비해서 진행하다가 모둠별로 단어를 고르도록 발전시킬 수 있습니다.

2 웹에서 스피드퀴즈 툴을 구해 파워포인트로 만들면 모둠 선택, 계산 등이 더욱 간편해집니다.

3 문자 그대로 설명하지 말고 그 단어로 할 수 있거나 그 단어가 연상되도록 몸을 움직이라고 안내합니다.

4 퀴즈를 구성하는 단어들은 동물, 직업, 음식 등 몸으로 표현이 가능한 것들로 한정합니다.

4-17 무궁화 꽃이 춤을 춥니다!

● 1~6학년 ★★★★★ ● 청소년 ★★★★★

. . . .

잘 알고 있는 '무궁화 꽃이 피었습니다'를 변형한 놀이입니다. 몸 동작을 가미하고 표현을 풍부히 넣어서 다채로운 분위기의 무궁화 꽃을 즐길 수 있습니다. 술래의 주문에 따라 동작을 취해야 하므로 술래의 역할이 매우 중요합니다.

1 공간을 확보하고 뒤쪽에 선다.

2 술래를 한 명 정한다.

3 술래는 "무궁화 꽃이~"라는 말 다음에 특정한 동작을 취하도록 주문한다
("무궁화 꽃이 춤을 춥니다", "무궁화 꽃이 세수를 합니다", "무궁화 꽃이 빙글빙글 돕
니다" 등).

4 술래가 말한 동작을 취하면서 한 걸음씩 앞으로 나갈 수 있다. 술래가 주문
한 동작을 하지 않으면 걸린다.

5 걸린 사람은 술래와 손가락을 걸고 서고, 술래가 정한 동작을 잘 취하면서
앞으로 온 사람이 고리를 자르면 잡힌 사람은 도망가고 술래는 재빨리 쫓
아가 한 명을 잡는다.

6 잡힌 사람이 새로운 술래가 되어 놀이를 계속한다.

놀이의 팁 Tip

1 술래는 문장을 두 번 말하게 해주세요. 듣고 동작을 생각할 짧은 시간이 필요합니다.

2 앞으로 한 걸음만 나오게 합니다. 경우에 따라 제자리에서 동작을 취하고 일정 시간이 지난 뒤
술래를 바꾸는 식으로 진행할 수도 있습니다.

3 술래가 "무궁화 꽃이~" 다음 부분을 생각하기 어려울 수 있습니다. 다양한 문항을 미리 써 놓
았다가 골라서 이야기하도록 합니다("무궁화 꽃이 엉엉 웁니다", "무궁화 꽃이 화장실에 갔습
니다", "무궁화 꽃이 역도 선수가 됩니다", "무궁화 꽃이 괴물이 됩니다", "무궁화 꽃이 발레리
나가 됩니다", "무궁화 꽃이 크게 웃습니다" 등).

4-18 물건을 전달해요

● 1~6학년 ★★★★★   ● 청소년 ★★★★★

상상을 즐기며 서로를 관찰할 수 있는 놀이입니다. 스스로 표현하는 행위를 어색해하는 아이들에게 특정한 물건이 연상되도록 유도하면 스스럼없이 표현할 수 있습니다. 상상의 물건을 가지고 간단한 연기도 할 수 있는 활동이지요. 어떤 물건을 주느냐에 따라 재미있는 반응과 응답이 저절로 생긴답니다.

놀이 방법 How to play

1 공간을 확보하고 모두 둥그렇게 앉는다.

2 선생님이 상상의 물건을 한 명에게 준다.

3 그 사람은 물건의 특성, 사용했던 경험을 떠올려서 잠시 물건을 사용한 뒤 옆 사람에게 준다.

4 받은 사람은 마찬가지로 그 물건을 특성에 맞게 잘 사용한 다음 친구에게 전달한다.

5 물건이 한 바퀴 돌아서 선생님에게 오면 또 다른 물건을 만들어 넘겨 준다.

놀이의 팁 Tip

1 어떤 물건을 전달할지 미리 생각해 놓습니다(폭탄, 낙지, 똥, 뱀, 요요, 무거운 돌, 짜장면, 헤어 드라이기 등).

2 표현하기 쉬운 물건으로 시작해서 어려운 물건으로, 재미있는 물건에서 현실적인 물건으로 발전시켜 보세요.

3 친구에게 물건을 전달할 때 아무렇게나 던지는 경우가 있습니다. 특성에 맞게 전달하도록 합니다. 예를 들어 촛불을 전달한다면 꺼지지 않도록 매우 조심스럽게, 얼음을 전달할 때는 미끄러지지 않도록 손가락에 힘을 주면서 전달합니다.

4 물건을 바로 전달하지 말고 5초 이상 충분히 만져 보고 사용했다가 넘기도록 당부합니다.

4-19 변신은 자유

● 1~6학년 ★★★★★　　● 청소년 ★★★★★

교실에서 간단히 할 수 있는 기본 변형 놀이입니다. 한 가지 물건을 어떻게 들고 움직이느냐에 따라 다양한 상상의 물건으로 변신합니다. 아이들의 번득이는 창의력과 색다른 생각을 엿볼 수 있습니다. 풍선 또는 막대 하나가 어떻게 변신하는지 기대하세요.

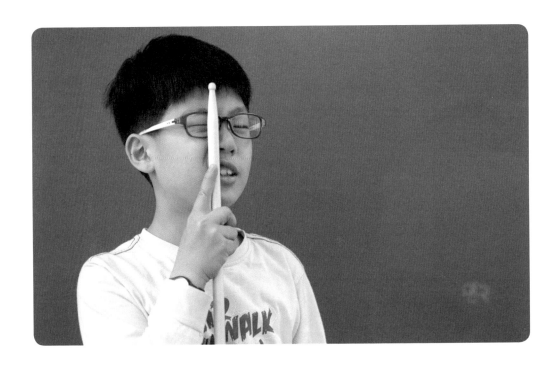

1 교실에 공간을 확보하고 둥그렇게 앉는다.

2 가운데에 의자나 책가방 등 특정한 물건을 놓는다.

3 모두 그 물건을 보며 다른 용도로 변형할 수 있는 방법을 생각해 본다.

4 한 명씩 나와 상상력을 발휘해 물건을 다른 용도로 사용하는 모습을 보여 준다(의자를 자동차 핸들로 바꾸거나, 책가방을 노트북으로 사용하는 등).

5 앉아 있던 친구들은 물건이 무엇으로 변했는지 맞힌다.

6 반 아이 전원이 돌아가며 활동한다.

놀이의 팁 Tip

1 가운데에 놓을 물건을 정한 뒤에는 충분히 생각할 시간을 줍니다. 먼저 활동한 친구들의 표현력을 보고 연상하여 생각을 이어 가도 좋습니다.

2 간단한 대사를 하면서 변형된 물건을 사용해도 좋습니다. 이때는 대사가 힌트를 줄 수 있습니다.

3 친구가 표현을 시작하자마자 정답을 말하는 사람도 있습니다. 조금 기다렸다가 손을 들고 발언권을 얻어 발표하도록 합니다.

4 보자기, 막대, 공, 풍선, 칠판지우개 등다양한 물건으로 활동해 보세요.

4-20 손바닥과 손바닥

● 1~6학년 ★★★★★　　● 청소년 ★★★★★

서로의 호흡이 강조되는 활동입니다. 손바닥을 맞대고 상대의 움직임에 따라 몸을 움직이고, 때로는 내가 상대를 움직이게 만드는 묘미가 있습니다. 적절한 음악은 아이들의 몸을 더욱 창조적으로 만듭니다. 신체의 여러 부위로 변형이 가능해서 다양한 표현을 할 수 있습니다.

1 두 명이 한 모둠이 된다.

2 서로 손바닥을 맞대고 선다.

3 음악이 들리면 손바닥을 맞대고 몸을 움직인다.

4 상대의 손바닥이 원하는 대로 움직이다가 때로는 자신의 손바닥으로 상대를 움직여 본다.

5 짝을 바꾸어 활동하거나 손끝과 손끝, 머리와 머리, 등과 등, 엉덩이와 엉덩이 등 다른 신체 부위를 이용해 활동을 이어 간다.

놀이의 팁 Tip

1 선생님이 특정 신체 부위를 주문하면 아이들이 따라 하게 해보세요. 어느 부위를 말하느냐에 따라 아이들의 웃음과 질타가 결정됩니다.

2 가끔씩 선생님도 아이들과 같이 몸을 움직입니다. 단 1분만 참여해도 아이들은 마냥 즐거워합니다.

3 수업 시간에 적용할 활동이 아니라면 빠른 음악을 선곡하는 게 좋습니다. 아이들이 좋아하는 가요도 좋고, 선생님이 상황에 맞게 의도적으로 고른 곡도 좋습니다(수업에 잠깐 적용하시려면 가사가 없는 곡이 좋습니다).

4 아이들이 신체 부위를 지정해서 주문하도록 방법을 바꾸어 보세요. 활동이 더 역동적으로 변합니다.

4-21 시키면 시키는 대로

● 1~6학년 ★★★★★   ● 청소년 ★★★★★

. . . .

쪽지를 이용한 연극 놀이입니다. 주문한 동작과 표현이 적힌 쪽지를 들고 다니면서 가위바위보 경기를 해서 지면, 쪽지에 적힌 대로 해야 합니다. 황당한 동작과 주문에 웃고 즐기면서 모두 즐겁게 참여할 수 있습니다.

1 쪽지를 한 장씩 준비한다.

2 쪽지에 표현할 내용을 적어 놓는다(동물 흉내, 춤추기, 큰 절 한 번 하기, 큰 목소리로 애국가 부르기 등).

3 각자 쪽지를 들고 만나는 사람과 가위바위보를 한다.

4 진 사람은 이긴 사람의 쪽지에 적힌 대로 행동한다.

5 벌칙(?)이 끝나면 쪽지를 서로 바꾼다.

6 다른 친구와 만나 활동을 계속한다.

놀이의 팁 Tip

1 선생님이 표현할 내용을 출력해서 아이들에게 나누어 주어도 되고, 아이들 스스로 재미있는 표현을 생각해서 써도 좋습니다.

2 상대방을 기분 나쁘게 만들 만한 내용은 피하도록 하세요.

3 선생님도 쪽지를 들고 같이 활동해 보세요. 아이들은 선생님이 자신들이 시킨 대로 움직이면 굉장히 즐거워합니다.

4-22 아-에-이-오-우

● 1~6학년 ★★★★★ ● 청소년 ★★★☆☆

목소리 크기를 조절해 친구를 찾는 연극 놀이입니다. '보물은 어디에(1-23)'에서 박수 소리의 크기를 조절하며 놀았다면, 한 단계 발전시켜 발성과 의도된 대사를 넣어 즐겨 보세요. 놀이의 특성 덕분에 아주 크게 소리 지르는 모습까지 자연스럽게 유도할 수 있습니다.

놀이 방법 How to play

1 교실에 공간을 확보하고 자연스럽게 선다.

2 술래를 정하고, 잠깐 복도에 나가 있도록 한다.

3 서 있는 사람 가운데 한 사람에게 특정한 물건을 준다.

4 자연스럽게 걷고 이동하다가 선생님이 신호하면 제자리에 멈춘다.

5 술래를 들어오게 하고, "아에이오우"라고 외친다. 술래와 가까우면 큰 소리로 외치고, 멀면 작은 소리로 외친다.

6 술래는 아이들이 각각 내는 음량의 크기를 듣고, 물건을 든 친구를 가늠해 찾는다.

7 돌아가면서 술래 역할을 한다.

놀이의 팁 Tip

1 공간을 확보하고 움직이면서 해도 좋지만, 자기 자리에 앉아서도 충분히 할 수 있습니다.

2 '아에이오우'로 시작하지만 술래 이름을 넣어서 "사랑해요 000"라고 외칠 수도 있습니다. 재미있는 여러 말을 생각해서 적용합니다("너는 멋져", "네가 좋아" 등).

3 활동하기 전에 물리적인 거리에 따라 목소리 크기를 조절하는 연습을 다 같이 하면 좋습니다.

4-23 어둠 속의 조각가

● 1~6학년 ★★★★★ ● 청소년 ★★★★☆

감각을 이용한 연극 놀이입니다. 몸을 이용해 멋진 조각상을 만들고, 촉각을 이용해 상대방의 자세를 가늠해 봅니다. 자세를 잡는 과정에서 몸을 탐구하고 관찰할 수 있으며, 표현을 풍부히 경험할 수 있는 장점이 있습니다.

1 두 명이 짝이 된다.

2 한 명은 조각상이 되고, 다른 한 명은 안대로 눈을 가린다.

3 조각상을 맡은 사람은 자세를 잡아 멋진 조각상을 만든다.

4 자세가 완성되면 짝은 손으로 더듬어 조각상의 자세를 가늠한 뒤 같은 자세를 취하고 선다.

5 정해진 시간이 지나면 안대를 벗고 친구의 조각상과 내가 만든 조각상이 같은지 확인한다.

놀이의 팁 Tip

1 안대가 없다면 눈을 감도록 합니다.

2 조각상을 만질 때는 조심스럽게 손대도록 합니다. 급소를 만지거나 민감한 신체 부위를 만지지 않도록 미리 주의를 줍니다.

3 침묵 속에서 진행합니다.

4 조각상이 반드시 서 있을 필요는 없습니다. 앉아 있는 조각상, 누워 있거나 역동적인 자세의 조각상을 만들어도 된다고 알려 주세요.

5 얼굴도 만져 표정까지 따라 해보도록 합니다.

6 지나치게 힘든 자세의 조각상은 만들지 않기로 합니다.

4-24 영화감독과 배우

● 1~6학년 ★★★★★ ● 청소년 ★★★☆☆

상대를 연기하게 하고 표현하게 만드는 연극 놀이입니다. 영화배우가 감독의 각본에 따라 연기하듯이 가위바위보 승패에 따라 각자 맡은 역할을 합니다. 감독은 상대를 춤추게 할 수도 있고 동물 흉내를 내게 할 수도 있어요. 배우는 나름대로 연기를 하며 즐기면 된답니다. 아이들의 다양한 표현을 엿볼 수 있는 놀이입니다.

1 교실에 공간을 확보하고 자연스럽게 선다.

2 자유롭게 걸어 다니다가 선생님이 신호하면 아무나 만나서 가위바위보를 한다.

3 이긴 사람은 '영화감독', 진 사람은 '배우'가 된다.

4 영화감독은 배우에게 간단한 연기를 요구한다. "00 씨, 길을 가다 돈을 줍고 만세를 하는 연기를 보여 주세요", "00 씨, 사자가 바로 뒤에서 쫓아옵니다. 걸음아 날 살려라 있는 힘껏 도망치세요"처럼 가급적 하기 쉬운 장면을 요구한다.

놀이의 팁

1 놀이하기 전에 가위바위보에서 졌다고 속상해하지 말라고 미리 다짐을 받아 둡니다.

2 간단한 연기로 시작했다가 점점 복잡한 연기로 발전시키도록 합니다. '토끼처럼 뛰기', '선생님 흉내 내기', '짱구 흉내 내기' 같은 간단한 설정에서 문장 형태로 발전시켜 연기를 시킵니다.

3 선생님도 참여해 보세요. 가위바위보에서 지는 것도 아이들에게는 큰 선물이 됩니다.

4-25 원시인 놀이

● 1~6학년 ★★★★★ ● 청소년 ★★★★☆

표현력이 좋은 아이가 맨 앞에서 '대장 원시인'이 되고, 나머지 사람들은 뒤따르면서 대장 원시인의 표현을 흉내 내는 연극 놀이입니다. 사냥에 나섰다가 위험에 처하거나 공룡과 맞서 사냥감을 지키는 등 주어진 이야기를 저마다의 개성으로 표현하는 아이들을 만나 보세요.

1 교실에 공간을 확보한 뒤 다섯 명 정도가 한 모둠이 된다.

2 전원이 원시인이 되는데 "우가우가"라는 말 외엔 사용할 수 없다.

3 '대장 원시인'을 뽑아 맨 앞에 세우고 나머지는 뒤에 한 줄로 선다.

4 대장 원시인은 선생님이 제시한 이야기를 듣고 몸으로 적절히 표현한다.

5 나머지 원시인은 대장 원시인의 말과 동작을 그대로 따라 한다.

놀이의 팁 Tip

1 원시인에게 전달하는 내용은 '사냥, 미팅, 탐험, 전쟁'과 같이 줄거리가 있는 것으로 합니다. 예를 들어 원시인 부족이 배가 고파서 숲 속으로 사냥을 갔다가 멧돼지 한 마리를 발견했는데, 오히려 화가 난 멧돼지에게 쫓겨 꽁지 빠지게 도망을 갔다는 이야기를 들려주면, 아이들은 적절한 동작과 몸짓, 표정으로 이야기를 표현합니다.

2 모둠에게 이야기를 어떻게 몸짓으로 표현할 것인지 토의할 시간을 줍니다. 이때 가장 표현력이 뛰어난 아이가 대장 원시인 역할을 맡도록 유도해도 좋습니다.

3 모든 부족이 동시에 연기하는 전체 시간을 보낸 뒤에는, 한 모둠씩 발표하는 것을 보고 감상하는 시간을 갖는 게 매우 중요합니다.

4 연습할 때는 돌아가면서 대장 원시인이 되었다가 공연할 때 나설 대장 원시인을 뽑는 것도 좋습니다.

4-26 월척을 낚자

● 1~6학년 ★★★★★　　● 청소년 ★★★★★

일정한 거리를 유지하면서 상대방을 조정할 수 있는 표현 연극 놀이입니다. 상상의 낚싯대를 드리우고 교실에서 낚시를 즐겨 보세요. 음악에 맞추어 도망가는 물고기, 팽팽하게 당겨진 낚싯줄, 물고기를 낚기 위한 낚시꾼의 사투(?) 등 아이들을 역동적으로 움직이게 만들 수 있습니다.

1 두 명씩 짝이 된다.

2 한 명은 낚시꾼이 되고 다른 한 명은 물고기가 된다.

3 낚시꾼이 낚싯대를 드리우며 다른 한 사람의 신체 부위를 말한다(엉덩이, 볼, 어깨, 코끝 등).

4 물고기는 낚시꾼이 말한 신체 부위에 낚싯바늘이 걸린 것처럼 행동한다.

5 낚싯줄의 길이만큼 거리를 유지한 채 낚시꾼이 낚싯줄을 잡아당기면 물고기가 딸려 가고, 물고기가 반대 방향으로 헤엄치면 낚싯줄이 다시 팽팽해지기를 반복하면서 놀이를 즐긴다.

6 낚시꾼과 물고기 숫자를 점점 불리면서 한다.

놀이의 팁 Tip

1 처음에는 낚싯줄을 짧게 했다가, 점차 길게 합니다.

2 경쾌하고 빠른 음악을 배경에 깔면 동작이 더욱 빠르고 가벼워집니다.

3 낚싯바늘을 다양한 곳에 끼우도록 합니다. 발바닥, 혓바닥, 왼쪽 셋째 손가락, 귓불 등 신체 부위를 좀 더 구체적으로 지정해서 활동하면 표현의 느낌이 달라집니다.

4 긴 낚싯줄에 여러 개의 낚시를 다는 '주낙' 낚시로 발전시키면, 여러 명을 동시에 움직이게 할 수 있습니다.

4-27 이름 댄스

● 1~6학년 ★★★★★ ● 청소년 ★★★★★

자신의 이름을 쓰는 것만으로도 훌륭한 표현이 될 수 있는 놀이입니다. 손가락으로 작게 써 나가던 이름은 팔꿈치로, 무릎으로, 엉덩이로 점점 커집니다. 급기야 내 몸이 붓이 되어 교실 한가득 자기 이름을 쓸 때, 아이들은 멋진 경험과 마주하게 됩니다.

1 교실에 공간을 확보하고 자유롭게 선다.

2 두 손가락을 앞으로 내밀고 음악에 맞추어 아주 작게 자기 이름을 쓴다.

3 선생님이 제안하는 신체 부위로 이름을 쓴다(팔꿈치, 코, 배꼽, 엉덩이, 어깨, 무릎 등).

4 마지막에는 몸 전체가 붓이 되었다고 가정하고 동작을 크게 하여 이름을 쓴다.

놀이의 팁 Tip

1 활동에 들어가기 전에 음악을 10초 정도 들으며 리듬을 느껴 봅니다.

2 처음에는 아주 작게 썼다가 점점 크게 쓰도록 합니다.

3 무릎을 굽혔다 펴는 반동으로도 쓰고 천장을 향해 펄쩍 뛰면서 시원시원하게 쓰라고 하세요.

4 처음 만나는 자리에서 이름을 물어보고 상대방 이름을 쓰게 할 수도 있습니다.

5 구석에 물감을 놓아두고 몸에 물감을 묻혀 그림을 그리게 하는 즉흥 무용 형태로 발전시킬 수 있습니다.

4-28 이야기 체험하기

● 1~6학년 ★★★★★   ● 청소년 ★★★★☆

이야기 내용을 직접 체험해 보는 활동입니다. 선생님이 들려주는
말에 따라 즉흥적으로 반응하고 표현하면서 이야기 내용을 더욱
실감 나게, 깊게 이해할 수 있는 방법입니다.

1 아이들과 함께 글을 읽는다.

2 글 속의 주요 사건을 찾아본다(《로빈슨 크루소》를 읽었다면, '로빈슨은 바다에서 태풍을 만나 표류했다', '로빈슨은 무인도에 혼자 남게 됐다', '로빈슨은 사냥을 했다', '로빈슨은 불을 피웠다', '로빈슨은 곡식을 발견했다' 등).

3 교실에 활동할 공간을 확보한 뒤, 자유롭게 선다.

4 선생님이 문장을 불러주면 그 문장의 상황을 즉흥적으로 표현한다("여러분은 로빈슨크루소가 되어 배를 타고 항해를 하고 있습니다. 그런데 갑자기 배가 흔들리기 시작합니다. 폭풍이 여러분의 배를 부수고 있습니다. 겨우 널빤지 하나를 잡고 헤엄을 치게 됩니다" 등).

5 표현이 끝난 뒤 느낌을 주고받는다.

놀이의 팁 Tip

1 전체가 함께 참여하는 활동입니다. 지켜보는 사람이 없으므로 자유로운 참여가 가능합니다.

2 표현을 잘했다, 잘못했다는 생각보다는 이야기를 듣고 그 상황처럼 몸을 움직여 보고 말하는 쪽으로 진행합니다.

3 문장 안에는 표현을 할 단어를 넣어서 이야기합니다(허우적거린다, 붙잡는다, 기어다닌다, 던진다 등).

4 한 문장을 듣고 5초 정도 표현을 한 뒤 종소리 등을 이용해 멈추고, 다시 한 문장을 듣고 짧은 표현하기를 반복하는 형태로 진행합니다.

4-29 인간 레고 놀이

● 1~6학년 ★★★★★   ● 청소년 ★★★★★

. . . .

몸과 몸을 연결시켜 대형 조각상을 만드는 활동입니다. 주제를
정해 서로 토의하고 아이디어를 내면서 협동심과 창의력을 발휘
할 수 있습니다. 동작과 소리까지 넣어서 표현하게 하면 많은 의
미를 담아 낼 수 있지요. 수업에 다양하게 적용할 수 있는 매력
만점의 연극 놀이랍니다.

놀이 방법 How to play

1 네 명에서 열 명이 한 모둠이 된다.

2 주제를 정하고 서로 몸을 연결할 방법을 토의한다.

3 몸을 한데 모아 작품을 완성한다.

4 다 만든 모둠 작품을 서로 감상하고, 움직여 본다.

놀이의 팁 Tip

1 놀이 전에 모둠별로 토의하는 시간을 꼭 갖도록 합니다.

2 토의 시간은 너무 길지 않게, 3~5분이 적당합니다.

3 주제를 다양하게 제시합니다. 탈것이나 유명한 건축물, 전자제품, 교실 안의 물건, 식물 등 눈에 보이는 사물로 출발해서 사랑, 고통 등 추상적인 주제로 넘어가세요.

4 다 만들고 난 뒤에는 작품을 설명할 기회를 줍니다.

4-30 인간 찰흙 놀이

● 1~6학년 ★★★★★ ● 청소년 ★★★★★

두 사람이 짝이 되어 완성하는 놀이입니다. 수업에 적용할 수 있는 요소가 많고, 몸으로 만든 조형물에 여러 의미를 부여할 수도 있어 여러 모로 유익합니다. 친구의 몸을 이렇게 저렇게 움직이면서 멋진 작품을 구상하는 모습에 자못 교실이 진지해진답니다.

1 두 명이 짝이 된다.

2 한 명은 조각가, 다른 한 명은 찰흙이 된다.

3 하나의 주제를 주면 그 주제에 맞게 조각가는 찰흙에 해당하는 친구를 자유롭게 움직여 조형물 만든다.

4 완성한 조형물을 중앙에 진열하여 감상하고, 작가에게 작품 설명을 듣는다.

5 역할을 바꾸어 활동한다.

놀이의 팁 Tip

1 누가 봐도 주제가 잘 드러나도록 동작을 크게 만들라고 하세요.

2 2~3분 안에 만들도록 합니다. 순발력을 발휘할 수 있는 기회가 됩니다.

3 조형물을 중앙에 모아 놓으면 근사한 전시장이 됩니다. 다른 작가의 작품을 보고, 표현이 좋은 작품을 뽑아 보게 하세요.

4 조형물을 만들 때는 얼굴 표정까지 고려해서 만듭니다.

5 주제에 따라 색다른 의미가 조형 작품에 부여됩니다. 예를 들어 '미래의 내 모습', '내가 원하는 엄마', '이런 선생님을 만나고 싶어요'와 같은 주제를 정해 주면, 아이들은 고민하면서도 쉽게, 자신의 바람을 드러내지요.

4-31 인물과 대화하기 _1탄

● 1~2학년 ★★★☆☆　● 3~6학년 ★★★★★　● 청소년 ★★★★★

. . . .

글 속의 주인공을 앞으로 불러내는 방법입니다. 빈 의자를 놓고
글 속의 주인공이 있다고 생각하고 주인공에게 하고 싶은 말을
마음껏 해보세요. 의자에 앉아 있는 주인공은 그 말을 모두 들어
준답니다.

1 아이들과 함께 글을 읽는다.

2 글을 다 읽고 글 내용을 확인한다.

3 글 속의 주인공 중 한 명에게 하고 싶은 말을 생각한다. 그리고 그 말을 간
단히 글(편지)로 쓴다.

4 칠판 앞 빈 의자에 주인공이 있다고 가정한다.

5 주인공에게 편지를 읽어 주거나 하고 싶은 말을 한다.

놀이의 팁 Tip

1 선생님이 간단한 시범을 보여 주면 좋습니다.

2 글의 분위기에 맞는 음악을 틀어 주세요.

3 의자 방향에 따라 아이들의 활동이 달라집니다. 처음에는 의자를 아이들 쪽으로 향하게 했다
가, 나중에는 칠판을 향하게 하면 자연스럽게 말하는 학생이 반 친구들을 향하게 됩니다.

4 표현력이 있는 아이에게 먼저 발표를 시켜서 전체적인 분위기를 만드는 것도 좋습니다.

4-32 인물과 대화하기 _2탄

● 1~2학년 ★★★☆☆　● 3~6학년 ★★★★★　● 청소년 ★★★★★

빈 의자와 대화하는 방법이 일방적으로 말을 쏟아 내는 것이라면, 2탄은 상호작용이 생기는 놀이입니다. 주인공 역할을 할 친구를 정해서 앞으로 불러내고, 궁금한 것을 묻고 답하게 해주세요. 아이들의 상호작용을 관찰할 수 있답니다.

········· 놀이 방법 How to play

1 아이들과 함께 글을 읽는다(일례로 〈로빈슨 크루소〉).

2 글을 다 읽고 글 내용을 함께 확인한다.

3 글 속의 주인공 중 한 명에게 하고 싶은 질문을 두세 개 생각한다('어떻게 해서 이 섬에 혼자 있게 됐나요?', '지금 가장 보고 싶은 사람은 누구인가요?' 등).

4 역할을 연기할 친구를 지원받는다.

5 앞으로 나온 사람은 글의 주인공처럼 생각하고 답한다.

6 미리 생각했던 질문을 주고받는다.

놀이의 팁 Tip

1 국어, 도덕 교과에 적용할 수 있는 효과적인 연극 놀이 기법입니다.

2 질문할 때 장난으로 하기보다는 미리 생각했던 질문을 말하도록 합니다.

3 엉뚱한 질문을 하는 친구가 있을지라도 재치 있게 답변하라고 일러 주세요.

4 글 속의 인물은 아니지만 그와 관련된 또 다른 사람을 불러낼 수 있습니다(로빈슨 크루소의 사냥개, 옆에서 지켜본 나무 등).

4-33 인물과 대화하기 _3탄

● 1~2학년 ★★★☆☆ ● 3~6학년 ★★★★★ ● 청소년 ★★★★★

. . . .

이야기 속의 핵심 인물을 모두 불러내서 서로 상호작용을 보거나 인터뷰를 해보는 놀이입니다. 주인공과 대화하는 법에 익숙해졌다면 여러 인물로 응용해서 진행해 보세요. 교과에 적용할 수 있는 장점이 많은 놀이입니다.

1 아이들과 함께 글을 읽는다(《흥부와 놀부》).

2 주요 인물을 찾아본 뒤 각 인물에게 묻고 싶은 말을 두세 개 준비한다.

3 역할을 맡을 아이들을 지원받는다(흥부, 흥부 아내, 놀부, 놀부 아내, 제비 등).

4 칠판 앞 의자에 책 속의 인물이 모두 앉고, 각 질문에 답을 한다.

5 각 인물은 주어진 질문에 답을 하거나 서로 대화를 주고받으며 상호작용을 한다.

놀이의 팁 Tip

1 국어, 도덕 교과에 적용할 수 있는 효과적인 연극 놀이 기법입니다.

2 지원자가 너무 많다면 간단한 오디션을 거칠 수 있습니다('흥부처럼 걸어 보기', '놀부처럼 소리 질러 보기' 등).

3 앞에 나온 인물끼리 각자의 입장에서 대화를 주고받게 합니다.

4 등장인물 외에 더 필요한 인물이 있다면 초대해 보세요.

4-34 일으켜 세워!

● 1~6학년 ★★★★★   ● 청소년 ★★★★★

· · · · · · · · · ·

즉흥 연기, 즉흥 표현으로 즐기는 연극 놀이입니다. 상황에 어울
리는 아이디어를 내고 연기하면서 반응을 알아보고, 반응에 맞게
대처하는 재미가 있습니다. 상대방이 받아들일 수밖에 없는 대사
와 상황이 무엇인지 곰곰이 생각해 보세요. 기발한 발상을 내놓
는 친구는 주위의 박수와 탄성을 받게 된답니다.

1 의자를 놓고 한 사람을 앉게 한다.

2 그 사람을 신체 접촉 없이 자리에서 일어나게 할 수 있는 상황을 생각한다.

3 한 명씩 의자에 앉아 있는 친구 앞에서 자신이 짜낸 연기를 한다(노인을 연기하며 "아이고 다리야, 허리야, 어디 빈자리 없나?" 등).

4 앉아 있는 사람은 그 상황에 맞게 연기한다.

5 자리에서 일어나면 역할을 바꾸고, 그렇지 못한 경우에는 다른 사람이 도전한다.

놀이의 팁 Tip

1 의자에서 일어날 수밖에 없는 상황이 무엇일지 생각할 시간을 충분히 주세요.

2 설명할 때는 직접 시범을 보이고, 선생님이 한 번 성공시켜 주는 것이 필요합니다.

3 상황 연기, 표현을 실감나게 하도록 해주세요.

4 아이들 모두가 할 필요는 없습니다. 지원자를 받아 진행해 보세요.

5 '구두쇠에게 기부금 받아 내기', '슬퍼하는 사람 웃게 만들기' 등 여러 가지 상황으로 발전시켜 봅니다.

4-35 자석 놀이

● 1~6학년 ★★★★★　● 청소년 ★★★★☆

같은 극은 서로 밀어내고 다른 극은 붙는 자석의 성질을 이용한
연극 놀이입니다. 친밀감을 높이고 서로를 가깝게 만드는 효과가
있습니다. 다양한 신체 부위를 이용하면 아이들이 금세 놀이에
친숙해집니다. 쉬는 시간 짝과도 간단히 즐길 수 있습니다.

1 교실에 공간을 확보하고 자유롭게 선다.

2 음악에 맞추어 자연스럽게 걸어 다닌다.

3 선생님이 "같은 극"이라고 외치면 서로 떨어져서 다니다가 "다른 극"이라 고 하면 가까이에 있는 사람과 붙는다.

4 몇 번 반복하다가 익숙해지면, 명령어에 신체 부위를 넣어 제시한다('다른 극 머리와 머리', '같은 극 다리와 다리', '다른 극 손과 이마' 등).

놀이의 팁 Tip

1 경쾌한 음악을 틀어 놓고 활동합니다.

2 안대를 쓰고 하는 활동으로 응용할 수 있습니다.

3 자석의 성질을 보여 주고 활동하면 좋습니다.

4 다양한 신체 부위가 붙도록 해 재미있는 순간을 만들어 주세요('발바닥과 발바닥', '등과 등', '손바닥과 종아리' 등).

4-36 조각상 릴레이

● 1~6학년 ★★★★★ ● 청소년 ★★★★★

창의적인 표현 활동을 할 수 있는 연극 놀이입니다. 구상을 한 뒤에 적절히 표현하는 게 무엇보다 중요합니다. 친구가 만든 조각상에 어울리는 조각상이 무엇일까 생각하면서 새로운 장면을 떠올리고 상황을 만들어 가므로, 아이들이 매우 흥미롭게 즐길 수 있습니다.

1 교실에 공간을 확보하고 두 사람이 짝이 되어 선다.

2 한 사람(A)이 몸으로 조각상을 만들고, 짝(B)은 그 조각과 어울리는 조각상을 연출한다.

3 B가 조각상을 완성하면 이어서 A가 B의 조각상을 바라보고 그에 어울리는 조각상을 표현한다.

4 이런 방식으로 앞 사람에 어울리는 조각상을 만들며 놀이를 이어 간다.

놀이의 팁 Tip

1 가볍고 경쾌한 음악을 조용히 틀어 놓고 활동합니다.

2 너무 깊이 고민하지 말고 가능한 한 빨리 조각상을 만들도록 합니다.

3 '상대방이 표현한 조각상보다 좀 더 강하게 만들어 보세요' 등으로 표현의 강도를 높일 수 있습니다.

4 선생님이 몸으로 시범을 먼저 보여 줍니다.

4-37 종이로 표현하는 마음

● 1~2학년 ★★★☆☆   ● 3~6학년 ★★★★★   ● 청소년 ★★★★★

매체를 이용해 마음을 표현하는 놀이입니다. 종이나 석고붕대, 찰흙 등의 재료에 자신의 감정을 투영해 의미를 부여합니다. 아이들은 종이 한 장에 어떤 마음을 담을까요? 의외의 방법을 발견할 수도 있고 아이들의 심리를 살짝 엿볼 수도 있는 흥미로운 활동입니다.

1 종이를 한 장씩 받은 다음 선생님이 들려주는 이야기를 듣는다. 이야기는 익숙한 동화도 좋고, 선생님이 창작한 이야기도 좋다.

2 이야기를 듣고 난 뒤 마음을 종이로 표현한다.

3 종이를 접거나 구기거나 구멍을 내는 등 다양한 방식으로 각자의 마음을 종이에 옮긴다.

4 정해진 시간이 지나면 자신이 만든 작품을 설명한다.

놀이의 팁 Tip

1 인물의 감정, 전체적인 줄거리에 대한 느낌을 알아보는 데 좋습니다. 그냥 "좋아요"라고 답하는 아이들에게, 종이에 의미를 부여하고 충분한 느낌을 표현해 보라고 알려 줍니다.

2 이면지를 활용하면 좋습니다.

3 천이나 석고붕대, 찰흙 등을 활용하면 표현이 훨씬 다채로워집니다.

4 교과 이야기에 적용할 수 있습니다.

4-38 좋아요, 싫어요!

● 1~2학년 ★★★☆☆　● 3~6학년 ★★★★★　● 청소년 ★★★★★

대사를 만들고 감정을 경험하는 연극 놀이입니다. 상황을 파악하고 내가 해야 하는 대답에 맞게 연기까지 해야 합니다. 상황과 대답의 부조화로 웃음이 터지는 시간이 되지요. 아이들은 상대방을 당황하게 만들려고 짓궂은 대사를 짜내느라 머리를 싸맨답니다.

1 두 명씩 짝이 된다.

2 가위바위보를 해서 이긴 사람은 진 사람에게 말을 한다. "당신은 정말로 아름답고 우아하시군요!", "당신은 오늘 매우 지루해 보이네요" 등으로 어떤 말이든 가능하다.

3 상대는 어떤 말을 듣든지 "좋아요!" 또는 "맞아요!"라고 동의한다.

4 정해진 시간이 지나면 이번에는 "싫어요!"나 "아니에요!"라는 부정의 대답을 하도록 한다.

5 짝과 헤어지고 자유롭게 걷다가 선생님의 신호에 새로운 짝을 만나서 다시 진행한다.

놀이의 팁 Tip

1 대답할 때는 최대한 과장된 몸짓으로 합니다.

2 짝끼리 활동하고 나면 선생님이 말을 하고, 전체 학생이 몸으로 표현해도 됩니다.

3 좋거나 싫은 표정, 어떤 말을 건네면 좋을지 생각하게 해주세요.

4 시간이 지날수록 좀 더 크게 표현하고 대답하게 하면 분위기가 더욱 고조됩니다.

4-39 주인공 따라 하기

● 1~6학년 ★★★★★   ● 청소년 ★★★★☆

· · · · · · · · · ·

주인공을 따라 하면서 즐기는 연극 놀이입니다. 주인공이 하는 말과 행동을 반 아이들이 똑같이 따라 하면 교실은 금세 시끌벅적해집니다. 넉살(?)이 좋고 외향적인 한두 명을 주인공으로 뽑아 놀이를 시작해 보세요. 아이들 모두 왁자하게 즐길 수 있는 시간이 된답니다.

1 교실에 공간을 확보한 뒤 자유롭게 선다.

2 누군가의 목에 목도리(또는 천)가 걸리면 '주인공'이 된다.

3 주인공은 자유롭게 동작을 취하고 다른 사람들은 주인공의 말과 동작을 따라 한다.

4 주인공이 표현을 마치면 다른 친구에게 목도리를 걸어 준다.

5 새로운 주인공을 계속 뽑으면서 놀이를 진행한다.

놀이의 팁 Tip

1 아주 신 나는 음악을 틀어 놓고 합니다.

2 목도리 대신 천, 모자, 가방 등 '주인공'을 상징할 만한 도구를 이용해도 좋습니다.

3 주인공이 쑥스러워 아무것도 표현하지 못하면, 모두가 쑥스러워하는 모습을 따라 하면 됩니다.

4 처음에는 표현력이 좋고 명랑한 친구를 주인공으로 선정해서 분위기를 띄워 보세요.

5 선생님도 주인공이 되어 아이들과 함께 즐기면 더욱 좋습니다.

4-40 지브리쉬어로 말하기

● 1~2학년 ★★★☆☆   ● 3~6학년 ★★★★☆   ● 청소년 ★★★★☆

'지브리쉬어'는 무의미한 말을 뜻합니다. 대사를 만들고 표현하는 것에 부담을 느끼는 학생들이 재미있게 접근할 수 있는 연극 놀이지요. 반 아이들 모두 이 세상에 존재하지 않는 '지브리쉬'란 나라에 살고 있다고 약속한 뒤, 서로 이야기를 나누어 보세요. 바로 웃음이 튀어나옵니다.

1 모두 지브리쉬 나라에 왔다고 약속한다.

2 지브리쉬 나라에서는 꼭 '지브리쉬' 언어를 사용해야 한다.

3 선생님이 제시한 주제에 맞게 나와서 지브리쉬 언어로 표현해 본다.

4 지브리쉬로 표현하는 것을 모두 듣고 어떤 내용인지 추측한다.

5 말한 사람과 추측한 것을 비교한다.

놀이의 팁 Tip

1 무의미한 낱말을 연속하는 것도 좋지만 '우가우가', '깐따삐아' 등의 한 단어만 사용하도록 할 수 있습니다.

2 선생님이 시범을 보여도 좋지만, 표현력이 좋은 한두 명의 아이에게 미리 연습을 시키고 시범을 보이도록 해도 됩니다.

3 어느 정도 익숙해지면 지브리쉬어로 말하다가 우리 말로 하는 등 중간중간 변화를 주세요.

4 우리 말로 할 때 감정과 높낮이가 있는 것처럼 지브리쉬어로 말할 때도 억양과 어조의 변화를 생각하면서 길게, 느리게, 강세를 생각하며 말하도록 합니다.

4-41 친구야, 난 누구니?

● 1~6학년 ★★★★★ ● 청소년 ★★★★★

온몸을 사용해 표현해야 하는 연극 놀이 중 하나입니다. 등에 붙어 있는 단어를 몸으로 표현해 알려 주고 추측해 맞혀야 합니다. 친구들의 힌트를 듣고 또 힌트를 주면서, 자연스러운 표현 방법을 떠올리고 터득하는, 매력 넘치는 활동입니다.

1 종이를 나누어 준다.

2 하나의 주제를 정하고, 그에 맞는 단어를 종이에 쓴다(동물, 식물, 음식 등).

3 다 쓴 종이를 접착테이프를 이용해 친구의 등에 붙인다.

4 선생님이 신호하면 반 친구들을 만나서 몸짓으로 알려 준다.

5 교실 이곳저곳을 돌아다니며 서로 등에 붙어 있는 단어를 보여 주고, 몸으로 표현해서 알려 주기를 반복한다.

6 정해진 시간이 지나면, 자리에 앉아 자기 등에 붙어 있는 단어를 말한다.

놀이의 팁 Tip

1 단어를 적어서 친구 등에 붙일 수도 있지만, 라벨 종이를 미리 출력해 놓아도 좋습니다.

2 처음에는 동물로 시작하지만, 교과서에 나온 단어를 이용해도 좋습니다.

3 놀이를 할 때는 말을 해선 안 됩니다. 침묵 속에서 몸으로만 하도록 합니다.

4 표현할 때는 평소보다 과장되게 합니다.

5 등에 붙은 단어를 추측하기 어려우면, 반 전체가 그 아이에게 몸으로 힌트를 주는 시간을 운영해 봅니다.

4-42 캐릭터 타임

● 1~2학년 ★★★☆☆   ● 3~6학년 ★★★★★   ● 청소년 ★★★★★

인물, 장소, 성격을 뽑아 보고 그에 맞게 연기를 하는 즉흥 연극 놀이입니다. 생각지도 못했던 인물을 뽑아서 의외의 장소에서 사건을 진행시키면 의외의 웃음이 유발됩니다. 상상과 즉흥의 정점을 찍는 캐릭터 놀이! 2학기에 하면 좋습니다.

1 쪽지를 세 장씩 나누어 준다.

2 한 장에 특정 직업 또는 모두가 알 만한 사람을 적게 한다(경호원, 축구선수, 슈퍼맨, 신부님, 헐크 등).

3 두 번째 쪽지엔 장소를 적는다(화장실, 예식장, 목욕탕, 병원, 나이트클럽 등).

4 세 번째 종이에 사건을 적는다('서로 싸웁니다', '함께 춥니다', '사랑을 고백합니다' 등).

5 적은 쪽지를 세 개의 통에 넣어 두고 섞는다.

6 두 사람을 뽑아서 인물을 하나씩 뽑고, 장소와 사건에 해당되는 것을 한 장 뽑는다.

7 뽑은 세 장으로 문장을 만든다('슈퍼맨과 학생이 화장실에서 춤을 춥니다', '축구 선수가 목욕탕에서 사랑을 고백합니다' 등).

8 30초 정도 그에 맞게 연기를 하고 들어온 뒤, 다른 학생이 나가 쪽지를 뽑 아 상황에 맞게 연기한다.

놀이의 팁 Tip

1 너무 장난스럽게 쓰지 않도록 합니다('똥을 눴습니다', '똥침을 했습니다' 등).

2 처음에는 두 명이 쪽지를 뽑아 진행하지만 차차 서너 명으로 인원을 늘릴 수 있습니다.

3 연기를 잘하고 표현이 좋은 아이들을 대상으로 놀이를 시작합니다.

4-43 크레센도

● 1~6학년 ★★★★★　　● 청소년 ★★★★★

목소리로 활동하는 놀이입니다. 크레센도(Crescendo)는 '점점 세게'라는 뜻을 지닌 음악 용어입니다. 정해진 주제로 이야기를 나누는데, 짝과 점점 거리가 멀어집니다. 짝에게 목소리를 들리게 하려면 목청을 점점 높여야겠지요?

1 공간을 확보한 뒤 두 줄로 마주 보고 선다.

2 주제1을 서로 이야기한다(내가 좋아하는 음식, 싫어하는 음식 등).

3 어느 정도 시간이 지나면 모두 한 걸음씩 뒤로 물러선 뒤, 주제2를 이야기
한다(얼마 전에 본 영화 제목과 간단한 내용).

4 이렇게 한 걸음씩 뒤로 물러선 뒤 정해진 주제에 대해 이야기를 나눈다. 뒤
로 물러날수록 목소리를 크게 해야 한다.

5 최대한 거리를 두고 활동 한 뒤, 처음 자리로 돌아온다.

6 선생님은 친구에게 들은 이야기를 물어본다("짝이 얼마 전에 본 영화는 무엇이
었나요?" 등).

놀이의 팁 Tip

1 한 걸음씩 뒤로 물러설 때마다 목소리를 키워야 정보가 전달된다고 안내해 주세요.

2 짝이 맞지 않으면 선생님이 짝이 되어 활동하면 좋습니다.

3 앞에서 안내한 여러 놀이들처럼 관계 형성, 만남의 놀이, 친밀감 등의 다양한 방법으로 응용할
수 있습니다.

4 주제를 정할 때는 아이들에게 아이디어를 얻습니다.

5 크레센도 활동이 끝나고 상대방에 대해서 물어볼 때 선생님이 다니면서 적절하게 두 개 정도
의 질문을 합니다. 맞히면 칭찬을 못 맞히면 짝을 보고 "죄송합니다~" 등의 간단한 인사를 하
게 해주세요.

4-44 투명공을 피해라!

● 1~6학년 ★★★★★ ● 청소년 ★★★★★

자연스러운 몸동작과 웃음이 만나는 가운데 집중력이 커지는 연극 놀이입니다. 가상의 투명공을 던지면 날아오는 공을 피해야 합니다. 공을 피해서 앉고, 뛰고, 멈추는 재미있는 시간을 만들어 보세요.

1 공을 던지는 사람을 한 명 뽑고 투수라고 약속한다.

2 다른 사람은 투수와 3~5미터쯤 떨어져 투수가 던지는 (보이지 않는 투명한) 공을 피한다.

3 투수가 공을 위로 던지면, 모두 아래로 쪼그려 앉는다.

4 투수가 공을 아래로 던지면 점프해서 공을 피한다.

5 투수가 공을 오른쪽으로 던지면 왼쪽으로, 왼쪽으로 던지면 오른쪽으로 피한다.

6 투수가 "짝!" 하고 박수 치면(공을 글러브에 넣으면) 움직이지 않는다.

7 정해진 방법대로 피하지 못하면 공에 맞은 것이 되어 밖으로 나온다.

8 마지막까지 남은 사람이 새로운 '투수'가 되어 놀이를 이어 간다.

놀이의 팁 Tip

1 피할 때는 큰 동작으로 합니다.

2 처음에는 천천히 진행했다가 점차 빨라지도록 합니다.

3 전체 놀이로 했다면 아이들을 몇 개의 모둠으로 만들어 돌아가면서 합니다.

4-45 포수 놀이

● 1~6학년 ★★★★★　　● 청소년 ★★★★★

. . . .

역할이 적혀 있는 쪽지를 이용해 표현을 만들어 내는 연극 놀이
입니다. 왕이 되면 대사를 하고, 그 대사에 맞게 나머지 사람들이
표현하고, 즉흥적인 상황을 연출해야 합니다. 쪽지로 역할을 뽑
는 재미가 쏠쏠합니다.

1 인원수에 맞게 쪽지를 준비한다.

2 왕, 사냥꾼, 여러 동물 등을 쪽지에 적는다.

3 쪽지를 머리 위로 던지고, 바닥의 쪽지 가운데 하나를 뽑는다.

4 각자 자기 역할에 맞는 동작을 취한다(왕은 정해진 의자에 앉고, 사냥꾼은 총을 쏘는 동작, 동물들은 각자의 역할에 맞게).

5 왕에 해당된 사람은 "여봐라 사냥꾼 게 없느냐!!" 등의 대사로 사냥꾼을 찾는다.

6 사냥꾼에 해당된 사람은 "네, 대령했습니다!" 하고 왕 앞에 앉는다.

7 왕은 쪽지에 적힌 동물 가운데 하나를 잡아 오라고 시킨다.

8 사냥꾼은 다른 친구들 가운데 한 명을 골라 잡아 오도록 하고, 잡아 온 동물이 맞는지 확인한다.

놀이의 팁 Tip

1 활동할 공간이 넓으면 술래잡기 형태로 진행해도 되지만, 좁다면 동작을 보고 해당 동물을 데려 오는 형식으로 진행해도 됩니다.

2 인원이 많으면 포수를 두 명 뽑습니다.

3 동물에 해당된 사람은 몸동작으로 자신이 어떤 동물인지 알려 줄 수 있도록 특징을 잘 살리라고 일러 주세요.

4 즉흥적으로 다양한 상황을 만들어 봅니다.

4-46 Stop 놀이

● 1~3학년 ★★★☆☆   ● 4~6학년 ★★★★★   ● 청소년 ★★★★☆

· · · · · · · · · · · · ·

대사 한 마디로 현재 진행 중인 연극 무대를 바꿀 수 있는 즉흥
놀이입니다. 친구들의 즉흥 연기를 보다가 자신도 무대로 뛰어
들어가 극의 상황을 반전시킬 수 있습니다. 도덕 교과 시간에 활
용하기에 좋으며, 아이들의 재치와 순발력을 발견할 수 있는 색
다른 재미가 있습니다.

1   교실에 공간을 확보한다.

2   아이들을 전부 가장자리에 자리 잡게 하여 빈 공간을 무대로 만든다.

3   선생님이 제시한 주제에 맞게 한 명이 연기를 시작한다.

4   친구의 연기를 보다가 자신이 할 만한 역할이 떠오르면 조용히 손을 든다.

5   선생님은 "Stop"이라 외치면서 손든 사람 중 한 명을 지목한다.

6   지목된 사람은 상황에 어울리는 대사를 한 마디 하고 무대로 들어간다.

7   무대에 들어간 사람은 이전 사람과 어울려 즉흥 연기를 한다.

8   아이들이 전부 무대로 나올 때까지 즉흥 연기를 진행한다.

놀이의 팁 Tip

1   "Stop"을 외치는 순간이나 손 든 아이를 지목하는 것 등 선생님이 전체를 통제하는 것이 좋습니다.

2   반 아이들이 전부 역할을 맡아 나올 수 있도록 유도합니다.

3   선생님이 "Stop"을 외치면 하던 연기는 잠시 멈추는 것으로 약속합니다.

4   길을 가다 돈을 발견한 상황, 사건 사고의 피해자와 가해자, 옛 친구를 우연히 만난 상황 등 다양한 주제로 진행해 봅니다.

감동과 행복을
만드는 교실 놀이

239

5부

쉬는 시간, 친구들과 놀아요

선생님이 없어도 아이들끼리 즐길 수 있는 놀이를 모았습니다.
쉬는 시간에 옹기종기 모여서 놀다 보면 친구들과 더 가깝고 친해지지요.
노는 법을 잘 몰라 웅성대기만 하는 아이들에게 신명 나게 즐길 수 있는
활동을 알려 주세요. 쉬는 시간이 모자랄 지경이 된답니다.

5-01 고백 점프!

● 1~2학년 ★★★☆☆　　● 3~6학년 ★★★★★　　● 청소년 ★★★★★

전 국민이 즐기는(?) 국민 놀이입니다. 세 박자에 맞추어 진행하고 3의 배수에 이르면 고, 백, 점프 중 하나를 선택해야 합니다. 동그랗게 모아 앉아 노는 마당을 마련해 주세요. 모두가 즐기는 놀이지만 마냥 쉽지만은 않아 정신을 집중해야 하는 놀이입니다.

··········· 놀이 방법 How to play

1 다섯에서 열 명이 모둠을 지어 원으로 둘러앉는다.

2 함께 "고 백 점프, 고 백 점프"라고 외치면서 '무릎-손뼉-양손 엄지 내밀기' 순으로 세 박자를 맞춘다.

3 첫 번째 사람부터 숫자를 세기 시작한다.

4 3의 배수에서 '고', '백', '점프' 중 하나를 선택하여 말한다.

5 앞 사람이 "고(Go)"를 외치면 순서대로 숫자를 잇고, "백(Back)"을 외치면 반대 방향, "점프(Jump)"는 한 사람 건너뛰고 진행한다.

6 자기 차례가 왔는데 수를 틀리게 말하거나 얼버무리면 걸린다.

놀이의 팁 Tip

1 진행 순서만 잘 정하면 반 전체가 함께 즐길 수 있습니다.

2 영어로 숫자를 불러도 되고, 5에서는 다른 사람 이름을 부르고 그 사람부터 이어 가도록 응용해도 재미있습니다.

3 선생님도 아이들과 같이 해보세요.

4 수학여행 가는 차 안에서, 방과 후 아이들과 함께 해보세요.

5-02 공동묘지 으악!

● 1~6학년 ★★★★★　● 청소년 ★★★★☆

. . . .

쉬는 시간에 교실 뒤에 둘러앉아 신 나게 즐길 수 있는 놀이입니다. "으악!" 하고 소리 지르면서 수업 중 움츠러들었던(?) 몸과 마음을 풀 수 있습니다. '으악'의 횟수가 점차 늘어나므로 잠시도 한눈을 팔아서는 안 된답니다.

1 교실에 공간을 확보한 뒤, 열 명 정도가 한 모둠이 되어 둥그렇게 앉는다.

2 시작할 사람을 정한 뒤 "공동묘지 공동묘지"라는 구호와 함께 오른쪽으로 돌아가면서 순서대로 말을 한다.

3 '무릎-손뼉-양손 엄지 내밀기' 순으로 세 박자를 맞춘다.

4 양손 엄지를 내밀 때, "공/ 동/ 묘/ 지/ 공동/ 묘지/ 공동묘지/ 으악/ 공/ 동/ 묘/ 지/ 공동/ 묘지/ 공동묘지/ 으악/ 으악/……" 순으로 점차 '으악'의 횟수를 늘려 간다.

5 정해진 순서에 하지 못하면 걸린다.

놀이의 팁 Tip

1 시작 구호를 아주 크게 하도록 합니다.

2 선생님도 함께 놀아 보세요.

3 이 놀이를 시작으로 비슷한 놀이 몇 가지를 더 알려 주어도 됩니다.

4 쉬는 시간에도 아이들끼리 앉아서 할 수 있도록 안내해 주세요.

5-03 눕게 되는 가위바위보

● 1~6학년 ★★★★★ ● 청소년 ★★★★☆

가위바위보의 승패에 따라 정한 순서대로 단계별 벌칙을 서는 놀이입니다. 몸으로 벌을 서야 하므로 아이들은 점점 승부욕에 불타게 되지요. 탄식과 환호가 엇갈리는 가운데 바닥에 먼저 눕는 사람은 누구일까요? 부담 없이 즐기는 가위바위보로 교실이 시끌벅적해진답니다.

1 두 사람이 마주 보고 가위바위보를 한다.

2 가위바위보에서 지면 정한 순서에 따라 단계별로 벌칙을 선다.

3 벌칙 순서는 '오른쪽 다리 꿇기 → 왼쪽 다리 꿇기 → 왼손을 바닥에 대기 → 엉덩이 바닥에 붙이기 → 눕기'이다.

4 바닥에 먼저 눕는 사람이 진다.

놀이의 팁 Tip

1 쉬는 시간에 즐기라고 아이들에게 알려 주었지만, 전체 가위바위보 게임으로 응용하면 선생님과 같이 즐길 수 있습니다.

2 아이들에게 벌칙을 추가로 만들라고 하세요. 놀이가 더 흥미진진해집니다.

3 몸을 바닥에 대는 벌칙 대신 '왼손 흔들기', '왼손 올렸다 내리기', '앉았다 일어나기' 등으로 벌칙을 바꿀 수 있습니다.

5-04 다리 빼기 놀이

● 1~4학년 ★★★★★   ● 5~6학년 ★★★☆☆   ● 청소년 ★☆☆☆☆

· · · · · · · · · · ·

추운 겨울밤 이불 위에서 가족과 함께 했던 추억의 놀이입니다.
친구끼리 앉아 다리를 엇갈려 놓고 노래 부르면서 즐길 수 있습
니다. 저학년 아이들은 쉬는 시간에 깔깔대며 몰입하곤 하지요.
누구 다리가 오래 살아남을까요? 다리를 접을 때마다 아이들은
아쉬움에 한숨을 크게 내쉽니다.

1 네 명 또는 여섯 명이 짝수로 모둠을 짓는다.

2 서로 마주보고 앉아 다리를 한 쪽씩 사이사이 낀다.

3 술래를 한 명 정한다. 술래는 한 음절에 한 다리씩 짚으며 노래를 부른다.

4 노래가 끝났을 때 술래의 손이 멈춘 다리는 접고, 다시 노래를 부른다.

5 마지막까지 다리가 남아 있는 사람이 이긴다.

놀이의 팁 Tip

1 동성 친구끼리 합니다.

2 학교에서 배운 노래로 하면 좋습니다.

3 한 번에 노래 하나씩, 여러 노래를 부르도록 하세요.

4 술래가 손으로 칠 때 너무 세게 치지 않도록 합니다.

5-05 돼지씨름

● 1~6학년 ★★★★★　● 청소년 ★★★★☆

· · · · · · · · · · · ·

교실에서 그리고 좁은 공간에서도 가볍게 웃고 즐길 수 있는 씨름 놀이입니다. 모둠 대항부터 개인 대결까지 다양하게 펼칠 수 있지요. 기회를 노렸다가 상대를 불시에 쓰러뜨리는, 요령이 가득한 경기입니다.

1 모두 두 손을 엉덩이 아래쪽으로 엇갈려 가져가 발목을 잡고 앉는다.

2 신호에 맞추어 상대방을 쓰러뜨린다.

3 쓰러진 사람은 재빨리 일어나 놀이 장소 가장자리로 간다.

4 마지막까지 남는 사람이 승자가 된다.

놀이의 팁 Tip

1 1대1 대결, 2대2 대결 등 다양한 조합으로 진행할 수 있습니다.

2 씨름을 하다가 박치기를 하지 않도록 주의를 주세요.

3 놀이가 과열되면 쓰러진 친구를 못 볼 수도 있습니다. 쓰러지면 재빨리 놀이 장소 밖으로 나가도록 합니다.

4 놀이를 하기 전에 바닥과 가장자리에 위험한 물건은 없는지 확인합니다.

5 쉬는 시간에 하지만, 수업이나 짬 시간에 선생님이 운영해도 됩니다.

5-06 등 씨름

● 1~6학년 ★★★★★　● 청소년 ★★★★☆

· · · · · · · · · · · · · ·

좁은 공간에서 힘을 겨루는 씨름 놀이입니다. 밀어내는 형태의
놀이이기 때문에 다칠 염려가 적고, 여럿이 함께 하는 방식으로
응용이 가능합니다. 남자아이들은 힘자랑하듯 열중하는 모습이
볼 만하고, 여자아이들은 서로 밀어내다가 웃음보를 터트리고 마
는 유쾌한 놀이입니다.

1 바닥에 금을 그어 가로세로 2미터 정도의 사각형이나 지름이 2미터 되는 원을 만든다.

2 두 명이 들어가 등을 대고 선다.

3 선생님이 신호하면 등으로 상대를 밀어낸다.

4 금 밖으로 밀려나면 씨름에서 진다.

5 이긴 사람에게 또 다른 사람이 도전한다.

놀이의 팁

1 활동하기 전에 바닥에 다칠 만한 물건은 없는지 살펴봅니다.

2 가끔 팔꿈치나 어깨로 미는 아이가 있습니다. 등만 이용하도록 주의를 줍니다.

3 네모나 원 안에 다섯 명 정도가 들어가서 서로 밀어낸 뒤, 마지막까지 버티는 서바이벌 형태로 응용할 수 있습니다.

4 여학생들끼리 놀이를 진행하게 했더니 무척 재미있어 했습니다.

5-07 딸기 게임

● 1~4학년 ★★☆☆☆   ● 5~6학년 ★★★★★   ● 청소년 ★★★★★

네 박자를 기준으로 하는 '프라이팬 놀이(5-30)'보다 조금 복잡한 여덟 박자 놀이입니다. 박자 감각이 무엇보다 바탕이 되어야 하고, 순발력과 판단력도 매우 필요합니다. 선생님도 같이 참여해 보세요. 실수하고 버벅거리는(?) 선생님의 모습에 아이들이 더 즐거워합니다.

1 다섯에서 열 명이 둥그렇게 앉는다.

2 "아이엠 그라운드 자기소개하기"라는 말에 맞추어 정해진 동작을 한다.

3 '무릎-손뼉-오른손-왼손-오른쪽 어깨 올리기-왼쪽 어깨 올리기-고개 아래로-고개 위로'의 순서대로 여덟 박자를 맞춘다.

4 공격하는 사람은 여덟 박자 중 마지막 두 박자에서 '이름-숫자'를 외친다.

5 이름이 불린 사람은 여덟 박자에 맞추어 숫자만큼 자기 이름을 외친다. 예를 들어 "철수 다섯"이라는 공격을 받은 철수는 '무릎-손뼉-오른손-철수-철수-철수-철수-철수'를 외치면 된다.

6 방어를 무사히 마친 친구는 마지막 두 박자에 맞추어 다른 친구를 공격한다.

놀이의 팁 Tip

1 '프라이팬 놀이(5-30)'를 한 뒤에 소개하면 좀 더 쉽게 배웁니다.

2 어깨를 올릴 때 과장된 몸짓으로 주문하면 웃음이 더해집니다.

3 이름으로 시작했다면 나라 이름, 색깔, 동물 등으로 발전시켜 보세요.

4 반 전체가 함께 할 수도 있습니다.

5-08 베스킨라빈스31

● 1~6학년 ★★★★★ ● 청소년 ★★★★★

· · · · · · · · · ·

다 같이 둘러앉아 쉽게 할 수 있는 놀이입니다. 쉬는 시간에 간단히 즐길 수 있지만, 숫자 계산을 하다 보면 머리가 꽤 아파 온답니다. 단순하지만 집중해야 하고 순발력도 매우 중요한 수준 높은 놀이로, 아이들의 즐거운 비명을 들을 수 있습니다.

1 열 명 정도가 한 모둠이 되어 앉는다.

2 시작하는 사람을 정하면 모두 "베스킨라빈스 31"을 외치고, 1부터 최대 세
   개까지의 숫자를 말한다.

3 그 다음 사람은 앞사람이 말한 숫자에 이어서 한 개부터 세 개까지 숫자를
   셀 수 있다. 예를 들어 앞사람이 21에서 끝났다면 다음 사람은 '22/ 22 23/
   22 23 24' 중 하나를 선택할 수 있다.

4 맨 마지막 '31'을 말하는 사람이 술래가 된다.

놀이의 팁 (Tip)

1 주로 벌칙을 주는 놀이로 활용합니다. '31'이라는 숫자를 말하지 않으려면 지금 내 순서에 어
   디까지 말해야 하는지 계산하는 연습을 하도록 합니다.

2 걸린 친구에게 주는 벌칙은 "열심히 하겠습니다!"라고 공손히 고개 숙여 말하는 것으로 충분합
   니다.

5-09 삽살개 박수

● 1~6학년 ★★★★★ ● 청소년 ★★★★☆

박수가 계속 반복되는 놀이입니다. '미친개 박수'로 더 잘 알려져 있지만, 아이들에게는 적절한 용어가 아니어서 아이들과 의논한 끝에 제목을 바꾸었습니다. 여러 가지 방법으로 응용이 가능하고, 지역마다 다른 특성을 가지고 있습니다.

1 두 명이 짝이 된다.

2 짝이 서로 손을 잡고 "지나가던 삽살개가"를 양손을 엇갈리며 노래한다.

3 개 짖는 소리 "왈"을 박수 1-2-3-2-1-2-3······ 숫자와 맞추어 짝과 함께 친다. 혼자 박수를 친 뒤, 상대방과 양손 박수를 숫자만큼 친다.

4 틀릴 때까지 박수와 "왈"을 함께 반복한다.

5 틀리면 다른 친구와 함께 짝이 되어 박수 놀이를 즐긴다.

놀이의 팁 Tip

1 숫자를 늘렸다 줄였다 하는 방식에서, 틀리지 않고 계속해서 숫자를 늘려 가는 형태로 응용할 수 있습니다(1-2-3-4-5-6-7······).

2 박수를 틀리면 무리에서 빠져나오는 방법으로 여러 명이 함께 놀이를 즐길 수 있습니다.

3 삽살개라는 단어 대신 다른 말로 바꾸어 즐길 수 있습니다("지나가던 생쥐가 찍-찍찍-찍찍 찍······", "지나가던 방귀쟁이 뽕-뽕뽕-뽕뽕뽕······" 등).

5-10 새우깡, 이름깡

● 1~6학년 ★★★★★ ● 청소년 ★★★★☆

세 글자로 된 단어로 재미있게 놀 수 있는 방법입니다. 서로 얼굴을 마주 대고 한 글자씩 주고받다 보면 양 볼에 웃음이 가득 차지요. 쉬는 시간에 옹기종기 모여서 놀이를 즐기도록 알려 주세요.

1 두 사람이 마주 본다.

2 '새우깡'을 서로 한 글자씩 말하면서 반복한다.

3 규칙에 틀리거나 다른 말을 하면 진다.

놀이의 팁 Tip

1 처음에는 '새우깡'으로 시작하지만 익숙해지면 친구의 이름으로 합니다. 이름이 잘 외워지겠죠?

2 여러 사람이 돌아가면서 어울려 놀도록 합니다.

3 천천히 했다가 점점 박자를 빨리 하면 더욱 재미있습니다.

5-11 손 씨름

● 1~6학년 ★★★★★   ● 청소년 ★★★★★

힘과 순발력을 이용해 상대의 균형을 무너뜨리는 놀이입니다. 쉬는 시간에 서로 발을 맞대고 손을 잡은 뒤 힘을 겨뤄 보도록 알려 주세요. 아이들이 서로 이기고 지면서 웃고 떠드는 모습을 보게 되겠지요?

1 두 사람이 오른발을 맞대고 선다.

2 서로 다리를 앞뒤로 벌려 중심을 잡고 선 뒤, 오른손을 내밀어 맞잡는다.

3 선생님이 신호하면 오른손에 힘을 주어 상대와 대결한다.

4 바닥에서 먼저 발이 떨어지거나 넘어지면 진다.

놀이의 팁 Tip

1 힘으로 상대를 이기는 방법도 있지만 힘을 갑자기 빼 버려 상대방의 균형을 무너뜨리는 방법도 있다고 알려 줍니다.

2 쉬는 시간에 서로 힘겨루기를 할 수 있도록 놀이 방법을 알려 줍니다.

3 수업 중 짬을 이용해 토너먼트를 진행해도 됩니다.

4 다칠 만한 것은 없는지 잘 살펴보라고 당부합니다.

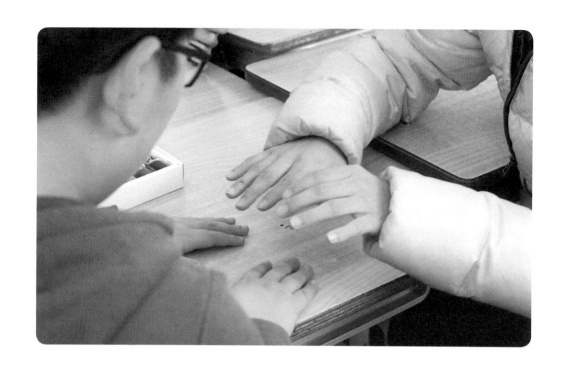

5-12 손바닥 뒤집기

● 1~3학년 ★★★☆☆　　● 4~6학년 ★★★★☆　　● 청소년 ★★★★☆

공격을 막아 내면 친구의 손등을 찰싹 때릴 수 있는 통쾌한 놀이
입니다! 물론 방어에 실패하면 내 손등에 아픔이 새겨지지요. 손
등을 때릴 때는 너무 세게 때리지 않도록 당부합니다. 때리는 데
중점을 두기보다는 공격과 방어하는 데 중점을 두어야 기분 좋은
놀이가 됩니다.

1 책상 하나에 두 명이 마주 보고 앉아 두 손을 책상에 올린다.

2 가위바위보 등으로 공격과 수비를 정한다.

3 공격하는 사람은 한 손 또는 두 손을 뒤집는다.

4 수비하는 사람은 공격하는 사람의 손과 반대로 뒤집어야 한다. 공격자가 오른손을 뒤집으면, 수비자는 왼손을 뒤집어야 방어에 성공한다. 공격자가 왼손은 뒤집고 오른손은 엎으면, 수비자는 왼손은 엎고 오른손은 뒤집는다. 공격자가 두 손을 뒤집으면 수비자는 두 손을 엎고, 공격자가 두 손을 엎으면 수비자는 손을 뒤집는다.

5 수비가 방어에 성공하지 못하면 손등을 맞게 된다.

놀이의 팁 Tip

1 손등을 때릴 때 너무 세게 때리지 않도록 지도합니다.

2 처음에는 동시에 할 수 있는 기회를 주기 위해서 "하나 둘 셋!" 하면서 놀이를 진행하는 것도 좋습니다.

3 천천히 놀이를 시작했다가 나중에는 빨리 진행합니다.

5-13 손바닥 씨름

● 1~6학년 ★★★★★   ● 청소년 ★★★★★

서로 마주 보고 손바닥을 치면서 상대방을 쓰러뜨리는 놀이입니다. 힘이 센 사람보다는 꾀가 있는 사람, 작전을 잘 짠 사람이 승리하게 되므로 지켜보는 사람도 보는 재미가 있습니다. 균형을 잃고 맥없이 넘어지거나 쓰러지는 친구의 모습에 교실이 한바탕 웃음바다가 된답니다.

놀이 방법 How to play

1 두 명이 서로 마주 보고 선다.

2 두 손바닥을 서로 맞대고 있다가 선생님이 신호를 하면 손바닥을 치거나 피한다.

3 두 발이 먼저 자리에서 떨어지면 진다.

놀이의 팁

1 혹시 넘어졌을 때 다칠 만한 것은 없는지 미리 확인합니다.

2 쉬는 시간에 가까이에 있는 친구끼리 함께 하도록 유도해 보세요.

3 이성끼리 했을 때 의외의 결과가 나오므로, 동성뿐 아니라 이성 간에도 경기를 해봅니다.

5-14 수박 놀이

● 1~4학년 ★★★☆☆　　● 5~6학년 ★★★★★　　● 청소년 ★★★★☆

. . . .

"츄웁" 소리를 내면서 손으로 신호를 보내다 보면 어느새 웃음이
나는 놀이입니다. 수박을 먹고 나서 입을 닦는 그 느낌 그대로 놀
이를 표현해 보세요. 어색하게 시작했던 아이들도 점차 재빠르게
수박을 뚝딱(?) 해치운답니다.

1 다섯에서 열 명이 둥그렇게 둘러앉는다.

2 오른손을 입으로 가져가 왼쪽으로 고개를 돌리면서 "츄웁!" 소리를 내면 왼쪽으로 놀이가 진행된다.

3 왼손을 입으로 가져가 오른쪽으로 고개를 돌리면서 수박 먹는 소리를 내면 오른쪽 방향으로 놀이가 진행된다.

4 두 손을 둥그렇게 만들면서 "수박!" 하고 외치면 한 사람 건너뛰어 놀이가 진행된다.

5 자기 차례를 놓치면 걸린다.

놀이의 팁 Tip

1 수박 먹는 소리를 크게 내도록 합니다. 이게 포인트입니다.

2 손 방향을 남들이 알 수 있도록 정확하게 합니다.

3 처음에는 천천히 하다가 조금씩 빠르게 진행합니다.

4 두 손으로 둥그렇게 수박 모양을 만들 때 잘 보이지 않을 수도 있습니다. 크게 만들도록 안내해 주세요.

5-15 쌍권총 하나 빼기

● 1~6학년 ★★★★★　● 청소년 ★★★★★

. . . .

'하나 빼기' 놀이는 모두 한 번쯤 해보았을 것입니다. 요즘은 쌍권총 놀이라고 부르지요. 양손 가운데 어떤 손을 빼야 이길 수 있는지 생각하는 짧은 순간, 아이들의 머릿속은 복잡하고 혼란스러운 고민으로 어지럽습니다. 희비가 엇갈리는 하나 빼기 가위바위보! 오래된 놀이지만 유행을 타지 않는 즐거운 놀이랍니다.

놀이 방법 How to play

1 두 명이 서로 마주 본다.

2 "쌍권총"이라는 말에 주먹, 가위, 보 중 하나를 골라 양손을 내민다.

3 상대방의 손을 보고 있다가 "하나 빼기"라는 신호가 들리면 내밀었던 양손 중 하나를 거둬들인다.

4 남아 있는 손으로 상대방과 가위바위보 규칙에 맞게 승부를 확인한다.

놀이의 팁 Tip

1 '쌍권총'이나 '하나 빼기'를 말할 때 제자리에서 뛰면서 리듬에 맞춰 내도록 하면 재미있습니다.

2 교실에 공간을 확보하여 서로 대결하면서 돌아다니게 하면 단체 놀이로 즐길 수 있습니다.

3 앞에서 배운 여러 놀이에 가위바위보 대신 이 놀이를 사용해도 됩니다.

4 양손에 같은 모양을 내지 않도록 미리 알려 주세요.

5-16 아싸 아싸싸

● 1~3학년 ★★★☆☆　● 4~6학년 ★★★★★　● 청소년 ★★★★★

쉬는 시간에 아이들끼리 즐겁게 놀 수 있는 놀이입니다. 친구들과 둥그렇게 앉아 박자에 맞추어 재미있게 놀 수 있습니다. 서로 별명을 정하고 간단한 동작을 만들게 하세요. 서로를 부르고 몸동작을 하다 보면 아이들 얼굴에 웃음이 가득해집니다.

1 열 명 정도가 모둠을 지어 둥그렇게 앉는다.

2 각자 별명을 정하고 별명에 어울리는 동작을 만든다.

3 "아싸 아싸싸, 아싸 아싸싸, 아싸 아싸싸, 자기소개하기"라는 신호를 시작
   으로 돌아가며 동작과 함께 "아싸 00"라고 자신을 소개한다.

4 소개를 받은 나머지 사람은 별명과 이름을 외우기 위해 두 번 따라 한다.

5 자기소개가 다 끝나면 첫 번째 사람이 자기 별명을 동작과 함께 한 번 말하
   고, 다른 친구의 별명을 동작과 함께 부른다.

6 지명된 사람은 자신의 별명과 동작을 말한 뒤, 다른 친구의 별명과 동작을
   부른다. 틀리는 사람이 나올 때까지 놀이를 진행한다.

놀이의 팁 Tip

1 네 박자에 맞추어 말과 동작을 하도록 합니다. 예를 들어 "아싸 킹콩"이라고 소개한다면 "아"
   에 두 손으로 무릎을 치고, "싸"에 손뼉을 친 뒤, 다음 박자에 "킹콩"이라고 말합니다.

2 놀이를 처음 할 때는 다섯 명 정도를 앞으로 불러내 방법을 천천히 알려 주세요.

3 별명을 지을 때는 과하지 않은 선에서 짓도록 당부합니다.

4 천천히 시작했다가 익숙해지면 속도를 올립니다.

5-17 아파트 놀이

● 1~6학년 ★★★★★   ● 청소년 ★★★★★

. . . .

두 손을 내밀었다 잡아당겼다가 하며 구호를 맞추다가, 아파트처럼 손을 층층이 쌓습니다. 이번엔 몇 층이 걸릴까요? 아무도 모르지만 아파트를 쌓을 수밖에 없는 아이들의 운명! 간단한 규칙이지만 결과를 아무도 몰라 웃음보가 터지는 놀이랍니다.

1 서너 명 정도가 둥그렇게 앉는다.

2 시작하는 사람(A)을 정한 뒤 "아~파트 아파트 아~파트 아파트" 하는 구호
   에 맞추어 모두 손을 앞으로 내밀었다 잡아당겼다가 하다가 마지막 '트' 자
   에 맞추어 손을 층층이 쌓는다.

3 A가 쌓인 아파트 높이 가운데 한 층을 말한다.

4 해당 층에 손이 놓인 사람이 걸린다.

놀이의 팁 Tip

1 "트"란 말이 끝나자마자 재빨리 숫자를 말해야 합니다.

2 처음 시작하는 노래를 크고 과장되게 하면 놀이가 더 재미있어집니다.

3 참여 인원이 다섯 명이 넘지 않도록 합니다.

4 선생님도 함께 해보세요.

5-18 엄지 씨름

● 1~2학년 ★★★★☆ ● 3~6학년 ★★★★★ ● 청소년 ★★★★★

가까이에 있는 친구들과 책상에 앉은 상태로 할 수 있는 놀이입
니다. 선생님과 부모님들도 학창 시절에 많이 했지요. 뒤에 앉아
있는 친구와도 하고, 옆 분단의 친구와도 겨루었던 엄지손가락
씨름! 손가락 힘과 순발력을 이용해 간단한 씨름을 즐겨 보세요.

놀이 방법 *How to play*

1 두 사람이 가깝게 앉는다.

2 엄지손가락을 위로 향하게 하여 서로 오른손을 맞잡는다.

3 상대방 엄지손가락을 자신의 엄지로 먼저 누르는 사람이 이긴다.

놀이의 팁 Tip

1 대개의 엄지손가락 씨름은 엄지로 상대 엄지를 누르면 상대의 손등을 때리곤 하는데, 굳이 때리지 않고 엄지만 눌러도 충분히 시합을 펼칠 수 있습니다.

2 가끔 검지를 이용해 상대의 검지를 고정시킨 뒤 엄지로 누르는 편법을 사용하는 아이들이 있습니다. 그러지 않도록 미리 규칙을 알려 주세요.

3 여러 친구들과 돌아가면서 하도록 해주세요.

5-19 엄지 전쟁 _1탄

● 1~2학년 ★★★☆☆　● 3~6학년 ★★★★★　● 청소년 ★★★★★

. . . .

친구들과 책상에 옹기종기 앉아 할 수 있는 놀이입니다. 공격자
가 말하는 숫자와 다르게 나오도록 엄지를 올리거나 내려야 합니
다. 경기 시간이 짧고 간단하므로 쉬는 시간에 아이들끼리 할 수
있도록 알려 주세요.

1 한 책상에 네 명 정도씩 모여 앉는다.

2 손을 깍지 껴서 책상에 올린 뒤 한 명씩 돌아가면서 숫자를 외친다. 네 명이 경기를 한다면 숫자는 0부터 8까지이다.

3 나머지 사람들은 엄지손가락을 올리거나 그대로 있거나 둘 중 한 동작을 택한다.

4 공격자가 외친 숫자와 올라간 엄지의 개수가 같으면 공격자가 이긴다.

5 다음 사람이 돌아가며 공격한다.

놀이의 팁 Tip

1 공격자가 이기면 나머지 인원의 손목을 때리는 방법도 있는데, 이보다는 이긴 횟수를 겨루어 보도록 제안합니다.

2 너무 많은 인원이 참여하면 복잡합니다. 세 명 또는 다섯 명이 한 모둠이 되도록 하세요.

5-20 엄지 전쟁 _2탄

● 1~6학년 ★★★★★　　● 청소년 ★★★★★

'엄지 전쟁' 1탄이 개인 경기였다면, 2탄은 모둠 경기로 즐깁니다. 두 모둠이 서로 마주 보고 대결을 펼칩니다. 긴장 속에 기다리다가 순간의 선택을 하는 순간! 아이들은 가슴을 쓸어내리며 환호하거나 안타까운 비명을 지르겠지요?

1 다섯에서 여덟 명 정도가 한 모둠이 되어 두 모둠씩 마주보고 앉는다.

2 먼저 시작하는 모둠(A)에서 한 명이 일어나서 숫자를 크게 외친다. 이때 외칠 수 있는 숫자는 0부터 모둠 인원의 수까지이다.

3 상대 모둠(B)은 각자 일어날 수도 있고 그대로 있을 수도 있다.

4 A 모둠에서 말한 숫자와 B 모둠에서 일어난 사람의 수가 같으면 A 모둠이 점수를 딴다.

5 각 모둠이 돌아가며 숫자를 외친 뒤, 점수가 높은 모둠이 이긴다.

놀이의 팁 Tip

1 일어서는 순간을 위해 모두 "3, 2, 1!"이라고 외치면 박자가 맞아 서로 어긋날 일이 없습니다.

2 숫자를 외칠 때는 상대 모둠이 모두 들을 수 있도록 크게 외칩니다.

3 일어날 듯하다가 멈칫한 것도 일어난 것으로 간주합니다.

5-21 엉덩이 씨름

● 1~6학년 ★★★★★   ● 청소년 ★★★★★

엉덩이로 하는 활동은 시작 전부터 아이들을 웃게 만듭니다. 상대를 엉덩이로 세게 밀어내면 통쾌함에 웃음이 터지고, 힘껏 치고 들어오는 상대의 엉덩이를 살짝 피해 상대가 균형을 잃고 자빠지면 고소함에 웃음이 터지고 말지요. 선생님과 아이들이 붙으면 어떻게 될까요?

1 두 사람이 서로 등지고 선다.

2 한 걸음 간격으로 떨어져 엉덩이를 뒤로 뺀다.

3 선생님이 신호하면 엉덩이로 상대방의 엉덩이를 밀어낸다.

4 먼저 발이 바닥에서 떨어지면 진다.

놀이의 팁 Tip

1 힘으로 무조건 밀어내기보다는 상대방이 힘을 줄 때 살짝 피하여 상대의 균형을 무너뜨리는 방법도 있음을 알려 주세요.

2 엉덩이 아래에 물건을 하나 놓고 먼저 집는 방법으로 바꾸어도 좋습니다.

3 몸집이 비슷한 아이들끼리 하도록 합니다.

5-22 여왕 닭싸움

● 1~6학년 ★★★★★　　● 청소년 ★★★★★

. . . .

아이들이 평소 즐겨 하는 닭싸움을 약간 변형해서 즐겨 봅니다.
모둠별로 여왕 닭을 정해 놓고 상대편 여왕을 먼저 쓰러뜨리는
모둠이 이기는 경기! 아이들은 여왕을 지키기 위해 '경호 닭'을
세우기도 하고, '호위 무사 닭'을 편성하기도 합니다. 놀이하면서
전략도 짜는 다차원의 닭싸움! 소풍가서 즐기면 아주 좋습니다.

1 두 모둠으로 나누어 선다.

2 각 모둠에서 '여왕 닭'을 정한다.

3 선생님이 신호하면 닭싸움을 시작한다.

4 상대팀의 여왕 닭을 쓰러뜨리거나, 정해진 시간 뒤에 남아 있는 닭이 더 많은 팀이 이긴다.

놀이의 팁 Tip

1 놀이를 한 번 했다면, 어떻게 해야 놀이에서 이길 수 있을지 모둠별로 토의하고 다시 진행하도록 합니다. 이런 과정을 거치면 다음번 경기의 양상이 달라집니다.

2 놀이 장소를 미리 확인하여 다칠 수 있는 요소를 없애 주세요.

3 여왕 닭이 넘어져도 부활해서 한 번 더 경기에 참여할 수 있는 추가 규칙(남아 있는 닭 중에 한 마리가 여왕 닭 주변을 두 바퀴 돌면 등)을 정하면 더 재미있습니다.

5-23 왕이 되고파

● 1~6학년 ★★★★★   ● 청소년 ★★★★★

· · · · · · · · · · · · · ·

자리를 차지하기 위해 벌이는 한판 가위바위보 승부! 신분 상승을 위한 도전에 불타고, 결과에 아쉬워하고 탄식하는 아이들의 모습이 매우 인상 깊습니다. 별것 아닌 것처럼 보이는데도 아이들의 욕망(?)은 멈출 줄 모르고 집중력은 최대치에 오릅니다. 선생님도 참여해서 아이들에게 인사도 하고 벌칙도 받아 보세요.

놀이 방법 How to play

1 다섯에서 여덟 명이 순서를 정해 앉는다. 순서는 '왕-왕자-신하1-신하2……' 순으로 정한다.

2 가장 낮은 신분의 사람은 가위바위보로 신분 상승의 기회를 얻는다.

3 맨 마지막 사람과 가위바위보를 해서 이기면 더 높은 단계의 친구와 가위바위보를 하고, 그 결과에 따라 자리를 바꾸어 앉는다.

4 왕자(또는 공주)에게는 공손하게 한쪽 무릎을 꿇고 인사한 뒤 가위바위보를할 수 있고 왕에게는 큰 절을 해야만 가위바위보를 할 수 있다.

5 왕을 이기면 왕 자리에 앉고, 지면 다시 가장 낮은 신분의 사람에게 간 뒤가위바위보를 한다.

놀이의 팁 Tip

1 신분을 정할 때는 사다리를 타거나 가위바위보를 하는 등 다양한 방법으로 정합니다.

2 이 놀이는 신분에 맞추어 인사를 하고 받는 데 묘미가 있으므로 무엇보다 인사를 확실히 하도록 약속합니다.

3 일반적인 왕의 부탁은 맨 아랫자리까지 돌아가는 동안 할 수 있는 것 등이 좋다.

4 선생님도 놀이에 참여해 아이들에게 큰절을 하는 경험을 해보세요.

5-24 우정 테스트 V

● 1~2학년 ★★★☆☆　● 3~6학년 ★★★★★　● 청소년 ★★★★★

. . . .

아이들이 굉장히 좋아하는 특별한 '박수 치기'를 소개합니다. 제대로 하는 아이들은 쉬는 시간이 끝나고 수업 종이 울릴 때까지 무한정 박수를 칠지도 모릅니다. 짝과의 호흡도 척척 맞아야 가능하지요. 그러니까 우정을 테스트할 수밖에 없는 박수 치기! 아이들에게 인기 만점인 놀이입니다.

1 두 명씩 짝이 된다.

2 "우정 테스트 브이"를 외치면서 최대한 깜찍하게 동작을 한다.

3 동작 순서는 다음과 같다.

손뼉 한 번/ 상대방과 양손 손뼉 한 번/ 손뼉 한 번/ 서로의 오른손 한 번 //
손뼉 한 번/ 상대방과 양손 손뼉 한 번/ 손뼉 한 번/ 서로의 오른손 한 번
왼손 한 번 // 손뼉한 번/ 상대방과 양손 손뼉 한 번/ 손뼉 한 번/ 서로의 오
른손 한 번 왼손 한 번 오른손 한 번······.

4 이런 순서로 틀릴 때까지 손뼉 치는 숫자를 늘려 간다.

놀이의 팁 Tip

1 천천히 연습했다가 점차 속도를 올립니다.

2 아이들은 선생님과 하는 것을 굉장히 좋아합니다. 아이들과 함께 즐겨 보세요.

3 '무언의 우정 테스트'로 바꾸어 해보세요. 침묵 속에 귀엽게 브이를 그리며 시작하면 색다른 재
미가 있습니다.

4 브이를 만들 때 과장되게 표현하면 웃음 포인트를 둘 수 있습니다.

5-25 쥐를 잡자, 쥐를 잡자!

● 1~2학년 ★★★☆☆　● 3~6학년 ★★★★★　● 청소년 ★★★★★

쥐를 잡아 봅시다! 몇 마리요? 여러 사람이 둥글게 모여 앉아 즐길 수 있는 놀이입니다. 잡았다, 놓쳤다에 집중하면서 몇 마리나 잡았는지 머릿속으로 숫자를 계산해야 합니다. 겨우 다 잡아 목표에 도달했을 때 다 같이 "만세!"를 외치면 속이 다 후련해진답니다.

1 다섯에서 열 명이 둥그렇게 둘러앉는다.

2 모두 왼 손바닥을 위로 하고, 오른손으로 자기 왼 손바닥-옆 사람 왼 손바 닥을 번갈아 치면서 "쥐를 잡자 쥐를 잡자 찍찍찍, 쥐를 잡자 쥐를 잡자 찍 찍찍, 몇 마리?" 하는 구호를 외친다.

3 구호가 끝나면 바로 게임을 시작하는 첫 사람이 잡을 쥐 숫자를 외친다.

4 오른쪽, 시계 방향대로 돌아가며 순서대로 "잡았다" 또는 "놓쳤다" 둘 중 하나를 동작과 함께 외친다.

5 처음 제시한 숫자만큼 '잡았다'가 나오면 전원이 "만세"를 외친다.

6 모두 성공하면 다 같이 "쥐를 잡자 쥐를 잡자 찍찍찍, 쥐를 잡자 쥐를 잡자 찍찍찍, 몇 마리?" 구호를 외치고, 다음 사람이 잡을 쥐 숫자를 외친다.

7 "만세"를 외치지 않거나 박자를 놓치면 게임에서 탈락한다.

놀이의 팁 Tip

1 낮은 숫자로 시작했다가 점점 숫자를 높여 갑니다.

2 처음부터 '놓쳤다'고 할 수 없습니다. 먼저 잡아야 놓칠 수 있습니다. 맨 처음 사람은 '잡았다' 만 고를 수 있다고 알려 주세요.

3 만세를 할 때는 손을 번쩍 들어 올리도록 합니다.

4 선생님도 함께 참여합니다.

5-26 지우개 싸움

● 1~6학년 ★★★★★　● 청소년 ★★★★★

. . . .

한때는 이 놀이로 주머니 가득 지우개를 채우고 다니던 남학생이
많았지요. 은근히 손가락 기술과 섬세함이 요구되는 놀이입니다.
지우개 싸움을 알려 주고 난 뒤부터는 아이들이 쉬는 시간에 책
상에 붙어 떨어질 줄 모른답니다.

1 두 명 또는 네 명이 각자 지우개를 들고 한 책상 모인다.

2 한 번에 한 차례씩 지우개의 가장자리를 손으로 눌러 지우개를 움직일 수 있다.

3 내 지우개가 상대방 지우개 위에 완전히 포개지거나 상대의 지우개에 세 번 걸치면 이긴다.

4 지우개를 움직이다가 책상 아래로 떨어지면 진다.

놀이의 팁 Tip

1 지우개 경기에서 이기면 지우개를 따는 경우도 있는데, 이런 방법은 옳지 않으므로 미리 하지 않도록 주의를 줍니다.

2 지우개를 세워서 하는 공격 등은 오해의 소지가 있으니 금지해 주세요.

3 놀이 초반에는 선생님도 지우개를 들고 아이들 틈에 섞여 보세요.

5-27 참참참

● 1~6학년 ★★★★★   ● 청소년 ★★★★★

. . . .

상대방의 손끝을 따라가지 않고 고개를 반대로 돌려야 이기는 경기입니다. 텔레비전 예능 프로그램에서는 냄비와 뿅망치를 가지고 하기도 하나, 교실에서는 단순히 고개 돌리기만으로도 재미있게 즐길 수 있습니다.

놀이 방법 How to play

1 둘이 서로 마주 본다.

2 가위바위보 등으로 공격과 수비를 정한다.

3 공격을 하는 사람은 상대방 얼굴 앞에 손을 내민다.

4 "참참참"이라고 외치며 손을 오른쪽 또는 왼쪽으로 돌린다.

5 수비하는 사람은 동시에 고개를 왼쪽 또는 오른쪽으로 돌린다.

6 공격자가 가리킨 손의 방향과 수비자의 얼굴 방향이 일치하면 공격자가 이긴 것이므로 한 번 더 공격의 기회를 얻는다.

7 방향이 달라 수비자가 수비에 성공하면 공격과 수비를 바꾼다.

놀이의 팁 Tip

1 여러 친구들과 함께 해보세요.

2 초등학생에게는 이기고 지는 데 대한 대가나 벌칙을 따로 주지 않아도 경기 결과 자체만으로 희비가 엇갈립니다.

3 익숙해지면 '네 방향 참참참'으로 발전시킬 수 있습니다(오른쪽, 왼쪽, 위, 아래).

5-28 토끼와 당근

● 1~6학년 ★★★★★　　● 청소년 ★★★★★

. . . .

친구들끼리 둘러앉아 하는 귀엽고 깜찍한 놀이입니다. "토끼토끼", "당근당근"을 외치며 까르르 웃는 아이들을 보면 정말 '토끼같이' 예뻐 보이지요. 쉬는 시간에 잠시 짬을 내서 즐길 수 있는 토끼와 당근 놀이. 선생님도 옆에 앉아서 "토끼!"를 외쳐 보세요.

1 일곱에서 열 명 정도가 한 모둠이 되어 둥글게 앉는다.

2 시작하는 사람은 "토끼토끼" 하며 두 손으로 토끼 귀를 만든 뒤, 다른 친구를 가리키며 "토끼토끼"라고 말한다.

3 지목당한 사람은 바로 받아 "토끼토끼"라는 말과 함께 자신을 가리키고 다시 다른 사람을 가리킨다.

4 이때 토끼로 지목당한 양옆의 친구들은 "당근당근"이라고 말하면서 양손을 앞으로 갖다 대고 귀엽게 쥔다.

5 정해진 동작을 못 하거나 박자를 놓치면 걸린다.

놀이의 팁 Tip

1 놀이를 설명할 때는 몸으로 시범을 보이면서 합니다.

2 시범을 보일 때 동작을 최대한 귀엽게 하세요. 선생님이 과장되게 연기하면 아이들은 몇 배 더 과하게 따라 합니다.

3 천천히 놀이를 시작해서 점점 속도를 높입니다.

4 선생님도 함께 해보세요. 일부러 틀려 주면 좋습니다.

5-29 퐁당퐁당 물건 전달하기

● 1~6학년 ★★★★★   ● 청소년 ★★★★★

· · · · · · · · · · ·

교실 빈 공간에 둥그렇게 앉아서 노래 한 곡을 부를 때까지 정해
진 박자에 맞추어 물건을 전달합니다. 아이들이 좋아하는 유행가
도 좋고, 음악 시간에 배운 동요도 좋습니다. 노래가 끝날 때가 가
까워 오면, 서로 물건을 옆으로 넘기기 위해 박자가 점점 빨라진
답니다.

놀이 방법 How to play

1 둥그렇게 앉는다.

2 부를 노래를 정한다(퐁당퐁당, 신데렐라 등).

3 노래에 맞추어 물건을 옆으로 전달한다.

4 물건을 전달하다 박자를 못 맞추거나 떨어뜨리면 벌칙을 받는다.

5 정해진 시간이 지난 뒤 남아 있는 친구가 누구인지 확인한다.

6 노래를 다 부를 때까지 물건을 돌리면 모두 만세!

놀이의 팁 Tip

1 물건을 바꾸어 가며 해도 재미있습니다.

2 벌칙을 위한 놀이가 아니라 즐기기 위한 놀이로 지도합니다.

3 어느 정도 익숙해지면 반대로 돌려 보세요. 정말 어려워집니다.

4 토의를 통해 노래를 정하거나 음악 시간에 배운 노래를 쓰면 좋습니다.

5 소풍 때 즐기면 인기 만점입니다.

5-30 프라이팬 놀이

● 1~3학년 ★★★☆☆　● 4~6학년 ★★★★★　● 청소년 ★★★★★

· · · · · ·

이름과 박자를 이용한 놀이입니다. 박자가 조금이라도 어긋나면 틀리게 되므로 정신을 집중해야 합니다. 다 같이 "팅~팅팅팅 탱~탱탱탱 프라이팬 놀이!"를 외쳐 볼까요? 교실이 점점 후끈해지며 열기로 가득 차는 걸 느낄 수 있습니다.

1 열 명 정도가 모둠을 지어 둥글게 앉는다.

2 다 함께 "팅~팅팅팅 탱~탱탱탱 팅팅탱탱 프라이팬 놀이" 구호를 외친다.

3 구호를 외칠 때는 '무릎 네 번, 박수 네 번, 무릎 두 번, 박수 두 번, 무릎 한 번, 박수 한 번, 오른손 엄지손가락 빼기, 왼손 엄지손가락 빼기' 순서로 한 다.

4 시작하는 사람은 노래가 끝나면 '무릎, 손뼉, 상대방 이름, 숫자' 순으로 외 친다("영희 둘" 등).

5 이름에 해당된 사람은 박자에 맞추어 자신의 이름을 말한 뒤('무릎, 박수, 영 희, 영희') 다음 상대의 이름과 숫자를 외친다.

6 박자를 틀리거나 정해진 숫자만큼 이름을 말하지 못하면 걸린다.

놀이의 팁 Tip

1 이름-숫자에 맞추어 응답해야 합니다. 예를 들어 시작하는 사람이 "영희 셋!"이라고 하면, '무 릎-영희-영희-영희'라고 답을 하고, "영희 하나"라고 했다면 '무릎-박수-오른손엄지-영희' 라고 합니다.

2 시작하는 구호를 여러 번 연습합니다.

3 익숙해지는 데 시간이 조금 걸립니다. 연습 경기 시간을 주면 요령을 익힐 수 있습니다.

4 선생님도 함께 해보세요.

5 수학여행이나 체험 학습 가는 차 안에서 해도 좋습니다.

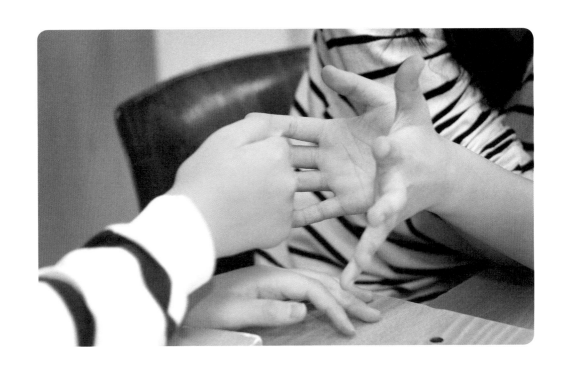

5-31 피자와 햄버거

● 1~6학년 ★★★★★　　● 청소년 ★★★★★

· · · · · · · · · · · · · · · ·

어렸을 때 '보리밥 쌀밥'으로 즐겼던 놀이입니다. 그런데 어느 순간, 아이들이 '피자와 햄버거'라고 이름 붙여 놀고 있더군요. 추억을 더듬으며 아이들과 함께 즐겨 보세요. '피자 햄버거', '콜라 사이다', '치킨 갈비' 등 아이들이 좋아하는 단어로 얼마든지 바꾸어 할 수 있습니다.

1 두 명이 서로 마주 본다.

2 한 명은 손목만 붙인 상태에서 양손을 반원 모양으로 벌리고 다른 한 명은 상대의 손에 주먹을 집어넣었다 빼면서 "피자" 또는 "햄버거"를 말한다.

3 주먹으로 공격하는 친구는 '햄버거'를 외칠 때 재빨리 주먹을 넣었다 빼야 하며, 방어하는 친구는 '햄버거'일 때 주먹을 잡아야 한다.

놀이의 팁 Tip

1 '피자와 햄버거'라는 말만 사용할 필요는 없습니다. 어떤 단어를 쓸지 아이들과 머리를 맞대 보세요. "선생님은 어렸을 때 '보리밥 쌀밥'이라고 했는데 너희는 뭐라고 말하면 좋을까?"라고 물어보는 것도 좋습니다.

2 선생님도 아이들과 함께 즐겨 보세요. 일부러 져 주는 것도 요령입니다.

3 여러 친구들이 돌아가면서 하도록 합니다.

5-32 한 걸음씩 앞으로

● 1~6학년 ★★★★★　● 청소년 ★★★☆☆

. . . .

여자아이들이 다리 찢기를 하면서 즐기곤 하는 인기 놀이입니다.
가위바위보와 한 걸음 가기만으로도 재미있는 시간을 보낼 수 있
지요. 여학생들은 유연성이 뛰어나 선생님이 늘 지게 되는 경기
입니다. 다리 찢기 연습을 열심히 해서 아이들에게 도전장을 내
밀어 보세요.

놀이 방법 How to play

1 두 명이 서로 발끝을 댄다.

2 가위바위보를 해서 이긴 사람은 앞발을 뒷발 바로 뒤에 댄다.

3 진 사람은 앞발을 그만큼 앞으로 밀어 앞사람 발 끝에 댄다.

4 다시 가위바위보를 해서 같은 방식으로 이긴 사람은 앞발을 자신의 뒷발로, 진 사람은 앞발을 상대의 발끝까지 밀어낸다.

5 계속 진행하다가 더 이상 발을 벌릴 수 없거나, 한 사람이 먼저 벽에 등이 닿으면 진다.

놀이의 팁 Tip

1 서로 돌아가면서 놀 수 있도록 합니다.

2 선생님도 같이 해보세요. 치마를 입고 있다면 100퍼센트 집니다.

3 시청각실이나 강당 등 넓은 곳에서 하면 좋습니다.

5-33 홍삼 게임

● 1~4학년 ★★★☆☆　　● 5~6학년 ★★★★★　　● 청소년 ★★★★★

· · · · · · · · ·

'아이엠 그라운드'를 변형한 놀이입니다. 손가락이 어디를 가리
킬지 알 수 없고 누구를 동시에 지목할지 예측할 수 없어 정말로
집중해야 합니다. 마침내 손가락이 같은 사람을 가리키고 모두가
"홍삼!"이라고 외치는 순간 웃음이 번지는 멋진 놀이입니다.

1 대여섯 명 정도가 동그랗게 둘러앉는다.

2 '프라이팬 놀이(5-30)'와 같은 동작으로 "아이엠 그라운드 홍삼 게임 시작"
   이라고 외친 뒤 한 사람이 두 명을 가리키며 "아싸 너, 너!"라고 말한다.

3 지목받은 사람은 "아싸 너!"와 함께 다시 다른 사람을 가리킨다.

4 지목을 받고, 누군가를 지목하다 두 명이 동일한 사람을 지목하게 되면 그
   사람은 두 손을 머리 위로 높게 들어 흔들며 "아싸 홍삼!"이라고 외친다.

5 나머지 사람은 "에브리바디 홍삼!!"이라고 외친 뒤 지목받은 사람이 "아싸
   너, 너!"와 함께 두 명을 지목하면서 놀이가 이어진다.

놀이의 팁 Tip

1 천천히 시작했다가 점차 속도를 빨리 합니다.

2 손과 손가락을 쭉 펴지 않으면 누가 지목당했는지 모릅니다. 정확하게 가리키도록 합니다.

3 누군가를 가리켜야 하기 때문에 사람이 너무 많으면 놀이가 자꾸 끊기게 됩니다.

4 요령을 터득하는 데 시간이 조금 걸리지만 기다려 주세요. 아이들은 어느새 적응해서 빠른 속
   도로 놀이를 즐긴답니다.

5-34 화살표 놀이

● 1~3학년 ★★★☆☆　　● 4~6학년 ★★★★★　　● 청소년 ★★★★★

각자 손으로 화살표를 만들어 누군가를 가리켰다가, 외치는 숫자에 따라 화살표를 따라가 종착점을 찾는 놀이입니다. 이리저리 엇갈린 화살표를 따라가는 재미가 있으며 짧은 시간에 알차게 즐길 수 있습니다. 'The Game of Death'로 알려지기도 했지요.

1 다섯에서 열 명이 둥그렇게 앉는다.

2 구호를 외치는 사람(A)을 정한 뒤, 모두가 크게 "화살표!!"라고 외치고 손을 쭉 뻗어 아무나 가리킨다.

3 A는 화살표라는 말이 끝남과 동시에 5~10 사이의 숫자 중 하나를 외친다.

4 만약 A가 6을 외쳤다면, A를 시작으로 각각의 화살표를 따라가다 여섯 번째에 해당되는 사람이 걸린다.

5 걸린 사람은 간단한 벌칙을 받고 다음번 숫자를 외친다.

놀이의 팁 Tip

1 손으로 화살표를 만들 때는 상대방을 정확하게 가리키도록 합니다. 상대방 얼굴 한 뼘 정도 앞까지 손이 가도록 안내하면 좋습니다.

2 적은 숫자를 말하면 미리 계산하기도 하므로, 5~10 사이가 좋습니다.

3 "화살표"라는 말이 떨어지자마자 숫자를 외치라고 당부합니다.

5-35 007빵 _1탄

● 1~3학년 ★★★☆☆　　● 4~6학년 ★★★★★　　● 청소년 ★★★★★

놀이 중의 놀이, 추억의 고전 게임인 '007빵'입니다. 응용해서 '침묵의 007빵'을 해도 재미있고, 무표정한 상태에서 조금이라도 웃으면 탈락하는 '무표정 007빵'으로 응용해도 무척 재미있습니다. 말로 설명하기보다는 연습 경기를 몇 번 해보면 훨씬 잘 습득할 수 있습니다.

1 여덟에서 열 명 정도씩 둥그렇게 모여 앉는다.

2 처음 시작한 사람부터 오른쪽 시계 방향으로 차례차례 친구를 가리키며 '0-0-7-빵'을 한 글자씩 말한다.

3 '007'은 진행 방향과 상관없이 아무나 가리킬 수 있다.

4 '빵'에 지목당한 사람 양옆 사람은 손을 올리며 "으악" 하고 외친다.

5 '빵'에 지목된 사람부터 오른쪽으로 차례차례 다시 '0-0-7-빵'을 시작한다.

6 "으악!"을 하지 못하거나, 동작을 제대로 하지 못하면 탈락한다.

놀이의 팁 Tip

1 한 번에 놀이 방법을 모두 알려 주기보다는 하나씩 천천히 알려 줍니다.

2 놀이를 몇 번 진행하면서 배울 수 있는 시간을 줍니다.

3 천천히 시작해서 조금씩 빨리 해보세요.

4 '침묵의 007빵'으로 발전시킬 수 있습니다. 말을 하지 않고 진행해야 합니다. 말없이 하면 더 웃기고 재미있습니다.

5-36 007빵 _2탄 : 돌대가리

● 1~3학년 ★★★☆☆   ● 4~6학년 ★★★★★   ● 청소년 ★★★★★

. . . .

'007빵 놀이'는 다양한 방법으로 변형할 수 있는데, 그중 '돌대가리' 편은 아이들이 '감정이입'을 심하게 해서(?) 웃으면서 즐기는 놀이입니다. "돌돌돌돌~" 하며 돌대가리 동작을 하는 순간 옆 친구도 웃고 보는 이도 웃는, 기분이 업(up) 되는 놀이입니다.

1 여덟에서 열 명이 둥그렇게 모여 앉는다.

2 시작하는 사람부터 오른쪽 시계 방향으로 친구를 가리키며 '돌-대-가-리'
   를 한 글자씩 말한다.

3 '돌대가'는 진행 방향과 상관없이 아무나 가리킬 수 있다.

4 '리'에 지목당한 사람 양옆 사람은 양손으로 자기 머리를 두드리며 "돌돌돌
   돌" 하고 외친다.

5 '리'에 지목된 사람부터 오른쪽으로 다시 '돌-대-가-리'를 시작한다.

6 "돌돌돌돌"을 하지 못하거나, 동작을 제대로 하지 못하면 탈락한다.

놀이의 팁 Tip

1 '고-릴-라 땅'은 '땅'에 지목당한 사람 양옆 사람이 가슴을 치면서 "우가우가"라고 외칩니다.

2 '헷갈려' 게임은 오른쪽 시계 방향으로 '헷-갈-려'를 한 글자씩 말하는데, '헷-갈'에서는 아무
   곳이나 가리키고, '려'에서는 지목당한 사람이 다시 누군가를 가리키며 '헷'을 말합니다. 그러
   면 '헷'에 지목당한 사람 옆에 있는 사람이 '갈', '려'로 이어 갑니다.

5-37 369-369

● 1~3학년 ★★★☆☆   ● 4~6학년 ★★★★★   ● 청소년 ★★★★★

· · · · · · · · · · · ·

3의 배수를 찾아라! 남녀노소 가리지 않고 좋아하는 놀이입니다. 하지만 말처럼 쉽지는 않지요. 여러 번 해도 또 헷갈리는 3의 배수 기억하기. 게다가 10의 배수까지 더해지면 머릿속이 부글부글 복잡해진답니다. 쉬는 시간에 박수 치고 숫자를 외치다가 소리 지르는 아이들을 빙그레 바라보는 재미가 있습니다.

1 열 명이 모둠이 되어 둥그렇게 앉는다.

2 "369 369" 구호를 외치며 놀이를 시작한다.

3 오른쪽 시계 방향으로 돌아가며 숫자를 외치는데 3이나 6, 9가 들어간 수에서는 박수를 친다.

4 10의 배수에서는 '뽀숑!'을 하나씩 늘려 말한다. 10에서는 "뽀숑", 20은 "뽀숑 뽀숑"이 된다.

5 정해진 숫자나 박수, "뽀숑"을 말하지 못하면 걸린다.

놀이의 팁 Tip

1 놀이를 설명할 때는 몇 명의 아이들로 하여금 시범을 보이게 하면 좋습니다.

2 선생님도 같이 해보세요. 선생님의 실수에 아이들은 즐거워합니다.

3 수학 교과 짬 시간에 해도 좋습니다.

놀이백과 보너스팁 **Bonus tip**

이럴 땐
이런 놀이가
좋아요!

· ·

제가 교실에서 아이들과 놀이 수업을 할 때 적용했던
몇 가지 방법을 아래에 소개합니다. 이 보너스 팁을 바탕으로 놀이를 변형하거나
조합하면서 새로운 아이디어를 떠올리면 더욱 좋습니다.
놀이를 어떻게 사용하느냐에 따라 정말 멋진 수업과 프로그램을 만들 수 있고,
아이들의 태도를 변화시킬 수도 있습니다.
선생님들은 여기 소개한 방법을 더 풍성하게 채워 나갈 수 있습니다.
본인의 경험을 주변 선생님들과 나누어 보세요.

_첫 만남 때

고리 탈출(4-05)로 안전하게 접근할 수 있습니다. 서로의 몸에 고리를 만들고 조심스럽게 빠져나오는 활동이므로, 부담 없이 즐기면서 아이들을 미소 짓

게 만들 수 있습니다. 활동이 끝나고 나면 '만남'은 서로가 끊임없이 작고 큰 고리를 만드는 과정이라고 이야기해 줍니다. 상대와 어떤 고리를 걸고 풀어내는지 떠올리는 계기가 됩니다.

손바닥과 손바닥(4-20) 놀이는 경쾌한 음악을 틀어 놓고 합니다. 선생님이 전체의 만남을 통제하므로 아이들이 서로 다양하게 만날 수 있습니다. "두 명이 손바닥과 손바

닥을 대고 만나세요, 여자 두 명과 남자 두 명이 만납니다, 모두 떨어져서 혼자 다닙니다, 어깨와 어깨를 대면서 세 명이 만나세요" 등 자연스럽고 재빠르게 만났다 헤어지기를 반복하게 합니다. 그러면 반 전체가 자연스럽게 만날 수 있습니다.

나는요!(1-09) 활동은 정해진 문장에 답을 해야 하므로, 아이들로부터 정보를 얻을 수 있습니다. "작년에 몇 반이었어요, 저는 친구들이 00하면 화가 나요, 새 학년이 되어서 00 생각이 들었어요" 같은 질문에 대한 답을 쓰도록 합니다. 아이들이 쓴 종이를 다 걷은 뒤에, 선생님이 내용을 적당히 불러 주고 아이들에게 누구의 답인지 맞혀 보게 합니다. 아이들이 자연스럽게 서로를 알게 된답니다.

첫 만남을 가장 유쾌하게 만들었던 놀이는 과일 바구니(1-04)였습니다. 과일 이름을 말하는 것만으로도 아이들은 몸을 움직이고 자리도 바꿉니다. 나중에 '새 학년이

되어서 OO을 하고 싶어요'로 응용해 진행할 수 있는 장점도 있습니다.

_아이들 줄을 세울 때

왼발을 들고 콩콩콩(1-40) 놀이를 이용해 보세요. 놀이
를 하면서 뭔가 나누어 주어야 하거나 급식소에 갈 때 좋
은 활동입니다. 두 사람이 가위바위보를 해서 진 사람이
뒤에 매달려야 하고, 또 누군가를 만나서 가위바위보를 계속하다 보면 기다란
기차가 만들어집니다. 마지막에 한 줄이 되면 그 다음 활동으로 진행해 나갈
수 있습니다.

알-병아리-닭(1-34)도 아이들 줄 세우기에 좋습니다.
'알' 단계의 아이들이 가위바위보를 해서 병아리가 되고,
닭이 되는 놀이입니다. 마지막 닭끼리 가위바위보를 한
다음 이기면 선생님 뒤로 줄을 서도록 할 수 있습니다.

_아이들을 움직여야 할 때

아이들을 움직이게 하는 데는 1-2-3-4-5(1-57)가 가장
효과적입니다. 교사가 말한 숫자에 맞는 속도로 걷거나 뛰
는 활동입니다. 빨리 달려야 하는 숫자를 여러 번 반복시
키면서 땀이 나도록, 숨이 차도록 만들 수 있습니다.

창과 방패(1-50) 놀이도 전체가 몸을 움직이도록 하는 데 효과가 있습니다. 창에 해당되는 친구는 방패 뒤로 가서 숨어야 합니다. 서로가 방패, 창을 생각하고 있기 때문에 누군가 움직이면 모두가 움직일 수밖에 없는, 역동이 가득한 놀이입니다.

음악을 활용한다면 거울 놀이(4-03)가 좋습니다. 상대의 몸동작을 따라하는 간단한 방법인데 잔잔한 음악을 틀면 전체의 동작이 부드러워지지만 빠른 음악을 틀어

놓으면 자연스럽게 아이들의 몸이 더 빨라지고 커집니다. 상대방 동작보다 조금 더 크게 몸을 움직여야 하는 '대왕 거울'을 하기로 약속하면 역동은 더 커집니다. 전체를 움직여야 하는 '거울 놀이 2탄'에서처럼 특정 동작을 따라 하게 하고, 반 아이 중 몸동작이 크고 활발한 아이를 따라 하게 하면 반 전체가 춤을 출 수도 있습니다.

_아이들을 하나로 모으려면

가장 기본이 되는 놀이는 매듭을 풀어라(2-11)입니다. 두 명이 매듭을 푸는

것에서 출발해서 모두가 매듭을 푸는 것까지 인원을 늘려서 진행합니다. 나중에 모두가 매듭을 푸는 순간 환호를 지르는 모습을 발견할 수 있습니다.

하나의 선(2-35)은 선생님이 아이들에게 하고 싶은 말이 있거나 메시지를 전하고 싶을 때 하면 좋습니다. 놀이의 최종 목표는 손을 뻗어 아이들 전체가 한 개의 선으

로 연결되는 것입니다. 혼자 또는 두 명이 다른 아이들과 동떨어져 남아 있으면 아이들은 그 손을 잡아 연결하기 위해 애씁니다. 놀이를 하면서 아이들이 소외나 따돌림이 일어나지 않기를 바라고, 서로 잘 지낼 수 있으리라는 믿음을 키워 간다면 더욱 바랄 것이 없겠지요. 드디어 모두의 몸이 연결되어 성공하면 "우리는 한 반입니다! 모두가 하나로 연결됨을 기억합니다!"라고 외치게 해주세요.

박수 도미노(2-19)도 아이들이 매우 좋아하는 놀이입니다. 모두 둥그렇게 모여 앉은 뒤 순서대로 박수를 치다가 점점 박수 속도가 빨라지면 "와!" 하는 탄성이 절로 나옵니다.

많은 놀이 활동을 성공적으로 해냈다면 우리는 하나(2-27)에 도전해 보세요. 친구의 무릎에 앉아 만세를 하는 순간 아이들은 소리를 지르면서 환호한답니다.

제가 진행하는 〈마음 흔들기 프로그램〉 안에서는 친구야, 우릴 믿어봐!(2-32)가 큰 힘을 발휘합니다. 모두 손을 모아 친구의 몸을 어깨 높이로 번쩍 들어 올립니다. 작은 힘이 모여 큰 힘이 되는 경험과 친구에게 믿음과 신뢰를 주는 근사한 경험을 할 수 있습니다.

_수업 짬 시간을 활용하려면

가장 인기 있는 놀이는 집어!(01-48)입니다. 2~3분 정도 남은 시간 동안 두

명이 책상 위의 물건 하나를 바라보다가 선생님 신호에 맞추어 물건을 먼저 집어 드는 놀이입니다. 간단하고 쉬운 방법이지만 웃음과 탄식이 동시에 터져나오는, 아이들의 가슴을 졸이게 하는 놀이입니다.

아파트 놀이(5-17)도 수업 짬 시간에 하기에 좋습니다.

공간이 조금 있는 곳이라면 한 걸음 술래잡기(1-55)도 매우 유쾌합니다. 간단하면서도 긴장감이 높아 아이들이 질리지 않고 즐길 수 있습니다.

도구를 이용한 놀이 중에는 스피드 컵 릴레이(3-24)가 좋습니다. 컵을 재빨리 쌓고 포개는 소리와 속도에 아이들은 매료되지요. 여러 번 해도 지루해하지 않고 쉬는 시간에 연습까지 하며 몰입한답니다.

짐볼 피구(3-46)도 빼놓을 수 없지요. 중간 놀이 시간이나 점심시간에 학교 공터에 모여 짐볼 피구를 즐기는 아이들이 많습니다.

하지만 아이들에게 가장 강렬한 인상을 남긴 것은 신의 선택(1-32)입니다. 생각지도 못한 '신'이 등장하고, 신의 순간적인 선택을 기다리는 동안 긴장감이 고조되어 더욱 재미난 놀이입니다.

_선생님이 망가져서 분위기를 띄우고 싶다면

얼굴을 있는 힘껏 구기고(?) 목소리를 변조해서 아이들 눈을 바라보며 외로운 김 서방(1-39)을 외쳐 보세요. 선생님 얼굴만 봐도 아이들이 웃다가 쓰러집니다. 10초만 망가져도 충분하답니다.

왕이 되고파(5-23) 놀이 설명을 할 때 왕 앞에서 절을 아주 크게 한 뒤, 두 무릎을 꿇고 왕 역할을 맡은 아이에게 아주 공손하게 대해 보세요. 지켜보던 아이들이 킥킥대며 재미있어 합니다. 선생님이 먼저 시범으로 굴욕(?)을 당하고 나면, 아이들끼리 놀 때 목소리가 더 커지고 절도 능숙하게 하는 모습을 보게 된답니다.

만약 스티커 칭찬 놀이(1-30)에서 스티커를 손등이 아니라 얼굴에 붙이는 상황이라면 선생님 얼굴에 창의적으로 붙여 달라고 말해 보세요. 선생님 얼굴을 예술 작품으

로 만들어 놓는답니다. 끝나고 거울을 보면 망가진 자신의 모습에 껄껄껄 웃으실 겁니다!

바뀐 곳 찾기(2-15)를 설명할 때는 과감하게 망가지세요! 한쪽 다리를 걷어 올리기, 바지를 빼서 입기, 실내화 하나를 머리 위에 올리기, 사인펜으로 얼굴에 점 하나 그리기 등을 통해 아이들에게 자연스럽게 다가가 보세요.

지브리쉬어로 말하기(4-40)에서는 혀를 길게 내밀고 이상하게 말하거나 얼굴을 과장되게 마구 움직이면서 희극 배우가 되어 봅니다. 아이들 배꼽이 빠진답니다. 가끔

1대1 대결 놀이를 하다가 아이들에게 지면 선생님만의 벌칙을 정해 보세요. 아

이가 지면 가볍게 벌칙을 받고, 선생님이 지면 화장지 한 장을 말아서 귀에 꽂거나 콧구멍 하나에 꽂아도 됩니다.

_ 학부모와 자녀가 함께할 놀이가 필요하다면

텔레파시 박수(1-52)를 권합니다. 서로 빨리 박수를 치다가 얼굴을 붉히거나 상대가 틀렸다고 비난하는 가족이 있는가 하면 여유 있게 미소를 띠며 즐기듯  놀이하는 부모와 자녀도 있지요. 텔레파시 박수를 치는 모습을 보고 있으면, 그 가족의 일상적인 모습이 보는 이에게 텔레파시처럼 그대로 전달됩니다. 본격적인 활동에 들어가기 전에 자연스럽게 분위기를 풀고 시작할 수 있는 놀이라서 저는 학부모 대상 공개 수업 때 많이 활용했습니다.

내 코는 개코(2-05)는 특별한 의미를 만들어 낼 수 있  습니다. 학부모 한 분이 자녀의 손바닥 냄새를 맡고 눈을 가립니다. 몇 명의 아이를 앞으로 불러내 순서를 섞은 뒤 학부모에게 손바닥 냄새로 찾게 하지요. 대부분의 부모는 자녀를 찾아냅니다. 안대를 벗고 확인하는 순간 공간에 함께 있던 사람들은 박수와 환호를 보냅니다. 이때 진행자가 부모와 자녀 사이에는 특별함이 있다고 이야기해주면 좋습니다.

눈먼 자동차(2-06)도 의미를 찾을 수 있는 놀이입니다. 학부모가 운전을 한 뒤, 학생이 운전하도록 합니다. 부모보다 높은 위치에 있고 싶어 하는 아이들이 많은 집단이라면 누가 누구를 운전해야 하는지 생각해 보게 합니다. 삶의 경험이 많은 부모가 자녀를 운전하는 것에 대해 이야기합니다. 그리고 자녀와 부모 사이의 믿음에 대한 이야기도 할 수 있습니다. 학생이 자동차 역할을 할 때 뒤의 부모를 믿어야 사고가 나지 않았던 것처럼 삶 안에서도 부모를 믿어야 한다는 말을 할 수 있습니다.

_ 창의성과 연결해 적용할 놀이가 필요하다면

변신은 자유(4-19)를 해보세요. 막대를 하나 놓고 다양한 용도로 변형시키도록 하면 막대는 우산으로, 반죽 밀대로, 역기로 변하기도 합니다. 막대 말고도 의자, 수건, 풍선 등 다양한 물건을 이용해 창의적으로 생각하고 그것을 표현하도록 해봅니다. 의자가 장바구니도 되고, 막대가 스팀청소기도 된답니다.

인간 레고 놀이(4-29)는 강력하게 추천해 드리는 놀이 입니다. 여러 명이 몸과 몸을 연결해 하나의 작품을 만드는 놀이로, 선생님이 어떤 주제를 주더라도 아이들은 기어코 그것을 만들어 표현해 냅니다. 선생님은 놀이를 통해 아이들의 다양한 생각과 창의적인 표현을 확인할 수 있습니다.

평소와 다른 각도로 창의적인 생각을 해보게 한다면 매체를 이용한 종이로 표현하는 마음(4-37)을 권합니다. 내 생각을 종이에 투사해서 구기거나 찢고 접어서 표현하는 활동이지요. 작품이 완성된 뒤 만든 작품에 대해 설명해 달라고 하면 아

이들은 의외로 깊은 생각을 말해 줍니다. 고무찰흙, 아이클레이 등을 이용할 수도 있습니다.

_스트레스를 해소하게 해주려면

의미를 부여하면서 놀이를 진행해 보세요. 아이들에게 먼저 필요한 게 무언지 물어보고 그에 맞게 놀이의 명칭과 진행 구호를 살짝 바꾸어 보세요.

신문지로 하는 놀이는 스트레스를 해소하고 소리를 지르게 하는 효과가 있습니다. 단순히 신문지 격파(3-25)를 이용해 "꺼져!", "싫어!"라는 말을 하게 해도 좋습니다. 신문지를 작고 길게 찢는 것만 해도 좋습니다. 놀이로 생각하지 말고 단순히 찢는 행위를 하면서 답답함을 다 날려 버린다고 생각하게 하세요.

무엇보다 신문지 눈싸움 시리즈(3-27~29)는 아이들 마음에 뭉쳐 있는 응어리를 발산하는 데 효과가 좋습니다. 신문지 뭉치를 스트레스라고 생각하고 마음껏 던져 버리고,  시험지를 바닥에 펼쳐 놓고 시험 때문에 힘들었던 기억을 떠올리며 박박 찢어 버립니다. 마지막에는 "시험이 내 전부는 아니야!"라고 자신에게 주문을 걸 수 있습니다.

_특정 아이를 자연스럽게 칭찬하고 싶다면

반 아이 몇 명의 도움을 받아(친구들 몰래) 스티커 칭찬
놀이(1-30)를 하면 자연스럽게 칭찬하는 환경을 만들 수
있습니다. 선생님도 미리 생각했다가 칭찬을 해줄 수 있
습니다.

 너를 칭찬해(1-12)도 자연스럽게 친구들 앞에서 칭찬
을 할 수 있는 방법이지요. 그리고 선생님이 의도적으로
칭찬과 힘이 되는 몇 마디를 넣어 놀이를 진행할 수 있습
니다. 자기 자신에게 직접 칭찬하는 시간을 보내는 것도 좋습니다. 잔잔한 음
악과 함께 모두 눈을 감고 두 손을 심장 위에 올려놓고 자신을 칭찬하게 합니
다. 그리고 "난 괜찮은 사람이야, 난 칭찬 받을 자격이 충분해!"라고 말하도록
합니다.

_아이들끼리 한 시간쯤 놀게 하려면

가끔은 선생님이 모든 것을 진행하기에 힘든 날이 있습니다. 이때는 놀이 방
법을 알려 주고 선생님은 한 걸음 뒤에서 지켜봐 주세요. 40분 수업 시간이 뚝
딱 지나갑니다.

승진은 어려워(1-31)를 하는 동안 아이들은 보다 높은 자리를 차지하기 위해
치열한 가위바위보를 이어 가느라 시간 가는 줄 모르고
놀이에 열중합니다.

왕(여왕)을 잡아라(1-38)는 모둠으로 나뉘어 술래잡기

형태로 진행되므로 두 판 정도만 해도 수업 시간이 총알 같이 지나갑니다.

쥐와 고양이 시리즈(1-43~45)도 아이들이 까르르 떠들며 즐겼고요. 그와 유사한 진주와 조개(1-47)나 토끼와 여우(1-54)도 매우 유쾌했습니다. 알까기(3-34)는 여러 친구들과 함께 어울리도

록 토너먼트로 진행할 수 있고, 짐볼 피구(3-46)는 아이들에게 인기 만점입니다.

5장에 나오는 놀이들은 모두 아이들끼리 하기에도 좋은 것들입니다.

_국어 수업에 할 수 있는 놀이

글을 읽고, 글 속의 주인공을 인간 찰흙 놀이(4-30)로 표현할 수 있습니다. 만약 글에서 사람들에게 밟혀 찌그러진 동전 이야기가 있다면 한 사람은 조각가가 되어 찰흙이 된 짝을 이리저리 만들어서 찌그러진 동전으로 만듭니다. 그리

고 그 모습을 감상하고 어떤 생각이 드는지 느낌을 나누어 봅니다.

만약 독수리가 비둘기를 잡으러 갔다는 내용의 글을 읽었다면 비둘기의 느낌을 느끼기 위해 쥐와 고양이(1-43) 놀이를 '독수리와 비둘기'라는 이름으로 바꾸어 사용할 수도 있습니다.

시나 소설, 교과서에 인용된 글 등을 잘 살펴보면 놀이 상황과 비슷한 경우가 있습니다. 이런 상황을 자연스럽게 놀이로 진행해 보는 것도 좋은 방법입니

다. 예를 들어 시에 "내 동생이 날 따라다녀요"라는 문장
이 있다면 거울 놀이(4-03)를 응용해 그림자놀이로 바꿉
니다. 거울 놀이가 서로 마주보고 진행하는 것이라면 그
림자놀이는 한 사람이 앞에, 다른 사람이 뒤에 서서 따라다니고 동작을 흉내
낼 수 있습니다. 놀이 활동이 끝나면 앞에 선 사람에게 "뒤에 동생이 그림자처
럼 따라다니니 마음이 어때?"라고 묻고 그 느낌을 시의 문장과 연결시킬 수도
있습니다.

글을 읽고 활동하는 이야기 체험하기(4-28)는 큰 효과가 있습니다. 예를 들
 어 태풍이 몰아치는 날 로빈슨 크루소가 혼자 살아남아
무인도에 있게 된 내용이라면 선생님이 한 문장씩 불러
주고 그 문장에 맞게 모두가 간단한 표현을 할 수 있습니
다("여러분은 큰 배를 타고 여행을 떠나고 있습니다. 바람이 불어오기 시작했고 배가 마구
흔들리기 시작했습니다. 여러분이 탄 배는 가라앉았고 작은 통나무를 붙잡고 헤엄치기 시작
합니다……"). 몸짓을 곁들여 문장을 읽으면 간접 체험을 할 수도 있겠지요.

인물과 대화하기 시리즈(4-31~33)를 이용하면 인터뷰 형식으로 수업을 진행
할 수 있습니다. 글을 읽고 난 뒤 "인물의 마음은 어땠을까?"라고 묻고, 주인공
처럼 생각하고 대답해 보기로 약속합니다. 만약 〈흥부와
놀부〉를 읽었다면 의자 두 개를 놓고 한 자리에는 흥부를
다른 자리에는 놀부를 앉게 한 뒤 학생들이 둘에게 질문
하도록 하거나, 흥부와 놀부를 대화시킬 수도 있습니다. 그리고 수업 마지막에
종이로 표현하는 마음(4-37)을 접목해 이야기에 대한 느낌을 표현해 보면 좋습
니다.

_도덕 수업에 할 수 있는 놀이

교과서 탑 쌓기(3-05)를 추천합니다. 교과서로 높은 탑을 쌓는 것도 어렵지만 자칫 잘못하면 탑이 무너지는 경우가 있습니다. 그 과정에서 아이들은 서로 를 비난하기도 하고 탑을 더 높게 쌓는 것을 포기하기도 하지요. 3~4분 정도 그런 상황을 관찰하고 있다가 아이들의 마음을 다독여 주는 것이 좋습니다. 모두 최선을 다하지만 탑이 무너질 때도 있는데, 이는 한 사람의 실수 탓이 아니라 쌓는 과정 중에서 조금씩 균형이 어긋나 나타나는 결과라고 조언해 줍니다. 그리고 한 번 실수했다고 해서 포기하거나 물러서는 것은 옳지 않은 방법이라고 알려 주고 서로에게 힘이 될 수 있는 말을 해보라고 독려할 수 있습니다.

재산을 지켜라!(3-39)는 '평화를 지켜라!'로 응용해 진행하기도 합니다. A4 용지 크기의 종이를 여덟 등분한 뒤  각자의 평화를 상징한다고 정합니다. 이어 가위바위보 승패에 따라 종이를 갖거나 돌려주는 방식으로 진행합니다. 이를테면 "길을 가다가 덩치 큰 형에게 뺨을 한 대 맞아서 기분이 나빠졌고, 내 마음의 평화는 줄어들었습니다. 모두 손을 높게 들어 선생님과 가위바위보를 하겠습니다. 같은 것이 나오면 앞의 바구니에 여러분의 평화를 한 장씩 넣어 주세요"와 같이 구체적으로 장면을 설명해 줍니다. 반대로 평화로운 상황을 가정하여 평화를 한 장씩 나누어 주거나, 전쟁이나 재난 등으로 모든 평화를 빼앗긴 상황을 설정하여 각자의 마음에 어떤 느낌이 떠올랐는지 이야기를 주고받아도 좋습니다. 고작 놀이를 하는 데도 이런 마음이 드는데 실제 삶에서 재난을 맞닥뜨린다면 어떤 마음일지, 내 마음이 얼마나 평화로운지에 따라 세상을 보는 눈이 어떻게 달라질지 등으로 이야기의 깊이를 더해 갈 수 있습니다.

고통의 숫자(1-03)와 장애물 통과(2-31)는 통일과 관련된 수업에서 유용하게 활용했습니다. 선생님이 숫자를 부르면 그 숫자에 해당하는 아이가 쓰러지는데, 이때 주변에서는 아이가 쓰러지기 전에 잡아 주어야 합니다. 처음에 숫자 하나를 부를 때는 주변에서 잡아 줄 수 있지만, 점차 숫자가 늘어나고 속도가 빨라지면 결국 모두 쓰러지게 됩니다.

이 놀이 끝에는 아이들에게 사회 구성원이 서로 돕지 않으면 그 사회는 힘을 잃게 되고, 결국 모두가 어려움에 빠지게 된다는 이야기를 해줍니다. 장애물 통과 놀이를 한 뒤에는 아이들에게 느낌을 물어봅니다. 그러고 나서 "장애물에 따라 고개를 숙여야 하고, 때로는 맞부딪쳐 지나가야 할 것도 있습니다. 하지만 어떤 장애물이든지 여러분이 고심하고 노력해서 모두 빠져나올 수 있었던 것처럼, 통일도 힘을 합쳐 장애물을 통과하면 결국은 이루어질 것입니다"라고 끝맺음을 합니다. 아이들은 이 수업을 통해 그동안 막연하게만 여겼던 통일에 대해 다시 한 번 생각해 보게 됩니다.

_과학 수업에 할 수 있는 놀이

일례로 척추동물과 무척추동물에 대해 배웠다면, 라벨 용지를 이용해 다양한 동물을 출력한 뒤 친구야, 난 누구니?(4-41)로 수업을 진행해 보세요. 서로의 등에 동물 이름을 붙여 놓고 몸짓으로 친구의 '정체'를 알려 주고, 자신이 속해 있는

종(種)으로 이동하여 무리에 끼어들기도 합니다. 과학 시간에 배운 지식을 살려 내 등에 붙어 있던 동물을 설명할 수도 있습니다.

자석에 대해 공부한다면 자석 놀이(4-35)를 해보세요. N극과 S극이 되어 선생님이 불러 주는 극성에 따라 붙거나 떨어질 수 있습니다. 그렇게 몸으로 경험한 뒤 이야기를 나누는 것은 큰 의미가 있습니다.

거울 놀이(4-03)도 얼마든지 응용이 가능합니다. 거울의 원리를 알아본 뒤 상대를 따라하는 기본형의 놀이를 한 뒤, 볼록거울 오목거울에 비치는 상에 대해 이야기를  나눕니다. 그리고 그 특징에 맞추어 몸동작을 더 크게, 또는 더 작게 하도록 변형할 수 있습니다.

탄성에 대해 공부하면서 바운스 바운스(3-17) 놀이를 이용해 풍선이 몸과 만나서 튀어 오르는 이야기를 나눌 수도 있고, 물체가 아래로 떨어지는 중력을 배울 때는 실내화를 받아라!(3-33) 놀이를 유쾌하게 적용할 수도 있습니다.

_사회 수업에 할 수 있는 놀이

사회 · 역사적인 사건은 인간 레고 놀이(4-29)에 적용해 볼 수 있습니다. 예를 들어 열다섯 명 정도가 몸을 붙이고 이어서 '거북선'을 만들게 합니다. 선생님이 신호를 주면 소리도 내고 움직여 보기도 합니다. 불에 탄 숭례문을 공부한다면 몸

을 이어 붙여 '숭례문'을 만든 뒤 불에 탄 부분을 제자리에 앉게 하여 자연스럽게 무너져 내린 광경을 만듭니다. 이를 지켜보던 아이들에게는 처음 모양을 기억해서 인간 찰흙으로 조형물을 빚듯 다시 숭례문을 만들어 보라고 할 수 있습니다. 이 활동 뒤에는 복원할 수 없는 추억, 시간, 흔적에 대해서 생각해 보도록 유도하면 좋습니다.

날씨와 관련된 속담을 모아서 몸짓 스피드 퀴즈(4-16)로 놀이를 진행할 수도 있습니다. 한 사람이 몸으로 설명하면 다른 사람들이 그 모습을 보고 맞춰 보는 형식으로 날씨 관련 수업을 진행해도 매우 즐겁습니다.

도시에 인구가 집중되는 것을 보다 효과적으로 공부하기 위한 놀이로는 눈먼 자동차(2-06)가 좋습니다. 교실 바닥에 3제곱미터 크기로 정사각형을 표시한 뒤(청색테이프를 이용) 두 팀에게 사각형 안에서 '눈먼 자동차' 활동을 시킵니다. 공간으로 한 팀씩 계속 늘려서 들여보내면, 교통 정체가 일어나는 것을 자연스럽게 경험할 수 있습니다. 그 사각형을 이용해 등 씨름(5-06) 또는 스모 닭싸움(3-23)을 이어 합니다. 건축물의 조망권과 일조권, 공간 다툼, 주차 경쟁 등 다양한 이야기를 이어 나갈 수 있습니다.

또한 국어 수업에서 했던 방식대로 이야기 체험하기(4-28)를 이용하여 역사적인 사건을 경험시킬 수도 있고, 역사 속 인물을 정해 인터뷰를 나누는 인물과 대화하기(4-31~33)를 할 수도 있습니다.

_계기 교육 수업에 할 수 있는 놀이

장애인의 날에는 손가락 끝으로(2-25)를 하면서 모든 감각을 손가락에 집중시킵니다. 손가락 끝이 서로 닿는 작은 접촉만으로도 눈이 보이지 않는 짝을 이동시키고 안내할 수 있습니다. 활동 후에 손가락 끝으로 점자를 읽는 것에 대해 이야기를 나눌 수 있습니다.

내 짝을 찾아라!(2-04)는 안대로 눈을 가리고 자기 짝을 찾는 감각 놀이입니다. 상대의 손을 만져 보고 짝을 확인하는 것이므로, 촉감에 대한 이야기를 나눌 수 있습니다. 이런 활동을 하기 전에는 '장애인의 날'과 관련된 영상을 시청해도 좋습니다.

이야기 체험하기(4-28)를 이용해 영상에 나온 이야기를 간접 경험하는 것은 큰 효과가 있습니다. 뇌졸중으로 한쪽 눈꺼풀만 움직일 수 있었던 사람이 눈꺼풀을 움직여 책을 쓴 이야기를 다룬 다큐멘터리 〈장 도미니크 보비〉는 특히 아이들에게 많은 인상을 남겼습니다. 이 영상을 접한 뒤에 한 손으로 색종이 접기, 입으로 그림 그리기 등 다양한 체험을 잘 조합하여 활동을 이어 가면 좋습니다.

'왕따'와 관련한 수업을 하고자 한다면 시키면 시키는 대로(4-21) 놀이가 적합합니다. 거절하지 못하고 시키는 대로 움직일 수밖에 없었던 피해자의 마음과 연결해 이야기해 볼 수 있습니다.

정말 따돌림 당하는 느낌이 필요하다면 대장은 어디에?(4-12) 놀이를 진행해 보세요. 술래를 따돌림 당하는 아이라고 가정하고 모두가 같은 동작을 취한 뒤 이후 조금씩 바꿔 나가는데, 술래는 따돌림을 조장하
는 '가해자'를 찾아야 한다는 식으로 변형할 수 있습니다.
피해자의 역할에서 인터뷰를 하고 그 대답을 토대로 의
미 있는 수업을 이끌어 가는 것도 좋은 방법입니다.

 인간 찰흙 놀이(4-30)는 가해자와 피해자에 해당하는
조각상을 만들어 보게 한 뒤 느낌을 물어보고 만들어진
조각상을 조금씩 변형시켜서 이야기를 더 깊게 진전시킬
수 있습니다. 만약 가해자 조각상이 피해자 조각상을 때리는 구도로 만들어졌
다면 "어떻게 하면 피해자를 이 상황에서 빠져나올 수 있는 조각상으로 변형시
킬 수 있을까? 여기에 어떤 조각상이 더해지면 좋을까?" 등의 이야기로 접근할
수 있습니다.

Stop 놀이(4-46) 시작을 '가해자와 피해자' 구도로 시
작하면 폭력적인 상황에서 아이들이 실제로 어떻게 반응
하는지 살펴볼 수 있고, 나아가 실제 학교 폭력 사례와 연
결해 놀이 상황을 되돌아볼 수도 있습니다.

나오는 글

이 책에서 소개한 놀이 방법과 팁은 놀이를 변형하고 수업에 적용하며 학생들에게 적용한 사례 중 일부입니다. 저는 제 교실에 맞게 제가 만나는 아이들에게 조금씩 달리 적용해서 사용했고, 저만의 팁이 조금씩 쌓여 갔습니다. 여러분께서도 놀이를 한 가지 방식으로만 진행하기보다는, 같은 놀이일지라도 그때마다 조금씩 다르게 적용해 보시기를 바랍니다. 작은 변화만 주어도 놀이의 결과는 조금씩 달라집니다. 여러분의 교실에 맞게 다양한 방법으로 '놀아' 보시면, 이 책과 함께하는 여러분도 개성에 따라 각자의 팁이 차차 쌓여 갈 것입니다.

하지만 너무 많은 생각은 놀이를 재미있게 느끼는 데 마이너스 요소가 될 수 있습니다. 이 책을 만난 첫 한 해는 아이들과 재미있게 놀이(!)만 즐겨 보세요. 그러다 놀이를 적용할 환경이 자연스럽게 자리 잡고, 무엇을 적용해도 아이들이 기대감으로 눈을 반짝인다면 그 뒤에 의미를 넣은 좀 더 특별한 놀이를 적용해 보세요. 여러분이 놀이로 만나는 모든 사람의 얼굴에 웃음과 즐거움이 가득한 시간을 만들어 보세요. 파이팅입니다!!

　이 책에서는 주로 제가 반 아이들과 위주로 했던 놀이를 정리하다 보니 다양한 모든 방면의 놀이를 소개하지 못했습니다. 약간 제 취향에 맞춰진 놀이라고 할 수 있지요. 저는 '교실'에서 할 수 있는 놀이 위주로 정리했지만 앞으로는 운동장, 자연 속에서 할 수 있는 놀이를 정리할 날도 오리라 생각합니다. 블로그를 통해서, 또 다양한 만남의 기회를 얻으면서 여러분들과 소통하고 함께 성장할 기회를 만들어 보겠습니다.

　'놀이'는 아이들의 마음을 성장시키고 행복을 안겨 주는 데 큰 도구로 활용됩니다. 놀이를 더 깊이 활용하는 법과 제가 하는 프로그램이 궁금하신 분들은 이전에 출간된《서준호 선생님의 마음 흔들기》가 도움이 될지도 모르겠습니다. 아무쪼록 교실 속 놀이가 여러분과 아이들을 행복하게 만들기를, 아이들과 한 번 더 웃고 한 뼘 더 가까워지는 계기가 되기를 진심으로 바라며, 다시 한 번 머리 숙여 깊은 감사의 인사를 올립니다.

서준호 선생님의
교실놀이백과 239

ⓒ 서준호

1쇄 발행 2014년 2월 28일
39쇄 발행 2023년 8월 30일

지은이 서준호

발행인 윤을식
펴낸곳 도서출판 지식프레임
출판등록 2008년 1월 4일 제2020-000053호
전화 (02)521-3172 | **팩스** (02)6007-1835

이메일 editor@jisikframe.com
홈페이지 http://www.jisikframe.com

ISBN 978-89-94655-30-7 (03370)

이 도서의 국립중앙도서관 출판시도서목록(CIP)은
서지정보유통지원시스템 홈페이지(http://seoji.nl.go.kr)와
국가자료공동목록시스템(http://www.nl.go.kr/kolisnet)에서 이용하실 수 있습니다.
(CIP제어번호 : CIP2014003663)